कॉपीराइट पेज

शीर्षक: योगी की आत्मा की अनंत यात्रा– भाग ३

उपशीर्षक: साधना तत्त्व

लेखक: राम ऋषि सारण

प्रथम संस्करण

स्व-प्रकाशित: राम ऋषि सारण

[भुवनेश्वर, ओडिशा, भारत]

अनुमति या पूछताछ के लिए संपर्क करें: man670009@gmail.com

शीर्षक पृष्ठ

योगी की आत्मा की अनंत यात्रा

(भाग ३) साधना तत्त्व

लेखक : राम ऋषि सारण

योगी श्री हरिओम दास महाराज जी के मार्गदर्शन में

स्वयं प्रकाशित : राम ऋषि सारण

Contents

पुस्तक का संक्षिप्त परिचयः

इस पुस्तक का मुख्य उद्देश्य प्राचीन ऋषियों द्वारा अभ्यास किए गए "साधना तत्त्व" के सार को प्रकाशित करना है। इसमें योगीजी के साधना के निजी अनुभवों, साधना के मूल सिद्धांतों एवं तैयारी, तथा साधना जीवन कैसे जिया जाए इसकी उनकी मार्गदर्शनपूर्ण बातें शामिल हैं। साथ ही मानव शरीर की ऊर्जा-संरचनाओं की जानकारी भी दी गई है। योगीजी का गणेश लोक, कृष्ण लोक की यात्रा तथा कुछ बाकी रह गए विषयों का भी इसमें समावेश है। उनकी प्रत्येक उक्ति में गहन एवं छिपे हुए आध्यात्मिक रहस्य हैं, जो उनके अपने शब्दों में उनकी आध्यात्मिक यात्रा की एक झलक प्रदान करते हैं।

उद्देश्यः

लेखक ने एक योगी के जीवन तथा मानवजाति के लिए निर्धारित विकास-पथ का निष्पक्ष एवं प्रामाणिक चित्रण प्रस्तुत करने का प्रयास किया है। "Journey of a Yogi's Soul" पुस्तक श्रृंखला के भाग १ एवं भाग २ में योगी की बाह्य यात्रा—आकाशगंगाओं, ब्लैक होल्स, विभिन्न देवलोकों तथा ब्रह्म-प्रकाश तक—साथ ही अंतर्जगत की यात्रा और मानव शरीर की ऊर्जा-संरचनाओं का वर्णन किया गया है। यह पुस्तक किसी भी प्रकार से साधना करने का मार्गदर्शक या मैनुअल बनने का इरादा नहीं रखती। आध्यात्मिक साधना सदैव गुरु-परम्परा में ही, उचित दीक्षा लेकर तथा किसी साक्षात् गुरु के प्रत्यक्ष मार्गदर्शन में ही की जानी चाहिए।

मोक्ष की तीव्र अभीप्सा (इच्छा) के परिवर्तनकारी सामर्थ्य को वास्तव में अनुभव करने के लिए इस पुस्तक श्रृंखला के भाग १ एवं भाग २ को पढ़ना और उनके साथ एकाकार होना अत्यंत वांछनीय है।

प्रार्थनाः

सर्वप्रथम एक क्षण के लिए उस परमात्मा को हृदय से धन्यवाद दें, जो हमारे भीतर निवास करता है और विभिन्न रूपों में प्रकट होता है, विशेष रूप से गुरु-रूप में, जिसने हमें स्वयं को और अपनी सृष्टि को जानने का यह दुर्लभ अवसर प्रदान किया है।

योगी श्री हरिओम दास महाराज का आह्वान

मैं अत्यंत हर्ष के साथ सूचित कर रहा हूँ कि इस पृथ्वी पर एक अनसुना-अद्भुत घटनाक्रम घटित हुआ है, जिसने हजारों वर्षों की प्रतीक्षा, तप, शोध, प्रयोग, प्राचीन साधनाओं और साक्षात्कारों को एक सूत्र में पिरो दिया है।

इन सबको एक आध्यात्मिक उत्साही, साधक, अनुयायी एवं लेखक राम रिषि शरण जी ने पुस्तक-श्रृंखला के रूप में प्रस्तुत किया है।

इस पृथ्वी के प्रत्येक मनुष्य को ये पुस्तकें अवश्य पढ़नी चाहिए, ताकि वह सत्य को, अपनी सत्य को, परम सत्य को जान सके और आत्म-साक्षात्कार प्राप्त कर स्वर्णिम युग का सूत्रपात कर सके। आत्म-साक्षात्कार आपकी जिंदगी का मूल धन है, वह आदि-संपदा है जिसके लिए हम जन्म लेते हैं और यही वह परम प्रयोजन है जिसे हम इस जीवन में साधने आए हैं। हमने अनेक बार जन्म लिया और मृत्यु को प्राप्त किया; हमारा जीवन-यात्रा क्रम आत्मा के चेतना-ऊर्जा पर निर्भर है। वास्तविक तत्त्व आप स्वयं हो—आत्मा—जो परमात्मा का अंश है और सत्-चित्-आनंद का अनुभव करने में समर्थ है।

आत्म-साक्षात्कार के द्वारा यदि आपको पारिवारिक क्लेश, पति-पत्नी, संतान, माता-पिता, पड़ोसी अथवा किसी से भी संघर्ष है, तो आपको आत्म-निरीक्षण करना चाहिए और अपनी ऊर्जा को समझना चाहिए। आपके हृदय में एक अनुपम ज्योतिर्मय प्रकाश-स्रोत है, ऊर्जा का भंडार है। आत्म-चिंतन और आत्म-परीक्षण द्वारा उसे साक्षात् कर लीजिए। जितने अधिक लोग धन और ऊँचाइयों के पीछे भागते हैं, उतना ही वे तनाव की ओर बढ़ते हैं। तनाव से मुक्ति के लिए आस क्रिया योग का आश्रय लें। क्रिया योग को अपनाएँ, अनुभव करें और अपना जीवन सफल बनाएँ। आइए, आज हम सब आस क्रिया योग के माध्यम से ध्यान-साधना में डूब जाएँ।

साधकों को प्रकाशित करने के लिए ऑफलाइन एवं ऑनलाइन कक्षाओं का आयोजन होता है। संपर्क पुस्तक के अंत में दिए गए हैं।

प्रस्तावना

लगभग ५०,००० वर्ष पूर्व एक प्राकृतिक आपदा आई और जंगल के गहन में स्थित एक प्राचीन पर्वत-गुफा ध्वस्त हो गई। सोलह वर्ष की आयु का एक बालक उस गुफा में निवास करने वाले एक महान ऋषि की गोद में प्राण त्याग देता है। वह बालक ऋषि की तपस्या में सहायता कर रहा था। यह सृष्टि—यह प्रकृति—अचानक उन सुंदर शांत पर्वत-गुफाओं, नदियों तथा वनों को नष्ट कर देती है और......उस बालक ने अनेक जन्म लिए और ५०,००० वर्ष बाद वह क्षण आया जब उसके दादा गुरु—वही महर्षि—आकर अपने शिष्य को लेकर चल पड़े...... एक ऐसी यात्रा पर......

फिर जो हुआ वह था—अस्त्राल यात्राएँ, असीम अदृश्य ब्रह्मांड पर शोध-प्रयोग (बाह्य यात्रा) तथा मानव शरीर के भीतर गहन सूक्ष्म परतों और हमारे भीतर स्थित सूक्ष्म ब्रह्मांड (अंतर्जयात्रा) की खोज। वह बालक आगे चलकर योगी श्री हरिओम दास महाराज के नाम से विख्यात हुआ और वह महर्षि पूज्य दादा गुरु कहलाए।

पुस्तक के भाग-१ में हम आकाशगंगाओं, ग्रहों, ब्लैक होल्स तथा ब्रह्मांड की अनंत सीमाओं तक उड़ान भरते हुए उसके अनंत आश्चर्यों के साक्षी बने। भाग-२ अंतर्मुखी होकर आत्मा के गहन आंतरिक परिदृश्य—उसकी ऊर्जा, संरचना तथा परिवर्तनकारी यात्रा—की खोज करता है। प्राचीन शास्त्र घोषित करते हैं कि सम्पूर्ण ब्रह्मांड मानव शरीर के भीतर ही निवास करता है; यह स्थूल ब्रह्मांड का सूक्ष्म प्रतिरूप है। भाग-२ पाठकों को निद्रित ऊर्जाओं को जागृत करने, स्वयं के अनंत गहराइयों का अन्वेषण करने तथा उस दिव्य तत्त्व को खोजने का निमंत्रण देता है जो हमें ब्रह्मांड से एकाकार करता है।

पुस्तक का भाग-३ **साधना तत्त्व** की खोज करेगा—व्यावहारिक आध्यात्म का सार—जिसमें योगीजी द्वारा प्रतिपादित सत्ययुग, त्रेतायुग तथा द्वापरयुग की प्राचीन साधनाओं का वर्णन होगा। गुरु तत्त्व, पंच महाभूत, सप्त चक्र, कुंडलिनी जागरण, आत्म-साक्षात्कार, ध्यान, श्वास-विज्ञान तथा अनेकानेक अन्य विषय इसमें सम्मिलित होंगे। जैसे ब्रह्मांड में रहस्यों की कोई सीमा नहीं, वैसे ही मानव आत्मा भी उसकी अनंतता का दर्पण है—एक आंतरिक ब्रह्मांड जो दिव्य संभावनाओं से परिपूर्ण है। योगीजी का

सहस्राब्दियों में संचित ज्ञान यह रहस्योद्घाटन करता है कि मानव शरीर स्वयं एक पवित्र पात्र है जिसमें तारे ही समाहित हैं।

योगीजी की प्रथम समाधि अनुभूति

(विस्तार से भाग-१ एवं भाग-२ में वर्णित)

घर त्यागने के बाद मैं लखखेरा (मध्य प्रदेश के कटनी जिले का एक छोटा सा गाँव) में बस गया। वहाँ लोग इकट्ठे होने लगे, पूजा-पाठ करने लगे और अंततः रहने भी लगे। एक दिन मैंने समाधि लेने का संकल्प किया—वह अवस्था जिसमें मन, प्राण, बुद्धि और अहंकार विलीन हो जाते हैं और स्वयं शिवत्व के कालातीत आयाम में प्रवेश कर जाता है (विस्तार भाग-१, २ तथा आगे भाग-३ में)।

समाधि-ध्यान के लिए चुना गया स्थान घना जंगल था—काँटेदार झाड़ियाँ, जंगली वनस्पतियाँ, करौंदा के काँटे (एपोसिनेसी कुल का सदाबहार पौधा) और घनी वनस्पति से भरा हुआ। एक चबूतरा साफ करने पर मुझे उस स्थान की प्राचीनता का आभास हुआ। मैंने समाधि के लिए गड्ढा खोदना शुरू किया, किंतु स्थानीय लोग और प्रशासनिक अधिकारी आ गए और काम रुकवा दिया। यह लगभग २००४-२००५ की बात है। फिर परमात्मा की कृपा से रातोंरात ग्रामवासी आ गए। उन्होंने ११ फीट गहरा, करीब चार फीट चौड़ा और छह फीट लंबा गड्ढा खोद डाला, दोपहर तक उसमें लकड़ी भर दी, लकड़ी पर पॉलीथिन बिछाई, मिट्टी से ढँक दिया और प्रवेश के लिए एक छोटा-सा हवा-बंद शटर लगा दिया। मैं उस शटर से भीतर गया, उसे बंद किया और अंधकार में उतर गया। प्रशासन संतुष्ट होकर चला गया।

भीतर पहुँचते ही मैं दिव्य लोक में चला गया। समय का भान लुप्त हो गया—कभी चार दिन बीतते थे, कभी ग्यारह। ऑक्सीजन की एक रत्ती भी आती थी या नहीं, कह नहीं सकता। ऊपर तिरपाल का टेंट लगा था। यह मेरी प्रथम समाधि थी। जब बाहर निकला तो हजारों लोग जमा थे—यह देखने कि मैं जीवित हूँ या मृत—हरेक की अपनी-अपनी भावना और अपेक्षा लिए। दिव्य जिसके द्वारा करवाता है, वही करवाता है—यह परमात्मा की मर्जी है। गुरु का काम निःस्वार्थ मार्ग दिखाना है—यही सच्चे गुरु का कर्तव्य है। इस प्रकार मेरी यात्रा चलती रही।

आसपास जंगल ही जंगल था। जहरीले साँप लकड़ी के शटर के पास फन उठाकर खड़े हो जाते, दर्शनार्थियों को रोकने के लिए। लोग चिल्लाते—"गुरु महादेव, बाबाजी अंदर हैं, पीछे हटो!" किंतु वे साँप साथी जैसे हो गए—भय के परे। उनके डसने का कोई डर नहीं था। अब शायद थोड़ा सा भय लगे—आश्रम वालों की चिंता में, जो माया-बुद्धि में फँसे हैं। उस समय ऐसा कोई विचार नहीं था—डस ले तो डस ले। हम साथ-साथ रहते थे; वे घूमते, मैं रहता। दो दिन, चार दिन, दस दिन—लोग देखते रहते, रात में बिना प्रकाश के, लालटेन-चिमनी तक नहीं। कुछ दूर से ठहरते, कोई मेरे निवास के पास नहीं आता।

सब कुछ त्यागने के बाद सबसे पहले मैंने वस्त्र त्यागे—केवल लंगोट रहा, ऊपरी शरीर नंगा। पहले बनियान या साधारण कपड़े पहनता था। साबुन-डिटर्जेंट नहीं होने पर प्राचीन विधि से राख और मिट्टी मिलाकर धोता। कोई शिष्य सफेद कपड़े को काली खेत की मिट्टी में घंटों भिगोता, पानी से धोता और सुखाता—हल्के सफेद रह जाते।

मुझे नीम की लकड़ी का एक लकड़ी का थाल और नीम का कमंडल भेंट किया गया—शायद आज भी आश्रम में होंगे। मैं कड़वे नीम के पत्तों का काढ़ा या मेथी का रस मिट्टी के घड़े में उबालकर, आँखें बंद करके पीता। घंटों शरीर में कड़वाहट रहती, पर अभ्यस्त हो गया। इससे लंबी साधना में मल-मूत्र-वायु जैसी कोई अशुद्धि नहीं जमा होती। सर्दी में जूट का बोरा मोड़कर बिछाता या ओढ़ता। पत्थर तकिया बनता और गड्ढे में मिट्टी पर लेटता, जो गर्माहट देती। एक बार दस-ग्यारह दिन की समाधि में दीमक ने पैरों पर बाँबी बना ली—जैसे खेतों में होती है। झनझनाहट बहुत थी। जब होश आया तो कमर से नीचे संवेदना नहीं थी, जैसे शरीर मुझसे अलग हो। उठने की शक्ति नहीं थी। छह-सात घंटे तक उस अवस्था में रहा, घबराहट के कगार पर। घबराहट होती तो साँस रुक जाती, मृत्यु निश्चित। फिर समाधि में चला भी जाता तो कितनी बार सहता? किसी तरह घसीटकर बाहर निकला। त्वचा अधिकांश बची रही, पर और देर रहता तो खतरा था।

यह थी मेरी प्रथम समाधि—दिव्य लोक की यात्रा। इन क्षणों को याद करते ही आँखें भर आती हैं, फिर भी मैं इन्हें बहुत कम कहता हूँ। ये प्रदर्शन या भावुकता की कहानियाँ नहीं—मेरे जीवन के जीवंत अनुभव हैं।

इस संसार में कुछ भी बिना त्याग और तप के नहीं सिद्ध होता। निःस्वार्थता और बलिदान से ही सच्ची पूर्णता मिलती है। अपेक्षा पूर्ण साक्षात्कार में बाधा बनती है; निःस्वार्थ में डुबकी लगानी पड़ती है। यह त्याग-तप का मार्ग सच्चे गुरु की कृपा बिना असंभव है। फिर भी हम मनुष्य संकल्प से अपनी नियति गढ़ सकते हैं। जैसे विद्यार्थी रात-दिन पढ़कर श्रेष्ठ बनता है या कर्मी दिन-रात परिश्रम करके सफल होता है—हर क्षेत्र में सिद्धि के लिए समर्पण, त्याग और निःस्वार्थता चाहिए।

इन अनुभवों को याद करते ही करुणा, आँसू और वेदना उमड़ आती है। रोक नहीं पाता, फिर भी बहुत कम कहता हूँ। यह प्रदर्शन नहीं, भावुकता जगाने की कहानी नहीं—यह मेरे जीवन की यात्रा है। कर्ता तो दिव्य है, प्रेरक सच्चा गुरु है। यह देह उसके संकेत से कार्य करती है। योगमाया का रहस्य केवल दिव्य ही जानता है—प्रकृति किसके द्वारा क्या करवाना चाहती है, यह हमारे वश के परे है।

सतयुग, त्रेता और द्वापर में राक्षस मांस-मदिरा लेकर ऋषियों के आश्रमों पर भौतिक आक्रमण करते थे। कलियुग में आक्रमण मानसिक है—यह संघर्ष केवल मेरा नहीं, हर उस व्यक्ति का है जो संसारी प्रवृत्तियों के बीच धर्म स्थापित करता है। ऐसी प्रवृत्तियों में धर्म स्थापित करना श्रम माँगता है। सूर्य भी प्रतिदिन अंधकार की परतें चीरकर दोपहर में चमकता है, फिर भी कुछ को उसकी ज्योति असह्य लगती है। इसी तरह हमारी जीवन-यात्रा में संघर्ष अपरिहार्य है—जो हमारे संकल्प, कर्म और निःस्वार्थता से गढ़ी जाती है।

सूर्य के दैनिक विजय से प्रेरणा लेकर हमें भी अटूट समर्पण और शक्ति के साथ आगे बढ़ना है।

(चार युग : सत, त्रेता, द्वापर, कलि- सनातन शास्त्रों के अनुसार)

आस क्रिया योग : अंतर्जागरण एवं ऊर्जा-सिद्धि का पथ

आस क्रिया योग महायोगी हरिओम दास जी द्वारा प्रतिष्ठापित एक समकालीन आध्यात्मिक साधना है, जो प्राचीन सनातन परंपरा में गहरे जड़ी हुई है। यह श्वास को प्राण-ऊर्जा में परिवर्तित करके आत्म-साक्षात्कार तथा ब्रह्मांडीय अन्वेषण का मार्ग

प्रशस्त करती है। इसका उद्भव १९९८ में मध्य प्रदेश के कटनी जिले स्थित लखखेरा आश्रम में दिव्य अनुभूतियों से हुआ। यह प्रणाली ध्यान, प्राणायाम और कठोर तपस्या को एकीकृत करके निद्रित अंतःशक्तियों को जागृत करती है तथा साधक को आत्मा से परमात्मा तक ले जाती है। कर्मकांडी योगों से भिन्न, आस क्रिया योग अपने व्यावहारिक एवं अनुभव-प्रधान दृष्टिकोण के लिए विशिष्ट है, जो मार्गदर्शित कार्यक्रमों के माध्यम से उन्नत आध्यात्मिक अवस्थाओं को सुलभ बनाता है। यह ऑनलाइन-ऑफलाइन सत्रों, सोशल मीडिया तथा आश्रम के माध्यम से प्रचारित-प्रसारित होता है। लखखेरा आश्रम एक पवित्र तपोभूमि है जहाँ आने वाले साधक तत्क्षण मानसिक स्पष्टता और गहन परिवर्तन का अनुभव करते हैं।

आस क्रिया योग की विशिष्टता इसके उद्गम और संस्थापक की अलौकिक यात्रा से आती है। महायोगी हरिओम दास जी का जन्म २५ मई १९८२ को मध्य प्रदेश के उमरिया जिले में हुआ। मात्र १६ वर्ष की आयु में कटनी (मध्य प्रदेश) के प्राचीन आध्यात्मिक महत्व वाले लखखेरा आश्रम में उन्हें ईश्वरीय साक्षात्कार हुआ। इस निर्णायक घटना ने उन्हें संसार त्यागकर कठोर तपस्या की ओर प्रेरित किया—जिसमें एक वर्ष आठ माह तक समाधि, दो वर्ष हिमालय की गुफाओं में तथा दो वर्ष केवल पत्तों के रस पर निर्वाह शामिल है। इन अनुभवों ने उन्हें दिव्य ज्ञान प्रदान किया, जिसे उन्होंने आस क्रिया योग के रूप में साधकों तक पहुँचाने का माध्यम बनाया। स्वयं आश्रम भी अद्वितीय है—यहाँ सूक्ष्म शक्तियों का स्पर्श और तत्काल मानसिक परिवर्तन होता है, जो इसे सामान्य योग केंद्रों से अलग करता है।

आस क्रिया योग का मूल आधार श्वास को ऊर्जा में बदलना और ध्यान-साधना है, जो स्थूल और सूक्ष्म जगत के बीच सेतु बनाता है। प्रमुख साधनाएँ निम्नलिखित हैं:

- **श्वास-ऊर्जा परिवर्तन (प्राण परिवर्तन):** साधक नासिका पर चेतना केंद्रित कर सूर्य नाड़ी (दाहिनी नासिका, सौर ऊर्जा) और चंद्र नाड़ी (बायीं नासिका, चंद्र ऊर्जा) से श्वास लेते हैं। ध्यान-ऊर्जा को श्वास के साथ मिलाकर एक "ऊर्जा-आवृत्ति" उत्पन्न की जाती है, जो साधारण श्वास को अंतःशक्ति का स्रोत बना देती है। यह तकनीक ध्यान कार्यक्रमों में सिखाई जाती है, जिससे साधक कठिन कार्यों में उत्कृष्टता प्राप्त करते हैं और निद्रित शक्तियाँ जागृत होती हैं।

- **अंतरंग योग साधना:** यह समग्र साधना "मैं कौन हूँ?", "मैं कहाँ से आया?" तथा "मैं कहाँ जा रहा हूँ?" जैसे मूल प्रश्नों का समाधान करती है। इसमें ब्रह्मांड का मानचित्रण, देवलोक, स्वर्गलोक, पाताललोक की समझ तथा मन, आत्मा और शरीर के भेद को जानना शामिल है।

- **उन्नत गूढ़ तकनीकें:** इस पथ की अपनी विशिष्ट विधियाँ हैं—प्राण-विखंडन, परकाया प्रवेश, अस्त्राल यात्राएँ तथा सूक्ष्म लोकों से संवाद। ये अनुभव-प्रधान साधनाएँ साधक को ब्रह्मांडीय आयामों में भ्रमण और अलौकिक शक्तियों को प्राप्त करने में समर्थ बनाती हैं।

ये साधनाएँ ऑनलाइन लाइव कक्षाओं, सोशल मीडिया रील्स तथा आश्रम सत्रों के माध्यम से दी जाती हैं—प्राचीन ज्ञान को आधुनिक सुगमता के साथ जोड़ते हुए।

विशिष्ट विशेषताएँ

- **अनुभवात्मक दिव्यता:** यह प्रणाली आसनों या दर्शन पर केंद्रित न होकर दिव्य एवं अलौकिक तत्त्वों के प्रत्यक्ष संधान पर बल देती है, जिससे ऊर्जा-आवृत्तियाँ उत्पन्न होती हैं और असाधारण कार्य संभव हो जाते हैं तथा एक "अलग" परिवर्तनकारी अनुभूति होती है।

- **आश्रम का परिवर्तनकारी वातावरण:** लखखेरा आश्रम में स्वाभाविक शक्ति है जो तनाव मुक्ति, सकारात्मक चित्त तथा मानसिक विकास को बढ़ावा देती है।

- **संस्थापक की गुरु-परंपरा एवं मार्गदर्शन:** महायोगी जी की व्यक्तिगत तपस्या और दिव्य अनुभव जीवंत उदाहरण हैं। उनका शिक्षण पॉडकास्ट, वीडियो तथा प्रत्यक्ष संपर्क (ईमेल/फोन) के माध्यम से उपलब्ध है।

लाभ (शरीर, मन और आत्मा के लिए)

- आध्यात्मिक जागरण एवं आत्म-साक्षात्कार

- प्राण को ऊर्जा में बदलकर जीवन-शक्ति एवं कार्यक्षमता में वृद्धि

- तनाव मुक्ति, सकारात्मक मानसिकता तथा नकारात्मक विचारों से छुटकारा

- लचीलापन, रीढ़ की स्वास्थ्य, हड्डियों की मजबूती, रक्त-संचार एवं संतुलन में सुधार

आस क्रिया योग एक गतिशील, ऊर्जा-केंद्रित पथ है जो उन्नत आध्यात्मिक अनुभवों को लोकतांत्रिक बनाता है। प्राचीन सनातन ज्ञान को व्यावहारिक आधुनिक उपयोग के साथ जोड़कर, महायोगी हरिओम दास जी के मार्गदर्शन में यह साधकों को साधारण सीमाओं से परे ले जाता है, ब्रह्मांडीय लोकों का अन्वेषण कराता है तथा दिव्य संयोग प्रदान करता है। समर्पण अवश्य चाहिए, किंतु श्वास-सिद्धि और अंतर्जागरण पर इसका बल इसे आज के युग में गहन आत्म-परिवर्तन चाहने वालों के लिए एक अद्वितीय साधना बनाता है।

योगीजी के मुखारविंद से – आस क्रिया योग (१)

आज जो आस क्रिया योग अभ्यास किया जा रहा है, वह मेरे गुरु—जिन्हें हम दादा गुरु कहते हैं—उनसे प्रेरित है। वे एक दिव्य आत्मा हैं, जिनकी आयु लगभग ५०,००० वर्ष है। इस योग का उद्भव उनकी प्रेरणा से हुआ और इन्हीं ने मुझे आत्म-साक्षात्कार कराया।

एक वृक्ष के नीचे उन्होंने मेरी आत्म-चेतना को शरीर से अलग करके दिव्य लोक की यात्रा कराई। जब मैं शरीर में लौटा तो उन्होंने कहा, “बेटा, यह शरीर है और आज से तू आत्म-साक्षात्कार के द्वारा आत्मा से जुड़ेगा।” यहाँ सभी जानते हैं कि उनके भीतर आत्मा है, है ना? लेकिन क्या तुमने कभी अपनी आत्मा को सचमुच अनुभव किया है, महसूस किया है? आत्मा का अनुभव ही आत्म-साक्षात्कार है और यही आज का क्रिया योग है। इस साधना से तुम अपनी आत्मा से जुड़ सकते हो और अपना जीवन सफल बना सकते हो।

जिसने अपनी आत्मा का अनुभव नहीं किया, वह जीते-जी मुर्दा है, चलता-फिरता शव है। जिसने अपनी आत्म-चेतना को नहीं महसूस किया, वह मात्र ७०-८० किलो का शरीर है, निर्जीव प्राणी है। जिस व्यक्ति को यह पता ही न हो कि उसके तिजोरी में कितना धन है और उसकी चाबी कहाँ है—वह कैसा व्यक्ति है? यदि तुमने स्वयं को नहीं जाना तो भगवान को कैसे जानोगे? न भगवान जान सकते हो, न दिव्य को, न आत्मा को, न इस संसार की कोई वस्तु को। लाखों ग्रंथ-शास्त्र पढ़ लो, बिना अनुभव के सफलता नहीं मिलेगी।

इसी विचार को लेकर मैं बीस वर्षों तक देश भर में भ्रमण करता रहा, गाँव-गाँव, जमीनी स्तर तक गया। देखा कि लोग अपनी आत्म-चेतना और अंतःऊर्जा से अनभिज्ञ हैं। इससे मुझे बहुत दुःख, करुणा और पीड़ा हुई। मैंने सूक्ष्म ऊर्जा से अपने गुरु से प्रार्थना की और विचार आया कि एक कोर्स बनाया जाए—एक सरल कोर्स—जिससे लोग आत्म-साक्षात्कार का अनुभव कर सकें और अपना जीवन सफल बना सकें। यह उन लोगों के लिए है जो जन्म-मृत्यु के चक्कर में फँसे हैं, दुःख भोग रहे हैं, मन की लहरों में उलझे हैं, इस दुर्लभ मानव शरीर को पाकर भी संताप में जी रहे हैं। इस साधना से वे अपनी आत्मा का अनुभव करें, आत्म-साक्षात्कार प्राप्त करें और सांसारिक सफलता भी पा लें। यही पहला बिंदु है।

योगीजी के मुखारविंद से – आस क्रिया योग (२)

आत्मा से परमात्मा तक की अरबों किलोमीटर की यात्रा को हम सरल बना सकते हैं, भगवान का अनुभव कर सकते हैं। आँखों से बाहर भगवान को ढूँढने की बजाय अपने ही शरीर के भीतर देखो। जैसे भगवान कृष्ण ने माँ यशोदा को अपने कंठ में पूरा ब्रह्मांड दिखाया था, भगवान राम ने माँ कौशल्या को दिखाया था—वही तत्त्व तुम्हारे भीतर है। प्रिय बच्चों, थोड़ा प्रयास करो—आत्म-साक्षात्कार से तुम अपना जीवन सफल बना सकते हो। कोई रोग तुम्हें छू भी नहीं सकेगा। जहाँ भी जाओगे, १०-१२ किलोमीटर के दायरे में सकारात्मक ऊर्जा का इतना प्रवाह होगा कि नकारात्मक ऊर्जा दूर हो जाएगी, भयंकर से भयंकर रोग भी ठीक हो जाएँगे, लोग निरोगी हो जाएँगे।

आज के तकनीकी युग में हम जेब में क्या रखते हैं? बटुआ या ATM कार्ड। अब बटुए में नकदी कम ही रखी जाती है; छोटे-छोटे कार्ड रखते हैं—क्रेडिट कार्ड, ATM कार्ड। यात्रा करते समय बिना ID कार्ड के व्यक्ति की पहचान का कोई मूल्य नहीं। तुम कितने भी अच्छे क्यों न हो, तुम्हारी कीमत तुम्हारे ID कार्ड से जुड़ी है। गेट पर खड़े होकर कहते हो—"मैं आया हूँ, मुझे अंदर आने दो"—लेकिन ID कार्ड न हो तो रुकावट आती है। निर्जीव ID कार्ड जीवित व्यक्ति की पहचान बन गया है। इस पर गहराई से विचार करो। हम अपना धन बैंक में रखते हैं, यह मानकर कि वहाँ सुरक्षित है क्योंकि हमें सिस्टम पर भरोसा है।

आज से आत्म-साक्षात्कार से जुड़ जाओ। हमने इसे एक नया नाम भी दिया है—**ATM**—**All Time Meditation**, योग का ATM।

हमारा सांसारिक जीवन ATM पर चलता है। ठीक वैसे ही हमारा आंतरिक जीवन आत्म-साक्षात्कार से फलता-फूलता है। जब हम इस आंतरिक जुड़ाव को बाहरी कर्मों में लाते हैं, तो वह बन जाता है **ATM**—**All Time Meditation**। हर क्षण ध्यान, योग का ATM।

अब इस कोर्स को आगे बढ़ाओ, अपना जीवन सफल बनाओ, तुम्हारा जीवन धन्य और आनंदमय हो जाएगा। तुम निश्चित रूप से परमात्मा से एक हो जाओगे। यह हजारों वर्षों

के शोध के बाद, पूज्य गुरुदेव की कृपा-प्रेरणा तथा आप सभी के प्रेम-स्नेह से स्थापित हुआ है।

अपनी नियति बदलें

सबको जानने की उत्सुकता है कि क्या अंतर्जयात्रा—भीतर का आध्यात्मिक मार्ग—के द्वारा हम अपनी नियति बदल सकते हैं? क्या वर्तमान कठिन परिस्थितियों को इससे सुधारा जा सकता है? यदि हम उचित साधना करें, जैसे क्रिया योग ध्यान, और गहन ध्यान की विभिन्न सीढ़ियाँ चढ़ें, तो क्या हम अंतर्जयात्रा के लिए पात्र हो जाएँगे? और जैसे ही हम उस पात्रता तक पहुँचेंगे, क्या हमारी नियति स्वतः जागृत हो जाएगी? क्योंकि जिस क्षण नियति जागृत होने की अवस्था आती है, उसी क्षण हम अंतर्जयात्रा पर निकल पड़ते हैं।

ध्यान के माध्यम से होने वाली अंतर्जयात्रा एक अत्यंत गहन एवं उन्नत आध्यात्मिक साधना है। जैसे कोई व्यक्ति छोटी कार चलाता है और किस्तें भरता है, लेकिन धीरे-धीरे रोल्स-रॉयस चलाने लगता है, फिर भी किस्तें भरता रहता है—ऐसी अवस्था में पहुँच जाता है जहाँ वह उन किस्तों को संभालने में सक्षम हो जाता है।

ठीक वही आस क्रिया योग से अंतर्जयात्रा करने पर होता है—आपकी नियति स्वतः बदल जाती है। उस समय तक आप पाँच-छह स्तर की आधारभूत ध्यान-साधना पार कर चुके होते हैं, जिससे आपको भूत, वर्तमान और भविष्य का ज्ञान हो जाता है।

साधना और तपस्या से आप अपनी अवचेतन मन में प्रवेश करते हैं, जहाँ नकारात्मक ऊर्जा के ब्लॉकेज रहते हैं, उन्हें नष्ट कर देते हैं। इससे भीतर सकारात्मक ऊर्जा जागृत होती है। सकारात्मक ऊर्जा के जागने पर सही समय पर सही निर्णय लेने की क्षमता आती है और आपके कर्मों से ही नियति स्वतः परिवर्तित हो जाती है।

बाहर से किसी ईश्वरीय हस्तक्षेप की जरूरत नहीं। ईश्वरीय शक्ति हमारे शरीर के भीतर ही निवास करती है। अंतर्जयात्रा से आप उस शक्ति का अनुभव करेंगे और जान जाएँगे कि आपकी नियति कहाँ अटकी और कहाँ नहीं अटकी। ग्रह-बाधा, साढ़ेसाती, मांगलिक दोष

जैसी बातें प्रारंभिक स्तर के लोगों के लिए हैं। जो अंतर्जयात्रा के स्तर तक पहुँच जाता है, वह अपने विकृत पिछले कर्मों को सुधारकर बेहतर जीवन बना लेता है। सर्वसाधारण व्यक्ति भी इस साधना से ऐसा कर सकता है।

इस साधना से जीवन में पूर्णता, शांति और स्थिरता आती है। दरिद्रता चली जाती है, आर्थिक संकट समाप्त हो जाते हैं, बेरोजगार को रोजगार मिलता है, व्यापार फलता-फूलता है, घर में सुख-शांति भर जाती है, परिवार आनंदमय हो जाता है। लाभ अनंत हैं।

लाभ गिनाने बैठें तो अंत नहीं। सबसे बड़ा लाभ यह कि आपको किसी पर निर्भर नहीं रहना पड़ता। अंतर्जयात्रा से आपकी अंतर्चेतना और ऊर्जा जागृत हो जाती है, सकारात्मक विचार आते हैं और सफलता के समाधान स्वतः प्रकट होने लगते हैं। एक बार आजमा कर देखो—सफलता तुम्हारे पीछे-पीछे दौड़ेगी।

यह सत्ययुग, त्रेता और द्वापर की प्राचीन सनातन परंपरा की अलौकिक साधना है। इससे आप अपना जीवन बदल सकते हैं, सुंदर-सुखमय पारिवारिक वातावरण बना सकते हैं और रोगों तक को ठीक कर सकते हैं। जैसे दवा लेते समय केवल दवा ही नहीं ठीक करती—आपके मानसिक कोशिकाएँ तैयार हो जाती हैं कि "मैं दवा ले रहा हूँ, अब ठीक हो जाऊँगा।" बार-बार यह विश्वास कोशिकाओं को सक्रिय कर देता है और वे तेजी से ठीक करने लगती हैं।

दुनिया की कोई दवा स्थायी रूप से दर्द मिटा नहीं सकती। दवाएँ कोशिकाओं में दर्द की स्मृति को बीच में रोक देती हैं, रक्त-संचार से ब्लॉक कर देती हैं ताकि दर्द का संदेश न पहुँचे। सर्जरी में एनेस्थीसिया भी यही करती है। सच्चा इलाज आपके परिवेश, वातावरण और सकारात्मक विचारों से होता है। यदि आपको विश्वास न हो कि डॉक्टर या दवा ठीक करेगी, तो बड़े-से-बड़ा डॉक्टर असफल हो सकता है। लेकिन एक साधारण गाँव का वैद्य, जिसमें आपका विश्वास हो, आपको ठीक कर देता है—क्योंकि उस विश्वास से आपकी सकारात्मक ऊर्जा सक्रिय हो जाती है। अंतर्जयात्रा की कोशिकाएँ जागृत होकर काम करने लगती हैं और चमत्कारी उपचार हो जाता है।

यह उपचार अंतर्जयात्रा में जागृत विभिन्न ऊर्जाओं से आता है। उनमें से एक ऊर्जा रोग-निवारण करती है। ध्यान और अंतर्जयात्रा से आप अपने शरीर को ठीक कर सकते हैं, आयु बढ़ा सकते हैं और चिंता से आयु घटने से बचा सकते हैं—चिंता तो मृत्यु से भी भयानक है। लाभ अपार हैं और इसे समझने का यह सरल तरीका है।

मानव के स्वरूप : पुनरावलोकन (भाग-२ में चर्चित)

हर मनुष्य में तीन प्रमुख स्वरूप विद्यमान हैं, जिन्हें आध्यात्मिक अन्वेषण के लिए समझना अनिवार्य है। स्पष्टता के लिए इन्हें नीचे दिया जा रहा है।

मानव के तीन स्वरूप

1. **स्थूल शरीर (भौतिक शरीर)** यह वह स्पर्शयोग्य भौतिक रूप है जो पंचमहाभूतों—आकाश, वायु, अग्नि, जल और पृथ्वी—से बना होता है। यही शरीर हम अपनी इंद्रियों से देखते-पहचानते हैं, यही बाहरी जगत से संनाद करने वाला भौतिक पात्र है।

2. **कारण शरीर (पारदर्शी शरीर)**

स्थूल शरीर के भीतर कारण शरीर निवास करता है। यह एक पारदर्शी रूप है जो अपनी प्रकाश-ऊर्जा के सक्रिय होने पर दीप्तिमान हो उठता है। आध्यात्मिक साधना में इसे प्रायः "तरंग" कहा जाता है। यही कारण शरीर बाह्य एवं अंतर्जयात्रा दोनों को संभव बनाता है—जैसा कि भाग-१ एवं भाग-२ में विस्तार से वर्णित है—और योगी को स्थूल सीमाओं से परे ले जाता है।

3. **सूक्ष्म शरीर (बिंदु प्रकाश)**

जब कारण शरीर एक बिंदु में संकुचित होकर प्रकाश-पुंज बन जाता है, तब उसे सूक्ष्म शरीर या "बिंदु प्रकाश" कहते हैं। इस सूक्ष्म शरीर के जागरण के साथ उसकी प्रकाश-ऊर्जा मानव-संरचना के संपूर्ण ढांचे में व्याप्त हो जाती है और पूरा शरीर सूक्ष्म शरीर का दीप्त स्वरूप बन जाता है।

परस्पर संबंध एवं गतिशीलता

स्थूल शरीर नश्वर है और अंततः पंचमहाभूतों में विलीन हो जाता है, किंतु इसका संचालन सूक्ष्म एवं कारण शरीरों की ऊर्जा पर निर्भर है। सूक्ष्म शरीर अपनी ऊर्जा आत्मा से प्राप्त करता है, जो परमात्मा की सर्वोच्च ऊर्जा से अभिन्न रूप से जुड़ी हुई है। साधना के द्वारा, विशेष रूप से हृदय चक्र के माध्यम से जहाँ दीप्तिमान प्रकाश निवास करता है, हम अंतर्मुखी यात्रा कर सकते हैं। सूक्ष्म से अति-सूक्ष्म की ओर बढ़ते हुए साधक आत्मा के धाम तक पहुँच जाता है।

स्थूल शरीर के विपरीत, कारण शरीर और सूक्ष्म शरीर अविनाशी हैं। ये भौतिक विनाश के बाद भी बने रहते हैं और आध्यात्मिक विकास के लिए संवाहक का कार्य करते हैं।

मानव शरीर की ऊर्जा-संरचना

(साधना-दृष्टि से – तंत्र, योग, कुंडलिनी योग, हठयोग एवं श्रीविद्या परंपरा में)

साधना के दृष्टिकोण से चक्र, नाड़ियाँ तथा संपूर्ण सूक्ष्म शरीर कोई प्रतीकात्मक या केवल मनोवैज्ञानिक संरचनाएँ नहीं हैं—ये वास्तविक कार्यशील ऊर्जा-संरचनाएँ हैं जिनका शुद्धिकरण, जागरण एवं समन्वय आत्म-साक्षात्कार के लिए अनिवार्य है।

जीवंत तांत्रिक-यौगिक परंपराओं (कौल, श्रीविद्या, नाथ, दशनामी, तिब्बती वज्रयान आदि) में शिक्षित शास्त्रीय प्रणाली निम्नलिखित है:

तीन मुख्य नाड़ियाँ (ऊर्जा-मार्ग)

१. **इड़ा** (बायाँ मार्ग) – चंद्र, शीतल, श्वेत, मानसिक ऊर्जा, बायीं नासिका में समाप्त

२. **पिंगला** (दायाँ मार्ग) – सूर्य, उष्ण, रक्तिम, प्राणिक/जीवनी ऊर्जा, दाहिनी नासिका में समाप्त

३. **सुषुम्ना** (मध्य मार्ग) – अग्नि + चेतना, मेरुदंड के भीतर मूलाधार से सहस्रार तक। कुंडलिनी का राजपथ।

परंपरागत रूप से ७२,००० नाड़ियाँ हैं, किंतु उपर्युक्त तीन के बाद सबसे महत्वपूर्ण १४ नाड़ियाँ हैं: अलंबुषा, कुहू, विश्वोधरा, वारुणी, हस्तिजिह्वा, यशस्विनी, पयस्विनी, गांधारी, पूषा, शंखिनी, सरस्वती आदि।

साधना-संघट में सात मुख्य चक्र

१. **मूलाधार चक्र**

स्थान: पुरुषों में मूलबंध (पेरिनियम), स्त्रियों में गर्भाशय-ग्रीवा

दल: ४, तत्त्व: पृथ्वी, बीज मंत्र: लं, दल-रंग: रक्त-लाल, ग्रंथि: ब्रह्म-ग्रंथि (प्रथम ग्रंथि)

अधिष्ठाता: गणेश (कुछ मतों में ब्रह्मा), शक्ति: डाकिनी

मनोवैज्ञानिक कार्य: निद्रित कुंडलिनी का आसन; भय, अस्तित्व-बोध, तमस, शरीर-भौतिक सुरक्षा से आसक्ति। इसका भेदन कुंडलिनी को नींद से जगाता है।

२. **स्वाधिष्ठान चक्र**

स्थान: सक्रल प्लेक्सस (मूलाधार से २-३ से.मी. ऊपर)

दल: ६, तत्त्व: जल, बीज: वं, दल-रंग: सिंदूरी, अधिष्ठाता: ब्रह्मा, शक्ति: राकिनी

कार्य: काम-ऊर्जा, संस्कार, इच्छाएँ, अपराधबोध, ईर्ष्या। यहाँ साधना काम को सृजनशक्ति में परिवर्तित करती है।

३. **मणिपूर चक्र**

स्थान: सौर जाल (नाभि-क्षेत्र)

दल: १०, तत्त्व: अग्नि, बीज: रं, दल-रंग: घने बादल/लाल,

ग्रंथि: ब्रह्म-ग्रंथि का अंत, विष्णु-ग्रंथि का प्रारंभ, अधिष्ठाता: रुद्र, शक्ति: लाकिनी

कार्य: व्यक्तिगत शक्ति, अहंकार, क्रोध, महत्वाकांक्षा, इच्छा-शक्ति। जागरण अशुद्धियों को जलाता है, सच्ची इच्छा-शक्ति देता है।

४. **अनाहत चक्र**

स्थान: हृदय-क्षेत्र (वक्ष-स्थल के मध्य)

दल: १२, तत्त्व: वायु, बीज: यं, दल-रंग: गहरा स्वर्णिम-लाल, ग्रंथि: विष्णु-ग्रंथि

अधिष्ठाता: ईश/रुद्र-शिव, शक्ति: काकिनी

कार्य: अनहद नाद, प्रेम, करुणा, व्यक्तिगत से सार्वभौमिक चेतना में संक्रमण। जागरण भावनात्मक ग्रंथियों को विलीन करता है।

५. **विशुद्ध चक्र**

स्थान: कंठ/कैरोटिड प्लेक्सस

दल: १६, तत्त्व: आकाश, बीज: हं, दल-रंग: धूमिल बैंगनी/नीला, अधिष्ठाता: सदाशिव

शक्ति: शाकिनी

कार्य: वाक्-शुद्धि, वाक्-सिद्धि, आंतरिक नाद सुनाई देने लगते हैं, सृजनशीलता एवं स्व-प्रकाशन।

६. **आज्ञा चक्र** (त्रिकुटी)

स्थान: भृकुटि के मध्य, दल: २ (कुछ तंत्रों में ९६, शास्त्रीय रूप से २), तत्त्व: महत्-तत्त्व (ब्रह्मांडीय मन), बीज: ॐ, ग्रंथि: रुद्र-ग्रंथि (अंतिम ग्रंथि), अधिष्ठाता: अर्धनारीश्वर या परमशिव, शक्ति: हाकिनी

कार्य: आज्ञा-केंद्र। रुद्र-ग्रंथि भेदन से पृथकता का भ्रम समाप्त। जागरण से प्रत्यक्ष दर्शन, दूर-दृष्टि, प्राण-नियंत्रण, ज्ञान-शक्ति प्राप्त होती है।

७. **सहस्रार चक्र**

स्थान: ब्रह्मरंध्र (मस्तक-शिखर)

दल: १००० (अनंत का प्रतीक)

तत्त्व: सर्वोपरि

बीज: कोई नहीं (शुद्ध मौन, विसर्ग)

अधिष्ठाता: परमशिव + पराशक्ति का संयोग

कार्य: सहस्रदल कमल जहाँ कुंडलिनी-शक्ति शिव में पूर्णतः विलीन होती है। निर्विकल्प समाधि, सहज समाधि एवं अंतिम मुक्ति का आसन।

जब कुंडलिनी छह चक्रों को भेदकर सहस्रार में शिव से मिलती है, तब साधक शिव-शक्ति-स्वरूप जीवन्मुक्त हो जाता है।

तीन ग्रंथियाँ (मनोवैज्ञानिक गाँठें)

१. ब्रह्म-ग्रंथि – मूलाधार से मणिपूर तक – शरीर एवं संसार से आसक्ति की गाँठ

२. विष्णु-ग्रंथि – अनाहत क्षेत्र – भावनात्मक व्यक्तित्व एवं कर्म की गाँठ

३. रुद्र-ग्रंथि – आज्ञा क्षेत्र – अहंकार एवं पृथकता की गाँठ

पूर्ण मुक्ति के लिए कुंडलिनी को तीनों ग्रंथियों का भेदन करना होता है।

साधना में कुंडलिनी

प्रामाणिक साधना (विशेषकर शाक्त तंत्र, कौल, कुंडलिनी योग, नाथ, श्रीविद्या) में कुंडलिनी कल्पना नहीं—वह वास्तविक, अत्यंत प्रचंड जैव-आध्यात्मिक अग्नि है जो सामान्य मनुष्यों में मूलाधार में सुप्त रहती है।

उसके जागरण के चरण:

१. प्राण का सुषुम्ना में प्रवेश (प्राणायाम, बंध, मुद्रा, मंत्र से)

२. कुंडलिनी का स्फुरण (कंपन, उष्मा, क्रियाएँ, ज्योतियाँ, नाद)

३. चक्रों एवं ग्रंथियों का भेदन (प्रायः तीव्र शारीरिक-मानसिक घटनाएँ)

४. आज्ञा तक उदय → आंशिक सिद्धियाँ, प्रत्यक्ष दर्शन

५. सहस्रार में संयोग → सहज समाधि या कैवल्य

चक्र-नाड़ी साधना के व्यावहारिक साधन

- आसन → स्थूल नाड़ियों का शोधन

- प्राणायाम (नाड़ी-शोधन, कुम्भक, भस्त्रिका) → प्राण को सुषुम्ना में बाध्य करना

- बंध (मूल, उड्डियान, जालंधर) → प्राण-अपान का उलटा प्रवाह

- मुद्राएँ (खेचरी, विपरीतकरणी, शांभवी, महामुद्रा) → अमृत-प्रवाह का उलटना

- चक्रों में बीजाक्षरों का जप (न्यास सहित)

- चक्रों में देवता, अक्षर, यंत्रों का ध्यान (श्रीविद्या, मिश्र तंत्र)

- कुंडलिनी-क्रिया (स्वयंभू या मार्गदर्शित)

- गुरु-क्रिया → शक्तिपात (सबसे तीव्र एवं परंपरागत विधि)

परंपरा की चेतावनी

- शरीर, नाड़ी एवं मन के शुद्धिकरण बिना कुंडलिनी को बलात् जगाना गंभीर शारीरिक-मानसिक विकृतियाँ ("कुंडलिनी-सिंड्रोम") उत्पन्न कर सकता है।

- सिद्धि या शक्ति के लिए चक्र "खोलना" भारी कर्म बंधन डालता है।

- प्रगति का वास्तविक चिह्न दर्शन या शक्तियाँ नहीं—बढ़ता हुआ सात्त्विक भाव, निर्भयता, करुणा, वैराग्य एवं स्वयं का प्रत्यक्ष अनुभव है।

प्रामाणिक साधना में चक्र एवं नाड़ियाँ आंतरिक रसशाला हैं जहाँ शिव (चेतना) और शक्ति (ऊर्जा) का रासायनिक विवाह होता है—जब तक केवल एक ही शेष न रह जाए।

नकारात्मक और सकारात्मक ऊर्जाएँ

नकारात्मक और सकारात्मक ऊर्जा—यह बहुत महत्वपूर्ण विषय है। नकारात्मक ऊर्जा वह संदेह है जो किसी भी कार्य को शुरू करते समय मन में उठता है कि "यह होगा या नहीं? मैं कर पाऊँगा या नहीं?" इससे मन में द्वंद्व पैदा होता है, हम दो-मन वाले हो जाते हैं। जब हम नकारात्मक ऊर्जा से ग्रस्त होते हैं, तब अच्छी चीज़ों में भी दोष ढूँढने लगते हैं, केवल नकारात्मक पहलू ही दिखाई देते हैं। उदाहरण के लिए—अगर मैं आपको एक सुगंधित फूल दूँ, तो आप उसकी सुंदरता या गुण नहीं देखेंगे, बल्कि उसमें दोष ढूँढने लगेंगे और दोष ही गिनाएँगे, उसके गुणों को स्वीकार ही नहीं कर पाएँगे। इसे ही नकारात्मक ऊर्जा कहते हैं।

वहीं सकारात्मक ऊर्जा यह है कि कोई हमें कुछ भी दे, भले तत्काल काम का न लगे, हम उसमें देखते हैं कि इसमें ऐसा क्या है जो हमारे जीवन में लाभकारी हो सकता है और उसे अपनाने का चुनाव करते हैं। मिसाल के तौर पर—रास्ते में कोई सलाह दे, तो नकारात्मक ऊर्जा वाला व्यक्ति दो मिनट में उसे खारिज कर देगा—"यह बेकार है, यह व्यक्ति कुछ जानता ही नहीं", चाहे वह बहुत ज्ञानी क्यों न हो। लेकिन सकारात्मक ऊर्जा वाला व्यक्ति ठीक इसका उलटा करेगा।

सकारात्मक ऊर्जा ध्यान करने वालों को, आध्यात्मिक अनुशासन रखने वालों को, सत्संग करने वालों को आती है। यह पवित्र ग्रंथों के अध्ययन से, संत-महात्माओं के वचनों को आत्मसात करने से, अपनी इतिहास की जानकारी लेकर उससे सीखने से मिलती है। ऐसे लोग ही सकारात्मक ऊर्जा प्राप्त कर पाते हैं।

जन्म और मृत्यु का रहस्य

एक सवाल आया है कि जन्म और मृत्यु के बीच का रहस्य क्या है? सबको थोड़ा-बहुत पता है कि जन्म और मृत्यु के बीच का रहस्य क्या है—कमाना, खाना, सोना, जीना और आज के युग में जितना हो सके उतना जोड़ना, सब कुछ संग्रह करना और फिर इस दुनिया से चले जाना। लेकिन ऐसा नहीं है। आध्यात्मिक दृष्टि से सारे अनसुलझे रहस्य जन्म और मृत्यु के बीच ही छिपे हैं। ब्रह्मांड की सकारात्मक ऊर्जा के राज यहीं छिपे हैं। ब्रह्मांड के अनसुलझे रहस्यों को सुलझाने की विधि और मार्ग भी यहीं छिपा है। अगर तुम अपने जीवन के अनसुलझे रहस्यों को जानना चाहते हो, तो सबसे पहले अपने जीवन का पहला चार्ट बनाओ। अपनी आयु का अनुमान लगाओ—सत्तर, अस्सी या नब्बे वर्ष। अभी तुम तीस, चालीस या पचास साल के हो, तो अपनी उम्र के हिसाब से पीछे मुड़कर देखो कि अब तक क्या किया और आगे क्या योजना है। वे योजनाएँ क्या हैं? उन्हें प्राथमिकता के क्रम में समझो। इसे प्राथमिकता दो। यह तुम्हारे लिए बहुत जरूरी है। इस ऊर्जा को समझना होगा। यदि तुम अपनी इतिहास की ओर देखोगे, मान लो चालीस साल में, तो पाओगे कि बस कमाना, खाना और संघर्ष करना रहा। बच्चों की जिम्मेदारी निभाना, ऑफिस संभालना, दो मकान बनाना, जमीन खरीदना, व्यापार बढ़ाना—ये तुम्हारा जीवन नहीं है।

नहीं। सच्चाई यह है कि जो तुमने जोड़ा है, वह केवल सहारा है। हर मनुष्य यही करता है। जिस दिन तुम इस शरीर की विज्ञान और आध्यात्मिकता को समझ लोगे, जन्म और मृत्यु के बीच का अनसुलझा रहस्य और विज्ञान समझ लोगे, तो पता चलेगा कि यह कर्मों का संसार है। इन कर्मों से तुम सांसारिक सुख, आध्यात्मिक पूर्णता, लौकिक सफलता और पारलौकिक सिद्धियाँ भी पा सकते हो। तुम जान सकते हो कि पिछले जन्मों में तुमने कौन-सी साधना, तप, धन कमाया था या कौन-सी गलतियाँ की थीं। कौन-सी गलतियाँ हुईं और कौन-सी नहीं हुईं—यह भी जान सकते हो। इसलिए ध्यान ठीक से करो। आज ही आस क्रिया योग से जुड़ जाओ। आस क्रिया योग में हर अनसुलझा रहस्य समझाया जाता है, अनुभव कराया जाता है और सुलझाया जाता है। रोज ध्यान करो, अपने शरीर में गहरे उतरो और जन्म-मृत्यु के बीच के रहस्य को खोजो।

इस अनसुलझे रहस्य को समझने के लिए ध्यान में डूबना होगा। तभी समझ आएगा कि तुम्हारा जीवन क्या है और यह शरीर तुम्हें क्यों मिला। हर मनुष्य का जन्म किसी विशेष उद्देश्य के लिए होता है। हर जन्म महत्वपूर्ण है। धन जोड़ने, परिवार, समाज, आध्यात्म, यश या व्यापार से परे इस जीवन-चक्र में आध्यात्मिक रहस्य छिपा है। प्रकृति और भगवान की दिव्य ऊर्जा ने तुम्हें किसी विशेष उद्देश्य के लिए जन्म दिया है। उस उद्देश्य को जानने के लिए ध्यान से अपनी अंतःशक्तियों को जगाओ। तुम्हें पता चल जाएगा कि तुम्हारा उद्देश्य क्या है। हर मनुष्य प्रकृति का सहायक है। प्रकृति भगवान का प्रोग्राम है और इस रेगिस्तान जैसे संसार में चलने के लिए हमें यह शरीर दिया गया है। जैसे नौकरी करने वाले को ईमानदारी से आठ घंटे काम करने के बदले अस्पताल, शिक्षा, बंगला, गाड़ी जैसी सुविधाएँ दी जाती हैं—हम अक्सर ईमानदारी से आठ घंटे भी काम नहीं करते, चार या छह ही करते हैं और अपना लाभ देखते हैं—ठीक वही भगवान हमें इस संसार में भेजते समय कहते हैं, "बेटा, मेरी दिव्य ऊर्जा से भटके हुए मनुष्य, जो यह शरीर लेकर पृथ्वी पर उतरे हैं और रास्ता भूल गए हैं, मैं तुझे विशेष ऊर्जा, शक्तियाँ और साधना देकर, अपनी ऊर्जा तेरे भीतर रखकर भेज रहा हूँ—जाकर उन भटके हुए प्राणियों को राह दिखा, इस ऊर्जा का सही उपयोग कर और उन्हें मेरे दिव्य ज्ञान के लिए जगा।"

तुम्हें लौकिक और पारलौकिक दोनों रहस्यों का बोध कराना है। लेकिन मनुष्य जब आता है, आँखें खोलता है और दुनिया देखता है तो "मेरा-तेरा" में फँस जाता है, कमाने-जोड़ने में

लग जाता है। वह स्थूल शरीर पर निर्भर हो जाता है, अंतःऊर्जा को नहीं समझता और भगवान के नाम का उपयोग थोड़े समय के लाभ के लिए करता है, उसकी ऊर्जा को जगाए बिना।

तुम्हें अपने भीतर यह ऊर्जा जगानी है, महसूस करनी है और इस पूरे जीवन-चक्र तथा इस शरीर के साथ मिली सुविधाओं को समझना है। हम घर, मकान, नौकरी, परिवार, बच्चे, पत्नी के सहारे और सुख का आनंद लेते हैं। इसी सुख के भीतर छिपा ज्ञान, गुप्त रहस्य और दिव्य ऊर्जा है जिसे तुम्हें खोजना है। तुम्हारा जन्म इसी उद्देश्य से हुआ है। यह ध्यान से शुरू होता है और गहन ध्यान तथा आत्म-साक्षात्कार से तुम प्रकृति ने इस शरीर को जो कार्य सौंपा है, उसे देख लोगे। जैसे ही तुम उस उद्देश्य को समझ लोगे, दो पल में भगवान और प्रकृति से जुड़ जाओगे। जुड़ते ही तुम्हारी ऊर्जा विस्फोट करेगी, सकारात्मक ऊर्जा सक्रिय हो जाएगी और तुम जाग जाओगे। तुम मनुष्य से महामानव, महामानव से महात्मा और महात्मा से दिव्य पुरुष बन जाओगे। तुम्हारे विचार, शरीर और अंतःऊर्जा बदल जाएँगी और तुम महामानव के रूप में प्रकट हो जाओगे। हर मनुष्य एक भटकती हुई दिव्यता है जो सच्चे देवता बनने की प्रतीक्षा कर रही है। हर मनुष्य के भीतर भगवान की शक्ति छिपी है।

समझो, महसूस करो और साक्षात्कार करो। अगर स्पष्ट न हो तो हमें सेवा का अवसर दो। हम समाज की सेवा और तुम्हारे उत्थान के लिए सदा तैयार हैं। एक नम्र सैनिक और सेवक के रूप में मैं कार्य करने को तैयार हूँ। जहाँ जरूरत हो, सहायक सेवक के रूप में मैं मौजूद हूँ। अपने जीवन का रहस्य सुलझाओ। जन्म-मृत्यु के चक्र से मुक्ति पाओ। भगवान के दर्शन होंगे। हर मनुष्य यह कर सकता है—मैं करता हूँ, मैं भगवान को सदा देखता और बात करता हूँ। इसमें कोई संदेह नहीं। तुम संदेह इसलिए करते हो क्योंकि बाहरी रूप पर ध्यान देते हो, लेकिन बात बाहरी परत की नहीं है। बात भीतरी परत से देखने की है। जिस दिन तुम भीतर से देखोगे, उसी दिन खुले नेत्रों से बाहर भी वही संरचना, वही भगवान और उनका विराट रूप देखोगे। लेकिन शुरुआत भीतर से होती है। जब भीतर से देखोगे तो बाहर भी दिखेगा। अर्जुन कृष्ण के इतने निकट होने पर भी उन्हें केवल सखा के रूप में देखते थे, दिव्य रूप में नहीं।

जब युद्ध में भय हुआ—मामा, दादा, परिवार को देखकर—तब स्थूल शरीर और माया से बंधे बाहरी संबंधों ने उनकी दृष्टि ढँक ली। कृष्ण ने जब विराट रूप दिखाया तब भी अर्जुन नहीं देख पाए। कृष्ण ने क्या किया? उन्होंने अर्जुन की अंतर्दिव्य दृष्टि जगाई और अपनी ऊर्जा से जोड़ दिया। तभी अर्जुन विराट रूप देख सके। भीष्म पितामह, विदुर, दिव्य दृष्टि वाले संजय जैसे महान तपस्वी-योद्धा देख सके, बाकी माया के बाहरी पर्दे में फँसे रहे। इसी तरह हमारे सामने भी मकड़ी के जाले या इन्फ्रारेड किरणों जैसा पारदर्शी पर्दा है जो सूक्ष्म जगत को देखने नहीं देता। हम इस सूक्ष्म ऊर्जा को न देख पाते हैं, न समझ पाते हैं। इसे समझने के लिए भीतर जाना होगा और अपना उद्देश्य खोजना होगा। तुम्हें भगवान को देखना और बात करनी है। तभी जन्म-मृत्यु के बीच का रहस्य सुलझेगा। जैसे-जैसे सुलझेगा, तुम दिव्य पुरुष बन जाओगे और तुम्हारे मुख से निकलेगा—"अहं ब्रह्मास्मि, तू मुझमें है, मैं तुझमें हूँ—कहाँ है संसार, कहाँ है ब्रह्मांड?" तुम यह रहस्य सुलझा सकते हो और समझ सकते हो। खूब धन कमाओ—जरूरी है—लेकिन जिस उद्देश्य के लिए यह शरीर मिला है, उसके लिए कमाओ। बिना उसके तुम थर्माकोल से भी खोखले हो, हवा भरे गुब्बारे जैसे। गुब्बारा फूटा और हवा गायब। शरीर पंचतत्त्वों में विलीन। क्या इसी लिए हम पैदा हुए थे? क्या हमारा उद्देश्य केवल भोग या संग्रह है? ये सहारे हैं। इनका आदर करो, उपयोग करो, लेकिन स्वयं को जानो। आस क्रिया योग से जन्म-मृत्यु का रहस्य बहुत सरलता से सुलझाया जा सकता है—जैसा पूज्य दादा गुरुदेव जी ने सिखाया है। उन्होंने पचास हज़ार साल पुराने रहस्यों को पल में सुलझा दिए और मुझे यह ज्ञान प्रदान किया। तुम भी पा सकते हो, बस ठीक से करना होगा।

आत्मा को कैसे पता चलता है कि जाना कहाँ है

जब मनुष्य की मृत्यु होती है, शरीर को जलाया जाता है, फिर हम बारह दिन बाद लौटकर तेरहवीं करते हैं। ये क्रियाएँ-कर्म और ध्यान हमें मानसिक संतुष्टि देते हैं। अमावस्या के बाद बारहवें दिन के बाद तेरहवीं का विशेष महत्व है। यह आत्मा का शिव से संयोग का प्रतीक है। जैसे दीपक जलाकर शिव मंदिर जाना। देखो बेटा, हर परंपरा के अपने रीति-रिवाज हैं। अलग-अलग लोग अलग-अलग तरीके अपनाते हैं। यह दिव्य, अनमोल शरीर के अपने नियम-कानून हैं। हम अपने विद्वानों और पूर्वजों द्वारा स्थापित परंपराओं का पालन करते हैं, इस दिव्य शरीर का सम्मान करते हुए श्राद्ध-कर्म करते हैं।

जिसे जाना था, वह चला गया। वास्तव में इसका तुमसे या मुझसे क्या लेना-देना? उदाहरण के लिए, पारसी धर्म में जब कोई मरता है तो लाश को कुएँ में जाली पर रख देते हैं, गिद्ध-चील आदि पक्षियों के लिए छोड़ देते हैं। उनका विश्वास है कि पक्षियों को भोजन कराना पुण्य है।

कोई खा लेता है, उसे पुण्य मानता है। दफनाया जाए तो कीड़े खा जाते हैं। कुछ जानवर श्मशान में कब्र खोदकर अवशेष खा लेते हैं। आत्मा तो निकल गई, अलविदा कहकर आगे बढ़ गई। तुम-हम तो जानते ही नहीं कि आगे क्या होता है। हमारे सनातन धर्म और संस्कृति में ज्ञान बढ़ने के साथ आत्मा से एक लगाव रहता है। आत्मा के चले जाने के बाद दसवीं, बारहवीं या तेरहवीं को जो श्राद्ध-कर्म किए जाते हैं, उनमें पिंड-दान, भोजन अर्पित करना और आत्मा को आमंत्रित करना होता है—क्योंकि अब उसके पास खाने को शरीर नहीं रहा। एक पारदर्शी शरीर उसे ग्रहण करता है, भोग लगाता है और तृप्त हो जाता है। यदि आत्मा की कोई इच्छा, चेतना या विचार शेष रह गया हो तो मन की सात्विक ऊर्जा उसे वे चीजें प्राप्त करने में सहायता करती है। यह एक सेतु का काम करती है, सहायक बनती है, जिससे आत्मा को ऊर्जा मिलती है। सच यही है—आत्मा का शिव से संयोग हो जाता है। हम यहाँ क्यों बैठे हैं भाई? अपने कर्म सुधारने के लिए। ज्ञान क्यों ले रहे हैं? ताकि इस अवस्था तक पहुँचें और शिव में विलीन हो जाएँ। यदि हमारे कर्म अनुकूल हों तो कुछ आत्माएँ और लोग शरीर के जीवन-कर्म चक्र के बाद भी ये क्रियाएँ बनाए रखते हैं।

सवाल यह है—जब आत्मा नश्वर शरीर छोड़कर आकाशगंगाओं में यात्रा करती है, तो क्या उसके पीछे कोई ऊर्जा होती है? कोई ऐसी चीज जो रास्ता दिखाती हो?

आत्मा स्वयं एक ऊर्जा-शरीर है। मान लो तुम अमेरिका, कनाडा या रूस में किराए के मकान में या वीजा पर रहते हो और वहीं मृत्यु हो जाए—तुम कहाँ जाओगे? सीधे भारत, राजकोट (अपने स्थान) वापस आ जाओगे, क्योंकि तुम्हें पता है कि तुम्हारा स्थान यही है। ठीक वैसे ही जब आत्मा शरीर छोड़ती है, तो दिव्य लोक में परमात्मा से जुड़ी एक विशेष ऊर्जा होती है जो जानती है कि जाना कहाँ है। उस लोक में दिव्य प्राणी और आत्माएँ होती हैं जो मार्गदर्शन करती हैं। दोनों बातें होती हैं—कभी आत्मा स्वयं नहीं चल पाती, कभी अच्छे साधक या उन्नत आत्माएँ स्वयं ही चल पड़ती हैं। क्या आत्माओं की संख्या निश्चित है? आत्माओं के लोक में बहुत चक्कर लगते हैं। हर आत्मा हर समय शरीर नहीं

लेती। यहाँ जितनी आत्मा-तुल्य ऊर्जाएँ हैं, उतनी ही दिव्य लोक में भी हैं। आत्माएँ दिव्य लोक से भी आती हैं। जैसे कोई तारा टूटकर अलग होता है, एक ज्योति या ऊर्जा बनती है और जीवित आत्मा बन जाती है—जिसे हम देखते और जानते हैं। बहुत-सी आत्माएँ इस संसार में भटकती हुई प्रेत-आत्मा के रूप में भी हैं। आत्माओं के कई स्तरों पर कार्य हैं। कुछ आत्माएँ निचले लोकों में होती हैं—जैसा हमने पहले कहा। इस विशाल चेतना-सागर में आत्माओं की संख्या स्थिर नहीं है। वे तरंगें हैं जो उठती और लीन होती रहती हैं। सागर तो एक ही रहता है।

श्वास की महत्ता

हर इंसान श्वास की बुनियादी महत्ता तो जानता है। लेकिन हमें यह समझना चाहिए कि श्वास की ऊर्जा वास्तव में कैसे काम करती है। ज्यादातर लोग श्वास को एक सामान्य क्रिया मानते हैं—साँस अंदर, साँस बाहर, जिंदा रहना—और सोचते हैं बस इतना ही है, सिर्फ ऑक्सीजन का मामला है। लेकिन जब वे बीमार पड़ते हैं, तभी समझ आता है कि स्वास्थ्य और ऊर्जा का संबंध रक्त संचार, नसों और मांसपेशियों से भी है। जब हृदय या फेफड़ों में गंभीर समस्या होती है, वेंटिलेटर या ऑक्सीजन सपोर्ट की जरूरत पड़ती है, तभी उन्हें श्वास की असली कीमत पता चलती है। कितनी अनमोल है यह श्वास हमारे जीवन में! ठीक होकर फिर से सामान्य दिनचर्या में लौटते ही वह फिर से “सामान्य” हो जाती है।

प्रिय आध्यात्मिक साधकों, भगवान के बाद यदि कोई ऊर्जा आपको दिव्यता का अनुभव कराती है, तो वह है आपके श्वास की गुणवत्ता। यह हर जाति, समुदाय, हर मनुष्य और हर जीव-जंतु पर लागू होता है। कोई भी इंसान यह नहीं कह सकता कि वह सिर्फ स्वास्थ्य ही ले रहा है। विश्वास करने वाला हो या न हो, यह अलग बात है, लेकिन ऊर्जा सबके लिए एक समान है। इसका मापदंड न धर्म है, न आध्यात्मिकता, बल्कि मन और विचार हैं। जितना आप इस ऊर्जा को जागृत कर अनुभव करते हैं, उतना ही आप इसे समझा सकते हैं और आनंद में डूब सकते हैं। इस आनंद में डूबना जीवन का सबसे सुंदर और आहलादकारी क्षण है। हर मनुष्य इसी क्षण के लिए जन्म लेता है और इसी आनंद की खोज में जीवन भर भटकता है। इस आनंदमयी अनुभव को हम श्वास के द्वारा ही प्राप्त कर सकते हैं। जो

व्यक्ति कभी ध्यान नहीं करता, सद्कर्मों का मार्ग नहीं अपनाता, वह सामान्य दिनचर्या वाला जीवन जीता रहता है। नाक से अच्छी-बुरी गंध आती रहती है, पर वह सब रूटीन में ही होता है क्योंकि उसे इसके पीछे का विज्ञान पता नहीं और जानना भी नहीं चाहता। आइए, श्वास का विज्ञान, इस श्वास-ऊर्जा का विज्ञान समझें और यह कितनी गहराई से हमारे भीतरी शरीर—कोशिकाओं, अंगों, त्वचा, कंकाल और मांस-हड्डी के बने शरीर—से जुड़ा है।

80% लोग सिर्फ फेफड़ों को चलाने के लिए साँस लेते हैं—अंदर-बाहर। लेकिन हमें गहरी साँस नाभि तक ले जानी चाहिए और वहीं से छोड़नी चाहिए। सुबह-शाम सिर्फ 10 मिनट ऐसा करें तो सारी बीमारियों से मुक्त, दीर्घायु और जीवन में सुख-आनंद प्राप्त कर सकते हैं। इस सरल क्रिया को आप अनुलोम-विलोम, भस्त्रिका या कपालभाति प्राणायाम से शुरू कर सकते हैं। यह पहला चरण है। दूसरे चरण में—श्वास अंदर कैसे प्रवेश करता है? जो श्वास-ऊर्जा हम लेते हैं, वह इड़ा और पिंगला नाड़ी (ऊर्जा चैनल) से जुड़ी होती है, जिन्हें सुषुम्ना आदि भी कहते हैं। बायीं-दायीं श्वास नलिकाओं के अलग-अलग नाम हैं।

जब कोई सुंदर सुगंध आती है, हम आँखें बंद कर लेते हैं या खुली रखते हैं, शांत होकर कहते हैं—"आह! क्या खुशबू है!" वह सुगंध नाक से होते हुए मस्तिष्क की कोशिकाओं तक जाती है। मस्तिष्क उस श्वास की ऊर्जा को पढ़ता है—अच्छी गंध हो, बुरी गंध हो या विभिन्न सुगंधें। यह सिर्फ गले या श्वास नली की बात नहीं है। कोशिकाओं की ऊर्जा नाक से श्वास नली के माध्यम से रीढ़ की हड्डी तक जाती है। त्वचा के अंदर की सूक्ष्म कोशिकाएँ जब इस ऊर्जा को ग्रहण करती हैं तो कंपन पैदा होता है, जिसे हम महसूस करते हैं। हम इसे सूक्ष्म रूप से महसूस करते हैं और पूर्ण अनुभव के बाद कोशिकाएँ उस सुगंध को माथे के मध्य में, मन-बुद्धि-संस्कारों की सूक्ष्म तरंगों तक ले जाती हैं। फिर कुछ मस्तिष्क कोशिकाएँ और न्यूरॉन्स उसे पढ़ते हैं और माइक्रोसेकंड में हमें सुगंध की प्रकृति और उसकी ऊर्जा का पता चल जाता है।

जब आप शांत बैठकर धीरे-धीरे श्वास अंदर लेते हैं, तो सूक्ष्म संवेदना और कंपन महसूस होता है। प्राण ऊर्जा भाप की तरह हृदय की ओर ऊपर उठती महसूस होती है। ऊपर उठते हुए आपको सुंदर, सकारात्मक ऊर्जा और कंपन का अनुभव होता है। सात दिन ऐसा करें

तो शरीर में एक ऊर्जा जागृत हो जाएगी जो आपका पूरा जीवन बदल देगी। मानसिक तनाव गायब हो जाएगा।

दूसरा चरण—श्वास को नाक से गले तक ले जाना। यहीं स्वरयंत्र है, जहाँ ध्वनि उत्पन्न होती है। यहाँ एक गोला-जैसी ऊर्जा बनती है। जब हवा उससे गुजरती है तो दबाव पड़ता है, गोला घूमता है, घर्षण होता है, तरंगें बनती हैं और ध्वनि उत्पन्न होती है। उस ध्वनि को सुनते और महसूस करते हुए एक फ्रीक्वेंसी बनती है जो शब्दों के रूप में प्रकट होती है।

यह इतना सुंदर आध्यात्मिक ज्ञान और विज्ञान है कि बाहरी चीजें मिलें या न मिलें, आप अपने शरीर के सारे रहस्य खोल सकते हैं। इस आंतरिक ऊर्जा से जुड़ते ही सूक्ष्म तरंगें और कण प्रकट होते हैं, सिर्फ हवा एक दिशा में नहीं चल रही होती। पारदर्शी हवा महसूस होती है—कुछ अंदर, कुछ बाहर। गहरे ध्यान में हवा की लाखों सूक्ष्म परतें बनती हैं, जो गहन आनंद का अनुभव कराती हैं। आपको एक असाधारण ऊर्जा महसूस होगी और आप अपने ही श्वास-ऊर्जा से श्वास का विज्ञान समझ जाएँगे, किसी और के द्वारा नहीं। आप स्वयं समझ और अभ्यास कर सकते हैं। दुनिया में अपने शरीर के अंदर के विज्ञान से बड़ा कोई विज्ञान नहीं है। अपने शरीर के अंदर के विज्ञान और ऊर्जा को समझिए। जब यह ऊर्जा यहाँ प्रकाश रूप में परिवर्तित होती है तो एक स्वर्णिम गोला तेजी से घूमता है, तरंगें बनाता है। ये तरंगें स्पष्ट प्रकाश के रूप में मस्तिष्क तक जाती हैं। इससे सारे मानसिक रोग दूर होते हैं, मस्तिष्क के न्यूरॉन्स और तंत्रिका तंत्र सक्रिय होते हैं, रक्त संचार बेहतर होता है, कोशिकाएँ जागृत होती हैं। मस्तिष्क हल्का, शून्य-तनाव की स्थिति में आ जाता है।

इस अवस्था में आपके हर कार्य में 100% सफलता मिलती है, सबसे बड़ी चुनौतियाँ भी पार हो जाती हैं। प्राचीन ऋषि, राजा, योद्धा और वैज्ञानिक इसी तकनीक से मस्तिष्क को ऊर्जा प्रदान करते थे। दूसरे चरण में सात दिन अभ्यास करें, आपको अद्भुत ऊर्जा प्राप्त होगी।

तीसरा चरण—इस ऊर्जा को फेफड़ों तक ले जाना। फेफड़े और हृदय तंत्रिका तंत्र से जुड़े हैं। हृदय धड़कता है, दबाव बनाता है, साँस लेते समय ऊर्जा नसों-मांसपेशियों में जाती है और

रक्त को तेज गति से फेफड़ों तक धकेलती है। फिर हृदय उसे 120 की गति से बाहर निकालता है, जिसे हम ब्लड प्रेशर कहते हैं।

जब तापमान बिगड़ता है तो बीपी हाई या लो हो जाता है, स्वास्थ्य से जुड़ी ऊर्जा तरंग पूरी तरह मस्तिष्क तक नहीं पहुँच पाती, क्लॉट या ब्रेन डेथ हो सकता है। साइलेंट अटैक, मेमोरी सेल की समस्या, कार्यों में असफलता और नुकसान हो सकता है। लेकिन आस क्रिया योग के श्वास विज्ञान से जब श्वास गले से नीचे की ओर जाती है तो गले के गोले में घर्षण से हाई-स्पीड ऊर्जा बनती है। जैसे मोटर में चुंबक और तांबे की कुंडली से घर्षण से ऊर्जा, प्रकाश और गतिज ऊर्जा बनती है, वैसे ही श्वास के गले के गोले से टकराने पर सूक्ष्म ऊर्जा बनती है जो मस्तिष्क, मांसपेशियों और हृदय तक जाती है, फेफड़ों को ऑक्सीजन और दबाव देती है। हृदय की धड़कन नसों से रक्त को धकेलती है, निष्क्रिय कोशिकाएँ जागृत होती हैं, श्वेत रक्त कोशिकाएँ मजबूत होती हैं, सुरक्षा कवच बनता है। यह कमजोर पड़े तो प्लेटलेट्स कम हो जाते हैं। इसमें श्वास का विज्ञान सबसे बड़ा रोल निभाता है। जब हम मन की संवेदना, बुद्धि और ऊर्जा को श्वास से जोड़ते हैं तो सामान्य श्वास जुड़ जाती है। गहरे ध्यान में इस गोले से विशेष तरंगें बनती हैं जो ऑक्सीजन, रक्त और कोशिका घर्षण के साथ मिलकर शरीर के अंगों में सूक्ष्म आध्यात्मिक विज्ञान को सक्रिय करती हैं। मस्तिष्क इसे पढ़ता है, ऊर्जा और कोशिकाओं को संतुलित करता है, भीतरी दृष्टि देता है। मन की आंतरिक आँख से यह ऊर्जा मेमोरी में दृश्य बनाती है। इन दृश्यों का अनुभव महान वरदान है, जो साधारण मनुष्य को असाधारण बना देता है। इस सरल प्रक्रिया से आप इस अवस्था तक पहुँच सकते हैं। तीसरा चरण पूरा।

चौथा चरण—नाभि चक्र से ऊर्जा। यह कुंडलिनी या प्राण ऊर्जा से अलग है। इससे किडनी, लिवर, स्प्लीन और आंतें प्रभावित होती हैं। आध्यात्मिक यात्रा में जब श्वास फेफड़ों से ऊपर की ओर जाती है तो यह पाइप में हवा के दबाव जैसा होता है। सीधी तेज गति वाली ऊर्जा फेफड़ों-हृदय तक जाती है, रक्त में मिलकर बाहर निकलती है। बची हुई ऊर्जा श्वास नली के साथ-साथ भोजन नली से नीचे नाभि तक जाती है, किडनी, लिवर और आंतों की कोशिकाओं को धकेलती है, उन्हें जीवन भर सक्रिय रखती है। आप हैरान हो जाएँगे—25 साल के शोध और आंतरिक यात्रा से मुझे अनुभव हुआ है कि बहुत-सी कोशिकाएँ मरती हैं, कम होती हैं, पुनर्जन्म लेती हैं। खराब बैक्टीरिया कम होते हैं, अच्छे बैक्टीरिया सक्रिय

और मजबूत होते हैं। जब यह ऊर्जा नाभि तक पहुँचती है तो अंगों की कोशिकाओं पर दबाव पड़ता है। पाचन तंत्र में मकड़ी के जाले या कॉस्मिक रेडिएशन से भी सूक्ष्म तरंगों का जाल बनता है। गहरे ध्यान में हवा और ऑक्सीजन से कोशिकाओं में गति होती है, तेज घूमती हैं, तरंगें और कण-जैसी ऊर्जा बनती है, जैसे टिमटिमाते तारे या विद्‌युत धारा की फ्रीक्वेंसी। यह ऊर्जा निरंतर चलती है, क्वांटम कण बनाती है। गहरे ध्यान में आप इन घूमते कणों और तरंगों को महसूस करेंगे, कुछ बहुत स्पष्ट। जैसे-जैसे ये स्पष्ट तरंगें चलती हैं, पेट की कोशिकाएँ और अंग सक्रिय होते हैं, एक मोटी तरंग बनती है जो मस्तिष्क के न्यूरॉन्स और तंत्रिका तंत्र से जुड़ती है, जैसे बिजली का तार। मस्तिष्क इसे पढ़ता है, मेमोरी में संग्रहित करता है और कोशिकाएँ सक्रिय करता है।

परत दर परत यह ऊर्जा आंतों से गुजरती है, अद्‌भुत दृश्य और ऊर्जा पैदा करती है, जिससे शरीर कभी बीमार नहीं पड़ता। इस आध्यात्मिक विज्ञान और ध्यान से आप बाहरी रहस्य भी खोल सकते हैं। यह तरंग वापस हृदय और मस्तिष्क तक लौटती है और श्वास नली में एक किरण-जैसा मंच दिखता है। नली की परत जहाँ हवा मुड़ती है, तरंगें और ऊर्जा बनाती है, मांसपेशियों में वितरित करती है और गले से नाभि तक अपार ऊर्जा लेकर लौटती है। मैं नाभि तक का उदाहरण दे रहा हूँ। गहरे मोड में श्वास नली लेजर की तरह मुड़ती है, हवा ऊपर जाती है तो मांसपेशियों की परत, अंगूर जैसे गुच्छेदार कोशिकाएँ इस सक्रिय ऊर्जा को सोख लेती हैं। जब यह श्वास ऊर्जा नाभि से वापस लौटती है तो एक पतली परत लाती है—जैसे कागज या 3D एनिमेशन में हवा की लहरें—कंपन पैदा करती है, कोशिकाएँ सक्रिय होती हैं, उनमें गुदगुदी-सी होती है, कोशिकाएँ "मुस्कुराती" हैं। यह गुदगुदी हँसी और आनंद पैदा करती है, जन्मों का तनाव एक क्षण में दूर हो जाता है। कोशिकाएँ इसे महसूस करती हैं और ऊर्जा गले के पीछे छोटे मस्तिष्क (सेरेबेलम) तक पहुँचती है, रेटिना को उत्तेजित करती है और हँसी-आनंद पैदा करती है।

जब मैंने आठ महीने पहले आस क्रिया योग से पहली बार अभ्यास किया तो पूरा दिन हँसता रहा, आँखें खुली होने पर भी कोशिकाएँ और ऊर्जा देखता रहा। अगर आप आनंद, हँसी और घर-कार्यक्षेत्र में खुशहाल माहौल चाहते हैं तो इसका अभ्यास करें। विश्वास मानिए, आपका जीवन बदल जाएगा। अगर मेरी बातें स्पष्ट न लगें तो वीडियो को बार-बार सुनें—धीरे-धीरे सब समझ आएगा। यह स्वानुभूत आंतरिक यात्रा का विज्ञान है, कॉपी

किया हुआ कंटेंट नहीं। यह विज्ञान हर मनुष्य के भीतर, आपके शरीर में है। नाभि के विज्ञान को समझिए यह आनंद और खुशी लाएगा। शरीर में अपार रहस्य छिपे हैं। यह श्वास के विज्ञान का चौथा चरण है।

श्वास-ऊर्जा का विज्ञान

श्वास-ऊर्जा का चमत्कार ध्यान के माध्यम से वैज्ञानिक सिद्धांतों पर आधारित होकर खुलता है। जब श्वास प्रारंभिक बिंदु (जिसे रूपक में मथुरा कहा गया है) से प्रवेश करती है और हर कोशिका में व्याप्त हो जाती है, तो आप असंख्य ऊर्जाओं का अनुभव कर सकते हैं। एक ही कोशिका में गोता लगाएँ तो दशकों तक खोज करते रह सकते हैं, क्योंकि उसकी ऊर्जा अक्षय है। इस प्रक्रिया से शरीर के 72,720 मांसपेशियाँ, तंत्रिका तंत्र और रक्त संचार सक्रिय हो जाते हैं, जिससे स्वस्थ शरीर, दीर्घायु और आनंदमय जीवन प्राप्त होता है।

समझने के तीन मुख्य चरण

1. **कान क्षेत्र**: पहली ऊर्जा कान के पास होती है, जो लय और स्वर प्रदान करती है तथा इंद्रियों की संवेदना को तेज करती है।

2. **हृदय क्षेत्र**: दूसरी ऊर्जा हृदय को जीवंत रखती है और चेहरे पर दिव्य चमक लाती है।

3. **नाभि क्षेत्र**: तीसरी ऊर्जा नाभि के पास होती है, जो पेट के सभी रोग दूर करती है और श्वास की गुदगुदी से आनंद की लहर पैदा करती है।

आस क्रिया योग के द्वारा यह आंतरिक आध्यात्मिक विज्ञान खुलता है कि शरीर एक पूर्ण तंत्र है। श्वास-ऊर्जा को साधकर आप स्वर्ग-समान जीवन जी सकते हैं—जैसा दूसरा कोई नहीं दे सकता—जिसमें जीवंतता, स्वास्थ्य और गहन आनंद समाहित होता है।

ध्यान योग के साथ श्वास

देखिए, यह श्वास एक ऑक्सीजन जीवन-शक्ति है, और विज्ञान के द्वारा हम इस ऑक्सीजन को ट्यूबों में संग्रहित करते हैं। जब कोई बीमार पड़ता है तब इन्हीं ट्यूबों का उपयोग होता है, और यह विज्ञान से ही संभव है। लेकिन आज आस क्रिया योग के माध्यम से...

यदि आप श्वास को विज्ञान के साथ समझना चाहते हैं, तो आस क्रिया योग आंतरिक विज्ञान और आंतरिक यात्रा का सिद्धांत लाता है। यह लोगों के बीच व्यावहारिक अवधारणाएँ लाता है, जिसमें आप श्वास को भीतर की ओर ले जाकर श्वास की अवधारणा को समझते हैं। श्वास में दो अवस्थाएँ होती हैं – प्रश्वास और निःश्वास। यहीं हमारी आध्यात्मिकता दो रूपों की बात करती है: ध्यान और अभ्यास।

श्वास के दो चैनल होते हैं। एक चंद्र नाड़ी और दूसरी सूर्य नाड़ी – दाएँ-बाएँ। इन दो नाड़ियों से आने वाली श्वास में एक मजबूत होती है, दूसरी कमजोर। लेकिन जब हम इसे विज्ञान की नजर से देखते हैं, तो विज्ञान इसे सिर्फ ऑक्सीजन मानता है, और श्वास-ऊर्जा में फेफड़े, हृदय की कार्यप्रणाली तथा अन्य अंग शामिल होते हैं जो हवा से गहरा दबाव बनाते और पंप करते हैं। हवा का यह दबाव हमारी कोशिकाओं और रक्त संचार को सक्रिय करता है। इस रक्त संचार से जो ऊर्जा उत्पन्न होती है, उसे हम आध्यात्मिकता में बल या प्रकाश कहते हैं, जबकि विज्ञान इसे ऊर्जा कहता है।

श्वास का मन से, तंत्रिका तंत्र से, कोशिकाओं से कैसे जुड़ाव है – यह सब गुरु के सान्निध्य में सीखा जाता है। इस तरह आप इसे संक्षेप में समझ सकते हैं। विस्तार से जाएँ तो यह बताने के लिए बहुत विशाल विषय है।

साँस में कितने प्रकार की ऊर्जाएँ हैं

गले में स्वर, कोयल जैसी मधुर ध्वनि, सुंदर और मीठी वाणी, आकर्षक शब्द—ये सब साँस की ऊर्जाएँ हैं। जब यह ऊर्जा गले में सक्रिय होती है, तो वहाँ की कोशिकाएँ जागृत हो जाती हैं, आपके शरीर में आकर्षण पैदा होता है जो आपका पूरा जीवन बदल सकता है।

लोग आपकी ओर खिंचे चले आएँगे। अगर इसे समझना चाहो तो यह अनंत है, सचमुच अनंत है।

इसे बहुत सरल तरीके से तीन चरणों में समझिए।

पहला—हम स्वास्थ्य को लेते हैं और उसकी कोशिकाओं के गुणों का अनुभव करते हैं—यह पहली ऊर्जा है।

दूसरा—कानों के पास जहाँ लय और सुर रहते हैं—यह दूसरी ऊर्जा है।

तीसरा—हृदय तरोताज़ा और सक्रिय रहता है।

यह साँस, यह साँस-सी ऊर्जा, ब्रह्मांड की सभी ऊर्जाओं को अपने भीतर समेटे हुए है, जो हमारे शरीर में अलग-अलग रूपों में काम करती है। सही आस क्रिया योग ध्यान से आप हर साँस, साँस की हर सूक्ष्म गति और हर साँस-ऊर्जा को महसूस कर सकते हैं। आप हजारों प्रकार की ऊर्जाओं का अनुभव कर सकते हैं। उदाहरण के लिए, जब हम सामान्य रूप से नाक से साँस लेते हैं, तो साँस श्वास-नली में प्रवेश करती है। सबसे पहले नथुने वातावरण को महसूस करते हैं—बदबू है, सुगंध है या प्रदूषित हवा है—हर व्यक्ति इसे स्वाभाविक रूप से महसूस करता है। नथुनों के अंदर, नाक के एक इंच के स्थान में, सूक्ष्म कोशिकाएँ सक्रिय होकर तुरंत ऊर्जा को ग्रहण और छानती हैं। उस एक इंच से आगे, मिलीमीटर में, और धागे जैसे सूक्ष्म स्थान में भी लाखों-करोड़ों अलग-अलग कोशिकाएँ हैं, जो अलग-अलग ऊर्जाएँ ग्रहण करती हैं। जब आप ध्यान में उतरते हैं, तो साँस-ऊर्जा का चमत्कार, जो वैज्ञानिक प्रमाणों से भी सिद्ध है, स्पष्ट हो जाता है। साँस मथुरा (प्रारंभ बिंदु का प्रतीक) से चलकर भीतर प्रवेश करती है और हर कोशिका में पहुँचकर आप अनगिनत ऊर्जाओं को महसूस करते हैं। एक कोशिका के अंदर ही स्रोत को ऊर्जा में बदलकर यदि आप इस यात्रा को जारी रखें, तो दस साल भी लगातार लगे रहें तो भी वह ऊर्जा समाप्त नहीं होगी। मैं केवल एक मिलीमीटर की बात कर रहा हूँ।

ऊपर नाक की हड्डी तक पहुँचते-पहुँचते, अनाहत नाद (कानों के पास का अजपा ध्वनि) के निकट, जहाँ हम गीत, भजन, वेस्टर्न म्यूजिक या लय सुनते हैं, वहाँ साँस कंपन पैदा करती है। ये कंपन कोशिकाओं को सक्रिय करते हैं और हमें ध्वनि का अनुभव होता है।

सूक्ष्म नाड़ी-तंत्र और मांसपेशियाँ इस संवेदना को मन, बुद्धि और स्मृति से जोड़ती हैं। वहाँ से आगे अनाहत नाद के पीछे की कोशिकाओं तक पहुँचती है। हर मिलीमीटर में, हर धागे जैसे अंतराल में ऐसी ऊर्जा है कि जब वह जागृत होती है तो जीवन में सुगंध भर देती है। अगर दिमाग से संबंधित डिप्रेशन, कुंठा या माइग्रेन जैसी समस्याएँ हैं, तो यह ऊर्जा उन कोशिकाओं को सकारात्मक चार्ज करके राहत देती है। नीचे गले में टॉन्सिल या आवाज की खराबी हो तो यह ऊर्जा रूपांतरित होकर उन्हें ठीक और शिथिल कर देती है। श्वास-नली के अंदर असंख्य ऊर्जाएँ हैं। मैंने स्वयं इसका अनुभव किया है। गले में स्वर, कोयल-सी ध्वनि, मीठे और आकर्षक शब्द—ये साँस की ऊर्जाएँ जब सक्रिय होती हैं तो कोशिकाएँ ऊर्जावान हो जाती हैं, एक ऐसा आकर्षण पैदा होता है जो जीवन बदल देता है। लोग आपकी ओर खिंचे आएँगे।

नीचे की ओर जाएँ तो फेफड़ों की समस्या हो तो सक्रिय कोशिकाएँ उसे ठीक कर देती हैं। इसी तरह हृदय, नाभि और नाभि चक्र भी ठीक हो जाते हैं। जब कोशिकाओं से लौटती हुई ऊर्जा श्वास-नली के पीछे की पतली झिल्ली से टकराती है (जैसे छोटे-छोटे अंगूर), तो सूक्ष्म प्रभाव पैदा होता है। इस श्वास-नली की कई परतें हैं, प्राण जब इनमें से गुजरता है तो घर्षण से ऊर्जा बनती है। जब साँस वापस लौटकर बाहरी परत से टकराती है, कोशिकाएँ कंपित होकर सक्रिय हो जाती हैं, गुदगुदी होती है और हँसी आती है। जब मुझे यह पता चला तो मैं पूरा दिन हँसता रहा, इतना आनंद हुआ कि सारा मानसिक तनाव गायब हो गया, केवल गुदगुदी और हँसी रह गई। लगता है जैसे यही जीवन स्वर्ग है, इससे बड़ा कोई जीवन नहीं। ऐसा आनंद, ऐसा प्रयास—अद्भुत और दिव्य है। यह शरीर पूर्ण विज्ञान है और आस क्रिया योग के माध्यम से हम इस आंतरिक आध्यात्मिक विज्ञान की खोज करते हैं। समझना चाहो तो अनंत है।

तीन सरल चरणों में समझिए :

1. पहले हम स्वास्थ्य लेते हैं और उसकी कोशिकाओं के गुणों का अनुभव करते हैं।

2. कानों के पास लय-सुर से दूसरी ऊर्जा मिलती है।

3. हृदय तरोताज़ा और सक्रिय रहने से चेहरा दीप्तिमान हो जाता है, आभा चमकने लगती है।

4. नाभि तक जाने पर पेट के रोग ठीक हो जाते हैं।

5. जब साँस लौटकर झिल्ली से टकराती है तो गुदगुदाती हुई आंतरिक हँसी उत्पन्न होती है।

यह आंतरिक हँसी शरीर को पूर्ण रूप से स्वस्थ रखती है। 72,720,720 मांसपेशियाँ, नाड़ी-तंत्र और रक्त-संचार पूर्ण ऊर्जावान हो जाते हैं, जिससे स्वस्थ शरीर, रोगमुक्त जीवन, दीर्घायु और आनंद प्राप्त होता है। परिवार में समृद्धि आती है। यह विषय इतना विशाल है कि पूरा जीवन लगातार बोलते रहें तो भी समाप्त नहीं होगा, क्योंकि यह ऊर्जा अनंत है। लेकिन इन्हीं तीन चरणों में समझ लो—यह तुम्हारा जीवन बहुत लाभ देगा और पूरी तरह बदल देगा।

साँस को ऊर्जा में बदलना - 1

साँस को ऊर्जा में कैसे बदला जाए? सभी आध्यात्मिक साधक जानते हैं कि आस क्रिया योग के माध्यम से, चाहे ऑनलाइन हो या ऑफलाइन ध्यान कार्यक्रम, पिछले दो महीनों से हम सुबह के सही ध्यान का अभ्यास कर रहे हैं ताकि साँस को ऊर्जा में बदलना सीख सकें। आज हम आपको भी यही समझाएँगे। जब हम नाक से साँस लेते हैं, तो साँस इड़ा और पिंगला नाड़ी से होकर बहती है, जिससे एक प्रकार का वायु दबाव बनता है। यह वायु दबाव बहुत सूक्ष्म होता है और साँस में एक विशेष तीव्रता रहती है। जब आप इस साँस को अंदर ले जाते हैं, तो इसे दो तरह से देखा जा सकता है – बाहरी और आंतरिक।

जब बाहरी ध्यान करते हैं, तो आप अपने मन की चेतना को बाहर लाते हैं और नथुनों के ठीक सामने अपनी एकाग्रता (जो स्वयं एक ऊर्जा है) को केंद्रित करते हैं। ऑक्सीजन अंदर लेते समय आप इसी एकाग्रता को निर्देशित करते हैं।

साँस अंदर जाती है तो श्वास-नली से गुजरती है। जब आपकी केंद्रित मन-चेतना की ऊर्जा इस नली में साँस के साथ मिलती है, तो वह साँस में विलीन हो जाती है। जैसे-जैसे वह

विलीन होती है, आप और गहरे-गहरे उतरते जाते हैं। जितना गहरा उतरते हैं, उतनी ही एक ऊर्जा-आवृत्ति उत्पन्न होती है और आप इस ऊर्जा को स्पष्ट रूप से अनुभव करने लगते हैं। आप इस ऊर्जा को बिल्कुल अलग और स्पष्ट रूप से महसूस करेंगे। ऐसा लगेगा मानो आपका जीवन दूसरों से बिल्कुल अलग है, आप अनोखे हैं। इस ऊर्जा के अनुभव से दुनिया के सबसे बड़े-से-बड़े चुनौतियों में भी आप सफलता प्राप्त कर सकते हैं। इस श्वास विधि को सीखकर और साँस को ऊर्जा में बदलना सीखकर आप जीवन में सफलता अवश्य प्राप्त करेंगे।

साँस को ऊर्जा में बदलना - 2

जब हम नाक से साँस लेते हैं, तो दाहिनी नासिका सूर्य नाड़ी से और बायीं नासिका चंद्र नाड़ी से संबद्ध होती है। नथुनों के ठीक सामने हवा का एक सूक्ष्म सक्शन दबाव बनता है। साँस अंदर खींचते समय हवा शरीर में प्रवेश करती है। इस प्रक्रिया को दो भागों में बाँटा जा सकता है – बाहरी और आंतरिक।

बाहरी ध्यान में हम मस्तिष्क की चेतना को बाहर निकालते हैं और नथुनों के ठीक सामने ध्यान-रूपी ऊर्जा को केंद्रित करते हैं। जैसे ही ऑक्सीजन अंदर आती है, हम उस साँस को श्वास-नली के माध्यम से भीतर निर्देशित करते हैं। ध्यान के अभ्यास से हम अपनी चेतना को इसी नली में साँस के साथ विलीन होने देते हैं। जैसे-जैसे वह साँस में घुलती है, हम और गहराई में उतरते जाते हैं, एक विशेष आवृत्ति उत्पन्न होती है जो स्पर्श करने योग्य ऊर्जा बन जाती है। यह अनुभव आपके जीवन को देखने का नजरिया पूरी तरह बदल देता है, आपको गहरी सकारात्मकता से भर देता है और दुनिया की सबसे बड़ी चुनौतियों का भी आत्मविश्वास से सामना करने की शक्ति देता है। साँस अपने भीतर विविध ऊर्जाओं को लेकर चलती है जो शरीर में अलग-अलग रूपों में प्रकट होती हैं। गले में मधुर स्वर, मीठी-आकर्षक वाणी या कोकिला जैसी मोहक ध्वनि – ये सब साँस-ऊर्जा के ही रूप हैं। जब ये ऊर्जाएँ जागृत होती हैं, तो शरीर की कोशिकाएँ जीवंत हो उठती हैं और एक ऐसा आकर्षण-कवच बन जाता है जो पूरा जीवन बदल सकता है। सही योग ध्यान से आप हर साँस और उसकी अनोखी ऊर्जाओं को महसूस कर सकते हैं, हजारों अलग-अलग प्रकार की ऊर्जाओं का अनुभव कर सकते हैं। कुछ उदाहरण इस प्रकार हैं:

1. **नथुनों की ऊर्जा**: सामान्य नाक से साँस लेते समय सबसे पहले नथुने वातावरण की हवा से साक्षात्कार करते हैं – बदबू, सुगंध, ताज़ी हवा या प्रदूषित कण। नथुनों के एक इंच के स्थान में सूक्ष्म मांसपेशियाँ और रोम-कूप तुरंत सक्रिय होकर इस ऊर्जा को छानते और ग्रहण करते हैं। धागे से भी बारीक स्थानों में अरबों कोशिकाएँ अलग-अलग ऊर्जाओं को प्राप्त करती हैं।

2. **ऊपरी नासिका और कान की ऊर्जा**: साँस ऊपर नाक की हड्डी तक और कानों के पास पहुँचती है, जहाँ अनाहत नाद (अजपा ध्वनि) के साथ संनादित होती है – जैसे गीत, भजन या लयबद्ध कंपन। ये कंपन कोशिकाओं को सक्रिय करते हैं और सूक्ष्म नाड़ी-तंत्र के माध्यम से ध्वनि की अनुभूति मन और स्मृति तक पहुँचाते हैं।

3. **हृदय चक्र की ऊर्जा**: पीछे अनाहत चक्र तक पहुँचकर हर मिलीमीटर की कोशिकाओं को सक्रिय करती है और जीवन में सुगंधित ऊर्जा भर देती है। डिप्रेशन, कुंठा या माइग्रेन जैसी मस्तिष्क-संबंधी समस्याओं में यह प्रभावित कोशिकाओं को सकारात्मक रूप से चार्ज करके राहत देती है।

4. **गला और निचली ऊर्जाएँ**: नीचे की ओर जाती हुई साँस-ऊर्जा टॉन्सिल, गले की खराश या इन्फेक्शन जैसी समस्याओं को ठीक करती और शिथिल करती है।

5. **नाभि की ऊर्जा**: नाभि के पास साँस छोड़ते समय झिल्लियों से टकराव होता है, जिससे गुदगुदी पैदा होती है और आंतरिक हँसी-आनंद जागृत होता है, जो पूरे शरीर को स्वस्थ बनाता है।

साँस के माध्यम से आत्म-साक्षात्कार

स्वास्थ्य के द्वारा ही आत्म-साक्षात्कार संभव है, क्योंकि जब तक हम इस शरीर में जीवित हैं, तभी तक आत्म-साक्षात्कार हो सकता है। शरीर में न रहें तो आत्म-साक्षात्कार कैसे होगा? हमारा जीवन साँस पर निर्भर है। जब हम साँस पर ध्यान केंद्रित करते हैं और स्वास्थ्य में डूब जाते हैं, तो स्वास्थ्य के अंदर नैनो-कणों के रूप में ऊर्जा का दर्शन होने लगता है। इन कणों को देखते-देखते यह ऊर्जा धूल जैसी हो जाती है, और जब हम इसे

इकट्ठा करके सबसे उत्तम रूप में परिष्कृत कर लेते हैं, तो तरंगें बनने लगती हैं। जब ये तरंगें बनती हैं, तो स्मृति की ऊर्जा और मन की एकाग्रता की ऊर्जा मिलकर प्रकाश-रूप में बदल जाती है। जब यह प्रकाश-रूप हो जाती है, तो एक ऐसी ऊर्जा उत्पन्न होती है जो मांसपेशियों में और पूरे शरीर में संचरण करने लगती है। जब हम इस ऊर्जा को मन और बुद्धि से जोड़ देते हैं, तो हम अपने हृदय में निवास करने वाली ज्योति को स्पष्ट रूप से देखने में समर्थ हो जाते हैं।

लेकिन केवल स्वास्थ्य से यह संभव नहीं है, इसके लिए मन और बुद्धि का जुड़ना अनिवार्य है। साँस को कौन महसूस करता है? हमारी चेतना, हमारी बुद्धि, हमारे मन का दर्शन और हमारे संकल्प की ऊर्जा। जब हमारे भीतर की चेतन और अचेतन कोशिकाएँ एक होकर साँस में प्रवेश करती हैं और सबसे उत्तम रूप में परिवर्तित हो जाती हैं, तो सौ प्रतिशत निश्चित रूप से आप आत्म-साक्षात्कार प्राप्त कर लेंगे और अपना जीवन सफल बना लेंगे। यह संभव है।

आस क्रिया योग के द्वारा, जो हजारों वर्ष पुराने वैदिक काल के ऋषि-मुनियों के विलुप्त हो चुके अभ्यासों को पुनः लाता है, आज यह संभव हो पाया है। क्रिया योग और महर्षियों की कृपा से यह प्राप्त होता है। अभ्यास करो, सौ प्रतिशत निश्चित रूप से तुम्हें आत्म-साक्षात्कार प्राप्त होगा।

साँस-विधि से सूक्ष्म यात्रा

हम पहले भी बता चुके हैं कि साँस के द्वारा करतब किए जा सकते हैं। सुबह 6 से 7 बजे की हमारी ऑनलाइन ध्यान कक्षा में हमने अनेक बार साँस के द्वारा तनावग्रस्त और परेशान लोगों की सहायता की है और बहुत-से साधकों ने इसे सफलतापूर्वक कर दिखाया है। यह बहुत बड़ी बात है। इसका पूरा तरीका केवल ऑफलाइन सत्रों में ही संभव है।

संक्षेप में समझाएँ तो – जब हम साँस को तरंग-रूप में बदलते हैं, यह ऐसा है जैसे किसी ट्यूब में हवा भरकर उसमें सहायक तार डालें और फिर उस पर भारी वस्तुएँ रख दें – फिर वह एक स्थान से दूसरे स्थान तक आसानी से ले जाई जा सकती है। ठीक वैसे ही, जब हम साँस की शक्ति और उसके प्रवाह को समझ लेते हैं, और जब हमारी चेतन एवं अवचेतन मन की ऊर्जा मिलकर तरंग-रूप में बदल जाती है, तो वह ऊर्जा की एक लहर बन जाती है। मन से यदि मैं मंगल ग्रह बोलूँ, तो तुम तुरंत वहाँ पहुँच जाते हो।

ब्रह्मांड बोलूँ तो तुरंत वहाँ पहुँच जाते हो। सिद्धाश्रम बोलूँ तो तुरंत वहाँ पहुँच जाते हो। इसी तरह जब हम साँस-ऊर्जा को उसके मूल रूप में बदलते हैं, तो नथुनों से जेट जैसी सूक्ष्म दबाव-तरंगें निकलती हैं। ये तरंगें ब्रह्मांड की विभिन्न परतों से होकर बुध, मंगल आदि ग्रहों तक पहुँचती हैं।

चाहे क्षुद्रग्रह हो, ग्रह हो, नक्षत्र हो या धूमकेतु – ये तरंगें वहाँ तक पहुँचकर उसकी ऊर्जा को ग्रहण करती हैं, उसके गुण-धर्म को समझती हैं और दबाव के द्वारा वापस लौटकर मूल स्मृति में संग्रहित हो जाती हैं। इस प्रक्रिया से तुम उसका पूर्ण और निश्चित अनुभव कर सकते हो।

आस क्रिया योग के अनुसार तरंगें क्या हैं

आज आस क्रिया योग के द्वारा तुम ध्यान और जप का अभ्यास करोगे। अपनी साँस की ऊर्जा पर ध्यान दो। जब साँस अंदर लेते हो और उसे श्वास-नली में ले जाते हो, तो ध्यान के द्वारा जितना गहराई में ले जाते हो, उतनी ही एकाग्रता बढ़ती जाती है। ध्यान में जितना गहरा उतरते हो, एकाग्रता की ऐसी अवस्था आती है कि एक दिन तुम्हें स्थूल

शरीर का बोध ही नहीं रहेगा। ऐसा लगेगा मानो तुम तनाव-मुक्त हो। जब इस अवस्था में पहुँच जाओ, तो मन की ऊर्जा को सूक्ष्म नली (सूक्ष्म ऊर्जा-मार्ग) में ले आओ। इस कोमल नली में समा जाओ, स्रोत के साथ इतना घुल-मिल जाओ कि चेतना पूरी तरह विलीन हो जाए और दो का भेद ही मिट जाए। जब यह भेद मिट जाता है, तो धीरे-धीरे तुम उसे धूल के रूप में देखने लगते हो।

जैसे सड़क पर गाड़ी गुजरती है तो धूल उड़ती है, हवा दिखाई नहीं देती पर धूल के छोटे-छोटे कण दिखते हैं। ठीक वैसे ही रात के अंधेरे में यदि टॉर्च जलाओ तो धूल और भी स्पष्ट दिखाई देती है। यही होता है क्योंकि ध्यान की रोशनी उस पर पड़ती है। इसी तरह इस श्वास-नली में तुम साँस के अंदर सूक्ष्म कण देखोगे। नैनो आकार के कण दिखाई देने लग सकते हैं। जितनी गहरी एकाग्रता और ध्यान होगा, मन उतना ही शांत होगा और तुम इस कण-जैसी ऊर्जा को महसूस करोगे। लगातार महसूस करते रहोगे तो ये सूक्ष्म कण स्पष्ट दिखने लगेंगे। जब ये कण स्पष्ट दिखाई देने लगें, तो उनमें से एक-दो विशेष कणों पर ध्यान केंद्रित करो। कुछ कण अधिक स्पष्ट दिखेंगे। मन की चेतना के सूक्ष्म धागे से उन स्पष्ट कणों को छूओ। जैसे ही छूते हो, एक चिंगारी उठती है – प्रकाश की चिंगारी। फिर धीरे-धीरे क्या होता है?

वे कण प्रकाश-रूप में बदल जाते हैं। प्रकाश-रूप बनते ही उन्हें देखते रहो और उस प्रकाश के अंदर प्रवेश कर जाओ। लेजर की तरह अपने विचार और चेतना को लेकर अंदर चले जाओ। जितना गहराई में जाओगे, उतने ही अधिक विभाग मिलेंगे – कणों के अंदर कण, और उनमें भी कण। कितना गहरा जा सकते हो, यह तुम्हारी एकाग्रता और गहन ध्यान की क्षमता पर निर्भर है। फिर जब वापस लौटते हो, तो दूसरे कण में प्रकाश, तीसरे में, चौथे में, पाँचवें में अनुभव करते हो। ये कण आपस में मिलने लगते हैं।

वे छोटे-छोटे कण जैसे दिखते हैं। कल्पना करो जैसे श्वास-नली है। जितना गहरा अंदर जाते हो, उतने ही छोटे-छोटे कण। फिर प्रकाश दिखता है। उसके बाद क्या होता है? जब ऊर्जा इन कणों में प्रवेश करती है, तो वे चुंबक की तरह छोटे-छोटे टुकड़ों को खींचने लगते हैं और आपस में जुड़ने लगते हैं। जुड़ते-जुड़ते एक पतली रेखा बन जाती है। यह रेखा जटिल रूप से मस्तिष्क में फैलती है, मांसपेशियों की परतों तक पहुँचती है। विज्ञान इसे क्या कहता है, मुझे नहीं पता। ये सूक्ष्म धागे जैसे फैलते हैं, मस्तिष्क में, नाड़ी-तंत्र में,

न्यूरॉन्स में प्रवेश करते हैं। क्वांटम सिद्धांत के अनुसार यह अदृश्य ऊर्जा बहती है। जब ये कण जुड़ते हैं, तो एक पतला धागा बनता है और फिर तरंग-रूप (wave form) में बदल जाता है।

यह तरंग-रूप हृदय या फेफड़ों की ओर जाता है और उनकी मरम्मत करता है। नीचे पेट में, रीढ़ में, सुषुम्ना में, हर जगह बहता है। इसी तरह तुम ऊर्जा को तरंग-रूप में बदल सकते हो। जब इस तरंग को बनाने और अनुभव करना सीख लोगे, तो शरीर के भीतर आंतरिक यात्रा कर सकोगे, जिससे स्वस्थ जीवन, दीर्घायु और सांसारिक कार्यों में आने वाली बाधाएँ दूर हो जाएँगी।

यह अभ्यास उचित मार्गदर्शन में ही करना चाहिए। बिना मार्गदर्शन के करना उचित नहीं है।

नवीनतम वैज्ञानिक अवलोकन:

हर क्वार्क (quark) के अंदर भी कुछ और छोटा हो सकता है। एक अकेली कंपायमान ऊर्जा-डोर — कोई कण नहीं। न पदार्थ, केवल गति। भौतिकविद् इसे **स्ट्रिंग थ्योरी** (String Theory) कहते हैं। यह विचार कि अस्तित्व की हर चीज़ — तारों से लेकर परमाणुओं तक — कंपन से जन्मी है। हर अलग कंपन-पैटर्न कुछ अलग रचता है। एक इलेक्ट्रॉन। एक फोटॉन। एक क्वार्क। एक संसार।

यदि यह सच है, तो वास्तविकता स्वयं किसी पदार्थ से नहीं, बल्कि **गति** से बुनी गई है। अंधेरे में असंख्य डोरियाँ कंपायमान हैं।

हम जो कुछ भी हैं, उसी को आकार दे रही हैं।

मन की तरंगों को आत्मा से जोड़ना

मन कहाँ स्थित है?

शरीर में मन कहाँ है और उसे कैसे पहचानें? मन की तरंगें पूरे शरीर में व्याप्त हैं, इनका कोई निश्चित स्थान नहीं है। ८-९ वर्षों के शोध के बाद हमें पता चला कि मन का सार चेतना में है, खास तौर पर मस्तिष्क में – दाहिने कान से लगभग चार अंगुल ऊपर और खोपड़ी के अंदर आठ इकाई गहराई में। मस्तिष्क के अंदर मांसपेशियों, नाड़ी-तंत्र, न्यूरॉन्स और विद्युतीय ऊर्जाओं के बीच तरंगें टिमटिमाती रोशनी की तरह चलती हैं। यदि तुम किसी प्रकाश-स्रोत की कल्पना करो, तो पतले धागे जैसे रेशे दिखते हैं – कुछ स्पष्ट, कुछ धुंधले, कुछ क्षणिक – पल में आते हैं, पल में गायब। ठीक वही आँखें बंद करने पर महसूस होता है, आँखें खोलते ही गायब।

आत्मा तक की यात्रा

इन तरंगों को पकड़ो। कुछ तरंगें जुड़ी रहती हैं, मस्तिष्क की मांसपेशियों की झिल्लियों और कोशिकाओं में घूमती रहती हैं। यदि एक कोशिका में लाखों-करोड़ों बार गहराई में उतरो, उसकी पहली टिमटिमाती रोशनी में प्रवेश करो और मन की चेतना, विचार तथा आत्मा की ऊर्जा से और आगे बढ़ो, तो एक सूक्ष्म बिंदु आता है जहाँ ऊर्जा का अंत हो जाता है – उसके आगे कुछ नहीं। उसी बिंदु से गहन आंतरिक यात्रा शुरू होती है, जैसे एक किलोमीटर में अरबों-खरबों उड़ानें हों, उसकी गहराई अनगणित।

सबसे बड़ी चुनौती इन तरंगों पर नियंत्रण है। बाहर से मन कचरा इकट्ठा करता है, परतें बनाता है, माया का पर्दा डालता है। भीतर से सकारात्मक है, पर बाहर का आवरण बना लेता है। ध्यान की सबसे बड़ी बाधा मन के विचारों का दखल है। कल्पना करो – एक मोटी पाइप से लाखों तरंगें निकल रही हैं, आधी भीतर की ओर, आधी बाहर की ओर। बाहर के विचार – परिवार, काम, घर – भीतर घुस आते हैं। इसका मुकाबला करने के लिए लाखों में से एक तरंग पकड़ो, उसे ऊर्जा से लपेटकर टूटने न दो और मन के सार से भर दो। यह तरंग डीएनए की तरह घुमावदार, अनियंत्रित चलती है, पल में खो जाती है। स्मृति में फंसने से बचने के लिए उसकी गति का सजग रहो। यह कोडिंग की तरह पूरे शरीर में बुनती है – अंगों, कोशिकाओं, ऊतकों से जुड़ती है, पैरों में, सिर में हर जगह टिमटिमाती है, तुरंत वातावरण को पढ़ती है और अपना प्रभाव डालती है।

एक तरंग की शक्ति

मन गहराई में जाने से कतराता है, जैसे कर्मचारी मैनेजर से बचता हुआ व्यस्त रहता है। आत्मा से जुड़ने के लिए चेतना या तरंग को धीरे-धीरे, बिना जोर डाले आगे बढ़ने दो। व्यक्तिगत अनुभव – तीन साल पहले मैं स्विट्ज़रलैंड गया था, वहाँ एक मित्र को अपार आनंद हुआ। शब्दों में वह आनंद कहा नहीं जा सकता, पर वे शब्द मन की तरंगें जगा देते हैं।

एक शब्द भी तरंग जगा सकता है, स्मृति उसे आकार देती है और चित्र बनाती है। वर्षों बाद जब कोई रिश्तेदार घूमने की सलाह माँगे, तो स्विट्ज़रलैंड का आनंद याद आता है। मन की तरंग बाकी सारे प्लान कैंसिल कर देती है, फिर खींचकर उसी अनुभव में ले जाती है। फिर बर्फीले दृश्य दिखते हैं, वही आनंद लौट आता है – बर्फ से नहीं, आँख-कान से आई तरंग से, जिसे मन ने संग्रह किया था। वर्षों बाद वही तरंग यात्रा, संसाधन, दृढ़ता पैदा करती है और ८० किलो का शरीर और सामान लेकर फिर वही अनुभव दोहराने ले जाती है। जब एक तरंग में इतनी शक्ति है, तो सोचो कितनी संभावनाएँ हैं। सकारात्मक सोच, धन या भोग की इच्छा नहीं – सक्रिय सकारात्मक ऊर्जा ही इसे चलाती है। तुम्हारी सक्रिय सकारात्मक ऊर्जा दूसरों की तरंगों से जुड़कर साझा अनुभव कराती है।

मन के आयाम और आत्मा

मन प्रतिक्षण लाखों तरंगें छोड़ता है – हर तरंग का अपना रंग, अपनी तीव्रता, अपना विक्षेप। जैसे एक बंदूक सैनिक के हाथ में अलग और अपराधी के हाथ में अलग – मन को नियंत्रित और संरेखित करना पड़ता है। बेकाबू छोड़ दिया तो बिखर जाता है। मृत्यु के बाद भी मन का रहस्य बना रहता है, क्योंकि ऊर्जा कभी नष्ट नहीं होती। शरीर में रहते हुए मन स्थूल कर्म कराता है। शरीर नष्ट होने पर सूक्ष्म शरीर आत्मा की ज्योति के नेतृत्व में आगे बढ़ता है। यदि मन की ज्योति कमजोर हो तो आत्मा में विलीन होकर मार्गदर्शन माँगता है। विलीन होने पर मन की ऊर्जा शांत हो जाती है और आत्मा दिव्य स्वरूप धारण कर लेती है – यही तपस्वी की विशेषता है। पर नकारात्मक विचारों वाले की आत्म-ज्योति मद्धम होती है, वह शरीर की ऊर्जा जगा नहीं पाती। मन का आवरण सूक्ष्म आत्मा को ढक लेता है, विक्षेप या दुर्घटनाएँ होती हैं और "भूत आत्मा" बन जाती है। दिव्य आत्मा और भूत आत्मा का यही अंतर है।

दिव्य आत्मा बनने का मार्ग

दिव्य आत्मा बनने के लिए सत्संग करो, शास्त्र पढ़ो, सत्य को अभ्यास से जानो। ध्यान से मन की तरंगों को आत्मा से जोड़ो, माया से ऊपर उठो, दिव्य ऊर्जा से संरेखित हो जाओ और अपने वास्तविक स्वरूप को पहचान लो।

ईश्वर का अनुभव कैसे करें

इस मूल सत्य को समझिएः ईश्वर आपसे अलग नहीं है। जब ईश्वर आपके भीतर ही है, तो उसका "दर्शन" करने का प्रश्न ही नहीं उठता। जब आप अपने बच्चों, परिवार या मित्रों को देखते हैं, तो क्या आप कहते हैं कि हमें उनका "दर्शन" हुआ? नहीं न! आप तो बस उनसे मिलते हैं, जुड़ते हैं। बहुत से लोग मानते हैं कि ईश्वर बहुत दूर हैं, उनका दर्शन दुर्लभ और कठिन है। पर यह भ्रम मात्र है। ईश्वर का अनुभव करना पूरी तरह संभव है।

ईश्वर दर्शन नहीं, अनुभव है

अपने ध्यान-साधना में यह समझिए कि ईश्वर देखने की चीज नहीं, अनुभव करने की चीज है। इस संसार में आपका जीवन श्वास पर टिका है, प्राण-वायु पर। श्वास न हो तो मानव जीवन समाप्त। फिर क्या आप उस वायु को देखते हैं जो अंदर जा रही है और बाहर आ रही है? कोई नहीं देखता। आप उसे केवल महसूस करते हैं—श्वास के आने-जाने के रूप में। आपका पूरा जीवन इसी अनुभव, इसी अनुभूति पर निर्भर है। ठीक इसी तरह ईश्वर का मिलन दृष्टि से नहीं, अंतःअनुभूति से होता है। उस अनुभव में कभी-कभी उनका रूप भी प्रकट हो जाता है, जिसे हम "दर्शन" कह देते हैं। जैसे तीर्थ यात्रा पर मंदिर जाते हैं और कहते हैं—भगवान का दर्शन हुआ। मूर्ति को देखते हैं, इरादा होता है कि ईश्वर को महसूस करें, इंद्रियों को तृप्त करें। लेकिन मूर्ति के सामने खड़े होते ही क्या होता है? आँखें अपने आप बंद हो जाती हैं। उस क्षण भीतर एक ऊर्जा जागती है, एक ज्योति उभरती है और आत्मा अंदर से परिपूर्ण हो जाती है। यह खुली आँखों से देखा गया दर्शन नहीं, भीतर गहरे महसूस किया गया अनुभव है। आप स्वयं आजमाएँ—किसी पवित्र स्थान पर जाएँ, मूर्ति को देखने के बाद आँखें बंद करें और देखें कि भीतर क्या अनुभूति उठती है। भौतिक विचार गायब हो जाते हैं, गहरी भावनाएँ जागती हैं। इसलिए हे भक्तजनों, ईश्वर दर्शन नहीं, अनुभव है।

ईश्वर भीतर ही निवास करते हैं

हमारे शास्त्र कहते हैं—हर कण-कण में, रोम-रोम में ईश्वर विराजमान हैं। जब आप ध्यान से गहरे भीतर उतरते हैं, तो पता चलता है कि आपके शरीर में पूरा ब्रह्मांड समाया है। जब

ब्रह्मांड आपके भीतर है, तो ईश्वर भी तो इसी अनमोल शरीर में जीवंत मौजूद हैं। हृदय चक्र पर ध्यान केंद्रित करने से आप ईश्वर को मन में, शरीर में, ब्रह्मांड में सीधे-सीधे अनुभव कर सकते हैं और परिपूर्णता की अनुभूति कर सकते हैं। यह ईश्वर-अनुभव शाश्वत है—न कभी मिटता है, न घुलता है, न कोई छीन सकता है। जब यह चेतना पंचमहाभूतों से बने इस भौतिक शरीर को छोड़कर परम धाम—हमारा असली घर—जाती है, जहाँ जीवन अनंत युगों तक चलता है, तब भी यह दिव्य ऊर्जा आपके साथ रहती है।

महापुरुषों की आंतरिक यात्रा

जिन महान संतों, ऋषियों, अवतारों, तपस्वियों और योगियों को दिव्य दर्शन हुए, उन सबने एक ही बात महसूस की—"मैं यह शरीर नहीं हूँ"। उनकी आंतरिक चेतना जागी, शरीर से परे गई और ब्रह्मांडीय ऊर्जा से जुड़ी, जिसके सामने दिव्य प्रतिबिंब प्रकट हुआ। जब वे शरीर में लौटे तो आँखों से आँसुओं की धारा बहने लगी—यह समझकर कि शरीर क्षणभंगुर है, तुच्छ है। उस अनुभव से एक विस्फोटक तरंग पैदा होती है—जैसे ब्रह्मांड का गरजन—उल्काएँ टकराती हैं, बादल टकराते हैं, बिजली कड़कती है। दुनिया में एक बिजली की चमक से भी हम डर जाते हैं क्योंकि उसकी धारा को हम सह नहीं सकते। अब सोचिए आपके शरीर में १२.८ करोड़ सूर्यों की ज्योति समाई है। यदि एक भी सूर्य की ज्योति आपके भीतर जाग जाए तो क्या होगा! इस अनंत ऊर्जा के बीच एक आज्ञा-शक्ति है—ईश्वर—एक अनुपम ज्योति जो सारे जगत को, आपके शरीर को, सारी सृष्टि को चलाती है। कितना अद्भुत और दिव्य है वह अस्तित्व! यदि आप इस दिव्य ज्योति का एक नैनो-माइक्रो कण भी अनुभव कर लें, तो जीवन सफल हो जाए। ध्यान में डूबिए, ईश्वर का चिंतन कीजिए, उनकी उपस्थिति को महसूस कीजिए। निश्चय ही आप उन्हें अपने शरीर के भीतर उस रूप में पाएँगे जो आपको सबसे प्रिय है—राम, कृष्ण, विष्णु या कोई भी रूप। जैसे-जैसे साधना गहरी होगी, वह रूप भी लय हो जाएगा और मन के विज्ञान में आप "ब्रह्म" का अनुभव करेंगे—वह अनंत ऊर्जा और ज्योति जो सुई की नोक जितने बिंदु में समा कर भी अरबों ब्रह्मांडों को अपने में समेटे हुए है। ध्यान और आंतरिक अनुभव से आप इस दिव्य तत्त्व से जुड़ सकते हैं और जान सकते हैं कि ईश्वर बाहर कहीं नहीं, आपके भीतर सदा उपस्थित हैं—बस अनुभव करने और जानने के लिए तैयार हैं।

आत्मा की प्रकृति: वह दिखती कैसी है?

आत्मा की प्रकृति क्या है? शास्त्रों में इसके अनेक वर्णन हैं, विभिन्न महापुरुषों ने इसे अलग-अलग रूपों में समझाया है। लेकिन सरल शब्दों में समझिएः आत्मा ऊर्जा है, एक शक्ति है जिसे हम एक ज्योति बिंदु के रूप में अनुभव कर सकते हैं। धीरे-धीरे जैसे-जैसे यह ज्योति तीव्र होती है, वैसे-वैसे यह ज्वाला का रूप ले लेती है, ठीक दीपक की लौ जैसी। फिर और विस्तार होने पर यह आपके शरीर के बिल्कुल समान आकार धारण कर लेती है।

यदि आप आस क्रिया योग, आस्त्राल यात्रा या आत्म-साक्षात्कार की पूरी साधना करते हैं और वास्तव में उसे अनुभव करते हैं, तो आप शरीर के बाहर भी यात्रा कर सकते हैं। आत्मा निराकार, तेजोमय ऊर्जा है। मन की ऊर्जा जितनी सक्रिय होती जाती है, उतना ही स्पष्ट रूप से आत्मा उसी रूप में अनुभव होती है। बात बिल्कुल स्पष्ट हैः श्रीमद् भगवद्गीता में कहा गया है कि आत्मा न जलती है, न मरती है, न कटती है; ये इसके गुण हैं, ठीक वैसे ही जैसे ऊर्जा के गुण होते हैं। अभी मुख्य बात यह नहीं है। आप उसे तेजोमय रूप में अनुभव कर सकते हैं, दीपक की लौ की तरह। यही उसका स्वरूप है, उससे अलग कुछ नहीं। पशु-पक्षी आदि योनि में आत्माएँ ८४ लाख योनियों का चक्र पूरा करती हैं। एक शरीर छूटते ही थोड़े ही समय में दूसरा शरीर मिल जाता है। मनुष्य योनि में कुछ आत्माएँ मनु से उत्पन्न होकर बार-बार मनुष्य जन्म लेती रहती हैं। वहाँ से वे स्वर्ग लोक या देवलोक में जा सकती हैं। वहाँ पुण्य क्षीण होने पर फिर लौट आती हैं। कभी-कभी लाखों-करोड़ों में कोई एक मुक्ति प्राप्त कर लेता है और फिर वापस नहीं आता। मनुष्य योनि में यह चक्र चलता रहता है। पशु योनि में एक क्रमबद्ध उन्नति होती है; सीढ़ी-दर-सीढ़ी आत्मा आगे बढ़ती है और शास्त्र कहते हैं कि मनुष्य योनि उसके बाद आती है। लेकिन कुछ विशेष आत्माएँ सीधे भी आ जाती हैं, बाकी सामान्य क्रम से आती हैं। समझ में आया न?

पहले स्वयं को समझें

एक और महत्वपूर्ण बातः पहले अपने शरीर को, अपने आप को, अपनी ऊर्जा को समझें। पहले स्वयं को जानें, अपनी सत्ता को पूर्ण रूप से समझें, फिर दूसरों को समझने की चेष्टा करें।

श्वास के द्वारा ब्रह्म को जागृत करना

क्या हम श्वास-प्रक्रिया के द्वारा आध्यात्मिकता को जागृत कर सकते हैं? बिल्कुल कर सकते हैं। हमारा पूरा अस्तित्व श्वास पर टिका है, प्राण पर टिका है। सांसारिक भाषा में इसे श्वसन-प्रक्रिया कहते हैं। जीवन भी और सारे कर्म भी, चेतना की सारी अवस्थाएँ भी श्वसन-तंत्र पर ही निर्भर हैं। चेतना को पोषण देने में श्वास सर्वोपरि है। सांसारिक जीवन का हर पहलू—कर्म, स्वास्थ्य या रोग—इस बात से प्रभावित होता है कि हम कैसे श्वास लेते हैं। श्वास इतनी मूलभूत है कि यदि हम इसका सही ढंग सीख लें तो रोगों से बच सकते हैं। आध्यात्मिक शास्त्र कहते हैं कि हमें जन्म के समय निश्चित संख्या में श्वासें मिली होती हैं और आयु इसी सिद्धांत से नियंत्रित होती है। हर श्वास अनमोल है। योगीजन श्वास-नियंत्रण (प्राणायाम) से आयु बढ़ाते हैं। ओम-कार जपते हुए और श्वास को न्यूनतम करके प्राण को संरक्षित करते हैं। कुंभक (श्वास रोकना) करके वे ऊर्जा और चेतना को बचाते हैं, जिससे दीर्घायु प्राप्त होती है। उदाहरण के लिए, पढ़ते समय हम प्रति मिनट ५० श्वासें लेते हैं, दौड़ते समय ३६, सोते समय या अन्य कार्यों में ७२ से ९० तक—कार्य के अनुसार। प्राचीन शास्त्रों में लिखा है कि विभिन्न कार्यों और प्रयासों में कितनी श्वासें खर्च होती हैं—अनेक ऋषियों ने इसका विस्तार से वर्णन किया है। जब हम गहरी श्वास लेकर पूरा श्वास बाहर निकालते हैं, तो हमारी तंत्रिका-तंत्र श्रेष्ठ रूप से कार्य करता है और जीवन-ऊर्जा का संचार होता है। सचेत श्वास-साधना से मांसपेशियाँ और ऊर्जा सक्रिय रहती हैं, सोई हुई कोशिकाएँ जागृत होती हैं, शरीर ऊर्जावान और चुस्त बना रहता है। रक्त-संचार बेहतर होता है, रक्तचाप स्थिर रहता है और अनगिनत अन्य लाभ मिलते हैं। यह अभ्यास हमें बाहरी जगत और भीतरी जगत दोनों से जोड़ता है, शरीर और आत्मा को एक संरेखण में लाता है।

श्वास पर पूर्ण विजय प्राप्त करके हम ब्रह्म-तत्त्व—अनंत चेतना—को स्पर्श करते हैं और भौतिक व आध्यात्मिक जगत के बीच सेतु बनाकर अपनी वास्तविक शक्ति को जागृत कर लेते हैं।

श्वास-कला: सफल जीवन की कुंजी

श्वास लेने की कला ही एक सफल एवं स्वस्थ जीवन की नींव है। लगभग ८०-८५% लोग केवल जीवित रहने जितनी ही श्वास लेते हैं, और वह भी मुख्य रूप से हृदय तक पहुँचाते हैं। यह उथली श्वास ही हार्ट अटैक, किडनी की समस्या, लीवर की बीमारियाँ और फेफड़ों के कैंसर जैसी गंभीर बीमारियों का कारण बनती है, जिससे मध्य आयु में ही असामयिक मृत्यु हो जाती है। फिर लोग दवाओं का सहारा लेते हैं। किंतु यदि बचपन से ही सही श्वास-विधि सीख ली जाए, तो हम रोगों से बच सकते हैं और जीवंत जीवन जी सकते हैं।

श्वास-कला में निपुणता हमें तनाव से बचाती है और सांसारिक कार्यों को उत्कृष्ट रूप से करने की क्षमता देती है। जब कार्य अच्छे होते हैं, मन शांत रहता है, नकारात्मक प्रवृत्तियाँ नहीं आतीं और सफलता निश्चित हो जाती है। श्वास-प्रक्रिया का सफलता से गहरा संबंध है क्योंकि यह विभिन्न प्रकार की ऊर्जाएँ और अंतःशक्ति को संचालित करती है। सरल शब्दों में यह गहन विषय सबके लिए सुलभ है। अनुलोम-विलोम, कपालभाति, रेचक, कुंभक जैसी क्रियाएँ नियमित अभ्यास से आध्यात्मिक उन्नति, शारीरिक स्वास्थ्य, बल, ऊर्जा और दीर्घायु प्रदान करती हैं। इनसे सोई हुई कोशिकाएँ जागृत होती हैं, रक्त-संचार बढ़ता है, रक्तचाप स्थिर रहता है तथा आनंद, शांति और सुकून प्राप्त होता है। ये क्रियाएँ स्वाभाविक रूप से ध्यान की अवस्था में ले जाती हैं, जहाँ आनंद ही ध्यान बन जाता है और ऊर्जा ध्यान-साधना बन जाती है।

आजकल बच्चे भी कुछ कदम चलते ही थक जाते हैं क्योंकि उनकी श्वास बहुत कम है—बस हृदय को धड़काने जितनी। जीवित रहने की मजबूरी न होती तो शायद श्वास ही लेना भूल जाते। इससे शरीर सुस्त पड़ जाता है। लेकिन जब व्यक्ति लंबे कुंभक, रेचक, कपालभाति, भस्त्रिका या अनुलोम-विलोम करता है, तो शरीर में जान आ जाती है—पसीना आता है, कोशिकाएँ जागती हैं, रक्त-संचार तेज होता है। इस जीवंतता से गहरा आनंद, शांति और स्वतः ही ध्यान की ओर झुकाव पैदा होता है। प्रदूषित शहरों में श्वास लेना भारी और बोझिल लगता है, मन और शरीर दोनों थक जाते हैं। ऐसे स्थानों से लौटते समय घर पहुँचते-पहुँचते अर्धचेतन से हो जाते हैं, मानो मन में ५० किलो का बोझ या हज़ार पौंड का भार लादकर आए हों। वहीं शुद्ध वातावरण में श्वास लेने से तुरंत ताजगी आती है—यह सचेत श्वास का महत्व बताता है।

आज ही संकल्प लें कि हम अपनी श्वास-प्रक्रिया को सर्वोच्च प्राथमिकता देंगे। सही श्वास-विधि अपनाकर हम शारीरिक स्वास्थ्य, मानसिक स्पष्टता, आध्यात्मिक उन्नति और पूर्ण जीवन जीने की ऊर्जा प्राप्त कर सकते हैं। अनुलोम-विलोम और कपालभाति जैसी क्रियाओं से श्वास की परिवर्तनकारी शक्ति को जगा कर हम सफलता और कल्याण दोनों प्राप्त कर सकते हैं।

ध्यान में विचारों को एकाग्र कैसे करें

जब हम वीणा की कोई तार को खींचकर उसे साधते हैं, तो हमारे विचार एकाग्र हो जाते हैं। पूरे ध्यान से सटीक दबाव डालकर हम कोई निश्चित स्वर या राग उत्पन्न करते हैं। वह स्वाभाविक, गुंजायमान ध्वनि सुनहरी लय लिए होती है, जो नकारात्मक ऊर्जा को दूर भगाती है और शांति, आनंद तथा जुड़ाव पैदा करती है। ठीक यही ध्यान में भी होता है—मन को साधना, उसे स्थिर और निर्मल बनाना।

ध्यान क्या है

ध्यान का आरंभ होता है एकाग्र होकर बैठने से, विचारों को न्यूनतम करना या पूरी तरह शांत कर देना। ध्यान का सार ही यह स्थिरता है। लेकिन दो मुख्य बाधाएँ आती हैं—चंचल मन और शरीर की सीमाएँ। विचार निरंतर आते रहते हैं, एकाग्रता बार-बार टूटती है, हम जितना भगाएँ उतना ही नए रूपों में लौटते हैं। शरीर भी साथ नहीं देता—१०-१५ मिनट तक तो शांत बैठा जा सकता है, पर २० मिनट बाद सिर दर्द, गर्दन अकड़न या बाहरी शोर आदि बाधा बन जाते हैं। तो प्रश्न यह है कि इन दो बाधाओं—विचार और शरीर—को पार करके भीतर की शांति कैसे प्राप्त करें?

ध्वनि और श्वास की शक्ति

वीणा का तार साधते समय जो सटीकता चाहिए, उसी से वह सुंदर, स्वाभाविक ध्वनि निकलती है जो तनावग्रस्त व्यक्ति को भी आनंद दे देती है। वह ध्वनि श्वास की लय के साथ मिलकर एक ऊर्जा-आवृत्ति पैदा करती है जो मोहित कर लेती है। ध्यान में भी हम इसी सिद्धांत का उपयोग कर सकते हैं। जैसे संगीतकार वाद्य को साधकर सकारात्मक कंपन पैदा करता है, वैसे ही हम अपने मन को साधकर भीतरी सामंजस्य उत्पन्न कर सकते हैं। शोर भरे माहौल में जब कोई संगीतकार एक स्वर छेड़ता है, तो श्रोताओं के भाव जाग जाते हैं, मस्तिष्क तरंगें और चेतना आपस में जुड़ जाती हैं। विज्ञान इसे मानता है, लेकिन आध्यात्म विज्ञान से परे है। जहाँ सांसारिक ज्ञान समाप्त होता है, वहीं आध्यात्म असाधारण अनुभवों की नींव रखता है। एक क्षण को दूसरे क्षण से जोड़ते चले जाएँ तो चमत्कारी ऊर्जा प्रकट हो जाती है।

अंतःशक्ति को जागृत करना

गुरु कृपा से विचारों को एकाग्र करना पूर्णतः संभव है। जैसे दो विद्युत धाराएँ जब आवृत्ति और शक्ति में समान होकर मिलती हैं, तो चिंगारी उठती है और ऊर्जा प्रवाहित होने लगती है। ठीक वही यहाँ होता है—जब आपके विचारों की लय किसी ध्यान-बिंदु के साथ वीणा के तार की तरह एक स्वर में मिल जाती है, तो भीतर एक संबंध बनता है। यह संबंध शरीर के ७२,७२० सूक्ष्म पेशियों में छिपी सूक्ष्म एवं अतिसूक्ष्म ऊर्जाओं को जागृत कर देता है और चेतन व अवचेतन मन के बीच सेतु बना देता है। फिर जो अनुभव होता है वह चमत्कार जैसा लगता है, मानो कहीं से आया हो। सफल व्यक्ति भी आश्चर्य करते हैं—"पता नहीं यह इतना अच्छा कैसे हो गया!" यही वह भीतरी तरंग है, यही वह ऊर्जा है जो भीतर कार्य कर रही थी।

ध्यान—जीवन परिवर्तन का उपकरण

हमारा मस्तिष्क रेटिना और आँखों के माध्यम से प्रति सेकंड दस लाख से अधिक तरंगें उत्पन्न करता है। उनमें से केवल एक तरंग को भी पकड़ लें और उसी पर कार्य करें, तो जीवन बदल सकता है। एक बिंदु पर टिककर आप आस्त्राल यात्रा, प्राण-खंडन, आत्म-साक्षात्कार जैसे गहन अनुभव कर सकते हैं, अनंत जन्मों के रहस्य खुल जाते हैं और दूसरों से गहरा जुड़ाव बनता है। जैसे राजा जनक और अष्टावक्र के बीच वह क्षणिक संवाद सब बदल गया—ऐसा जागरण किसी भी पल हो सकता है। बस उस संबंध को टूटने न दें।

सिद्धि का सरल मार्ग

विधि बहुत सरल है—एक विचार, एक तरंग को पकड़ें और उसे बनाए रखें। इस यात्रा में हमने असंख्य जन्म लिए हैं, असंख्य मृत्यु सही हैं और अभी भी साधना कर रहे हैं। अटूट समर्पण के साथ सिद्धि निश्चित है।

ध्यान में नकारात्मक विचारों को कैसे नियंत्रित करें

हमारा पूरा जीवन विचारों पर टिका है। अभी आप मुझे सुन रहे हैं—यह एक विचार है। मुझसे जुड़े हुए हैं—यह विचार है। कब समय खत्म होगा, यह विचार है। गाड़ी स्टार्ट करके

जाना है, यह विचार है। बच्चों को लेने जाना है जिन्हें बुलाया है, यह विचार है। मैं ठीक समझा रहा हूँ या नहीं, यह विचार है। कितनी देर और चलेगा यह प्रवचन, यह विचार है। विज्ञान ने शोध से पता लगाया है कि एक सेकंड में हमारी स्मृति से दस लाख से अधिक तरंगें उठती हैं। नमस्ते गुरुजी! हमने ध्यान लगाने की कोशिश की, पर मन इधर-उधर भागता रहा, विचार शांत ही नहीं हुए। इन्हें कैसे रोका जाए? जब हम ध्यान के लिए बैठते हैं, तो विचार दौड़ते रहते हैं। इन्हें कैसे काबू में करें? मामला विचारों को "काबू" करने का नहीं है। एक सरल और स्पष्ट उदाहरण देता हूँ। आप सबने श्रीमद् भगवद्गीता पढ़ी होगी या महाभारत का सीरियल देखा होगा—हमारे शास्त्रों पर आधारित। योगिराज श्रीकृष्ण के साथ कौन था? अर्जुन! गाण्डीव धनुषधारी महान योद्धा, विद्वान, पराक्रमी। वह सदा कृष्ण के सान्निध्य में रहता था। फिर भी वह बार-बार कृष्ण से शिकायत करता था—"मेरा मन एकाग्र नहीं होता।"

जब त्रेता-द्वापर में स्वयं कृष्ण के सामने अर्जुन का मन नहीं टिक पाया, तो हम-आप इतनी आसानी से कैसे टिका लेंगे? फिर भी एक दूसरा रास्ता है। बहुत सरल विधि है। हमारी स्मृति से एक साथ लाखों-करोड़ों तरंगें उठती रहती हैं; मन की तरंगें कभी रुकती नहीं—मृत्यु के बाद भी नहीं, यह अंतःविज्ञान कहता है। (हम "अंतर्विज्ञान" नाम की पुस्तक प्रकाशित कर रहे हैं, उसमें सब स्पष्ट किया गया है।) हमारा जीवन विचारों पर चलता है—मुझे सुन रहे हैं, घर का विचार है, समय कब खत्म होगा, गाड़ी स्टार्ट करनी है, बच्चों को ले जाना है, मैं ठीक समझा रहा हूँ या नहीं... शोध कहता है कि एक सेकंड में दस लाख से अधिक तरंगें स्मृति में उठती हैं। इनका प्रबंधन कौन करता है? हमारा अवचेतन मन। जिस विचार पर हम ध्यान देते हैं, उसे पकड़ता है, स्मृति में संग्रहित करता है और अवचेतन तक पहुँचाता है, जहाँ न्यूरॉन और कोशिकाएँ टिक-टिक करके उसे प्रोसेस करने लगती हैं।

तो आपका "मन नहीं टिकता" वाला प्रश्न... सुनिए।

1. जबरदस्ती एकाग्र करने की कोशिश करेंगे, तो कभी ध्यान नहीं होगा।

2. ध्यान में मन को आनंद, एकाग्रता और ताजगी का अनुभव होना चाहिए।

घर पर फिल्म या सीरियल देखते हैं, एक सीन याद रह जाता है, पर कहानी या गाना नहीं भूलते। क्यों? क्योंकि आप रिलैक्स होकर देख रहे होते हैं, मन पर दबाव नहीं होता। तनाव में काम करें तो नुकसान होता है, पर रिलैक्स होकर फिल्म, सीरियल या न्यूज़ देखें तो सब याद रहता है। ध्यान में जबरदस्ती मन को रोकने की कोशिश करेंगे तो दबाव बनेगा। मन कहेगा—"रुक, मैं अभी दिखाता हूँ!" और और ज़ोर से विद्रोह करेगा। सरल विधि यह है—लाखों विचार-तरंगों को खुला छोड़ दो। ध्यान में बैठो, तो उनमें से जो पोषक, सकारात्मक विचार हो, उसे पहचानो। उसे पकड़ो, दिमाग में ले जाओ और उसी के साथ चलते जाओ। जैसे-जैसे तुम उस पथ पर आगे बढ़ोगे, बाकी विक्षेपकारी तरंगें तुम्हें छू भी नहीं पाएँगी और ध्यान गहरा होता चला जाएगा। यही ट्रिक है, यही अनुभव की तकनीक है। बाहरी हो या भीतरी कोई भी कर्म, जीवन में ध्यान ही एक चीज़ है जिसे हमें अवश्य सिद्ध करना है। यही हमारा सांसारिक जीवन भी इसी तरह चलता है।

श्वास के द्वारा आत्म-साक्षात्कार: आत्मदर्शन की प्राप्ति

आत्मदर्शन (आत्म-साक्षात्कार) केवल इसी भौतिक शरीर में रहते हुए और जीवित रहते हुए ही संभव है। शरीर के बिना यह कैसे हो सकता है? हमारा जीवन श्वास पर टिका है। जब हम श्वास पर ध्यान केंद्रित करते हैं और उसमें गहराई तक उतरते हैं, तो भीतर की सूक्ष्म ऊर्जा का दर्शन होने लगता है—वह अत्यंत सूक्ष्म कणों के रूप में प्रकट होती है, जिन्हें सबसे उन्नत यंत्र भी नहीं देख सकते। जैसे-जैसे हम इन कणों को एक-एक करके देखते हैं और उन्हें उनके पूर्णतम रूप में एकत्रित करते हैं, एक तरंग उत्पन्न होती है।

यह तरंग स्मृति की ऊर्जा और मन की संकेंद्रित शक्ति से भरकर तेजोमय ज्योति बन जाती है। ज्योति-रूप में परिवर्तित होने पर यह एक ऐसी ऊर्जा उत्पन्न करती है जो मांसपेशियों में और पूरे शरीर में संचार करने लगती है। इस ऊर्जा को मन और बुद्धि से जोड़ देने पर हम अपने हृदय में निवास करने वाली उस दीप्तिमान ज्योति का साक्षात्कार करने में समर्थ हो जाते हैं।

इस स्रोत का अनुभव कौन करता है? हमारी चेतना, बुद्धि, मन की अंतर्दृष्टि और संकल्प-शक्ति। आज यह सब आस क्रिया योग के द्वारा संभव हो रहा है, जो वेदकालीन ऋषियों की लगभग लुप्तप्राय प्राचीन क्रियाओं को पुनर्जीवित कर रहा है।

आत्म-साक्षात्कार की प्रारंभिक साधना

आत्म-साक्षात्कार (आत्म-साक्षात्कार) की शुरुआती साधना क्या है? इसे कैसे करें? वास्तव में शुरुआत कहाँ से करें? अब अनेक साधकों में सच्ची जिज्ञासा जाग रही है—"मुझे आत्मा का साक्षात्कार करना है।"

आत्म-साक्षात्कार के लिए सबसे पहला काम यह है कि अपने आपको यह सत्य समझा लें:

मैं शरीर नहीं हूँ, मैं आत्मा हूँ। यह शरीर मैंने केवल धारण किया है।

अगर मैं आत्मा हूँ, तो यह आत्म-ऊर्जा इस शरीर में ठीक कहाँ है? किस रूप में है और मैं इसे कैसे अनुभव करूँ? आत्मा से अलग होकर मैं उसे कैसे देखूँ, कैसे समझूँ?

इस दिव्य आत्म-ऊर्जा का अनुभव करने के लिए सबसे पहली शर्त है—शरीर को स्वस्थ रखें। उचित आहार-विहार अपनाएँ, फिर ध्यान में बैठें और पूरी तरह भीतर उतरें। कोई बाहरी आकृति या कल्पना न बनाएँ—बस पूर्ण रूप से अंतर्मुखी हो जाएँ।

क्रम का पालन करें—यम, नियम, प्राणायाम, प्रत्याहार, धारणा, ध्यान, समाधि।

सरल जीवन जिएँ। ईर्ष्या, द्वेष, जलन न पालें। पड़ोसी ने बड़ी लग्ज़री कार खरीद ली तो जलन न करें। वह तो केवल शारीर सुख है। आप आत्मा के आनंद का रस लें। जब आप आत्म-स्मृति के पथ पर चलते हैं, तो जो आनंद भीतर से फूटता है, उसे न दुनिया दे सकती है, न समाज। जरा सा भी उस आंतरिक आनंद का रस चख लें तो एक ऐसी खिंचाव पैदा होती है कि बार-बार भीतर खींचती रहती है। जैसे-जैसे यह अंतर्चिंतन गहराता जाता है, चेतना की ऊर्जा, चित्त-वृत्तियों की ऊर्जा, बुद्धि और संस्कारों की ऊर्जा, शरीर के दस प्राण, दस इंद्रियों की ऊर्जा, भृकुटी के मध्य त्रिनेत्र की ऊर्जा, कुंडलिनी-शक्ति—सब धीरे-धीरे जागने लगते हैं। हर न्यूरॉन, हर अंग, हर कोशिका सक्रिय हो जाती है और आप उसे शरीर के भीतर अनुभव करने लगते हैं।

बार-बार अपने आप से पूछें—"मैं शरीर नहीं हूँ, मैं आत्मा हूँ—तो आत्मा है कहाँ?"

जान-बूझकर द्वैत पैदा करें—मन कहे “मैं शरीर हूँ”, भीतरी चेतना कहे “मैं आत्मा हूँ”। इन दोनों को आपस में टकराएँ। प्रश्नों को आपस में टकराएँ। चेतना और अंतःऊर्जा को टकराएँ। एक दिव्य लीला शुरू हो जाएगी और उस लीला में आप गहरे विश्राम में चले जाएँगे।

एक बहुत व्यावहारिक निर्देशः

दिन में कम-से-कम चार घंटे मोबाइल फोन और हर सैटेलाइट-कनेक्टेड उपकरण को दूर रखें।

किसी पेड़ की छाँव में, पहाड़ के पास, झरने के किनारे या बिल्कुल एकांत कमरे में बैठें (वहाँ भी मोबाइल नहीं—बंद रखें)। कोई रेडिएशन न हो।

बिजली की रोशनी की जगह चार-छह घी के दीपक या मोमबत्ती जलाएँ। कोशिश करें कि बिजली की लाइट भी न जलाएँ, बाहर से बिजली काट दें ताकि कोई इलेक्ट्रोमैग्नेटिक तरंग कमरे में न आए। हल्का सा अंधेरा रहे, दीपकों की लालिमा हो।

पूर्णतः शिथिल होकर बैठें—कोई विचार नहीं, कोई कल्पना नहीं, कोई योजना नहीं, भीतर की किसी यात्रा की इच्छा नहीं, कुछ “प्राप्त” करने की लालसा नहीं, भीतरी ज्योति या आत्मा देखने की उत्कंठा नहीं, मन को देखने की कोशिश भी नहीं।

बस पूर्ण मौन में बैठे रहें। वही अवस्था सहज समाधि कहलाती है—यह ध्यान की सर्वोच्च अवस्थाओं में से एक है। जरा सा भी विचार लाएँगे तो मन और चेतना उसे कॉपी कर लेंगे, रेटिना पर दबाव डालेंगे या जबरन भीतर ऊर्जा बनाने की कोशिश करेंगे। नहीं—बस पूर्ण विश्राम।

फिर अचानक अपने आप एक ऊर्जा उठेगी जो आपको अकल्पनीय आनंद देगी।

अभी मैं बोलते हुए भी उस ऊर्जा को अनुभव और देख रहा हूँ। जब तुम अनुभव करोगे तो उस आनंद को शब्दों में नहीं बता पाओगे। उसके आदि हो जाओगे। बार-बार बैठने लगोगे। इसी साधना को सच्चे मन से करो, एक दिन पता भी नहीं चलेगा और तुम आत्म-

साक्षात्कार में सरक जाओगे। वह खेल-खेल में हो जाएगा—जैसे अष्टावक्र ने घोड़े से उतरते हुए, एक पैर अभी रकाब में था, उसी क्षण राजा जनक को साक्षात्कार दे दिया।

हमारी भी यही कामना है—तुम्हें वैसा ही क्षणिक साक्षात्कार दिलाना। पर आजकल पूर्ण समर्पण करने वाले बहुत दुर्लभ हैं। लोग एक प्रश्न पूछते हैं, उत्तर मिलता है, फिर अपनी पढ़ी-सुनी या याद की हुई चीज़ से तौलते हैं और अपनी बुद्धि से तय करते हैं कि उत्तर सही है या गलत। फिर कहते हैं—"नहीं, मैं ही सही हूँ।" इसलिए साक्षात्कार नहीं होता।

पुराने समय में साधक पूर्ण समर्पण करते थे। आजकल लोग केवल तर्क करते हैं, अपने आपको सबसे बड़ा ज्ञाता मानते हैं। छोटे-मोटे बनकर प्रश्न पूछते हैं, उत्तर आते ही अपनी जानकारी से तौलकर गुरु के उत्तर को किनारे रख देते हैं और अपनी ही समझ को रख लेते हैं।

हे प्रिय साधक भाइयो-बहनो! जब तुम्हारे पास प्रश्न भी अपना है और उत्तर भी अपना है, तुम स्वयं ही सही हो और बाकी सब गलत, तो पूछते ही क्यों हो? और यदि सच में पूछना है तो पूर्ण समर्पण के साथ पूछो। अपने भीतर गहरे ध्यान में डूबो—तब उत्तर आएगा और यह चेतना तुम तक पहुँचेगी। इसी भाव से अपने कमरे में बैठो। घर के एक कोने को गुफा बना लो, उसे प्रकृति ही मान लो—तुम आनंद में रहोगे।

मन को नियंत्रित करना – १

आज हम मन की शक्ति को समझेंगे और आस क्रिया योग के द्‌वारा उसे कैसे जागृत करें, यह जानेंगे। मन को वश में कैसे करें? जीवन में नियंत्रण की बात आए तो सबसे बड़ी भूमिका मन की ही होती है। हमारी अस्त-व्यस्त, तनावपूर्ण ज़िंदगी और खराब सेहत का मूल कारण अक्सर अनियंत्रित मन ही होता है। कोई भी समस्या हो, उसकी जड़ में आपके मन की जागृति का अभाव होता है। जिस दिन तुम, मेरे प्रिय साधको, मन पर नियंत्रण प्राप्त कर लोगे, उस दिन तुम ब्रह्मांडीय शक्तियों को अपने वश में कर लोगे और विश्व जीत लोगे। हर रोग मन से ही ठीक हो सकता है। मन पर पूर्ण विजय प्राप्त कर ली तो धन, संसार, शरीर, बुद्‌धि और आध्यात्म—सब क्षेत्रों में सफलता तुम्हारी दासी बन

जाएगी। हम मनुष्य निरंतर दौड़ रहे हैं। बस एक चीज़ की कमी है—मन पर नियंत्रण। तो मन की शक्ति को जागृत कैसे करें?

सबसे पहले इच्छाओं को नियंत्रित करो, उन्हें सीमित रखो। सावधान रहो कि इच्छाएँ लालसा बन जाती हैं और तुम उनकी ओर खिंचे चले जाते हो। एक बार विचार उठा तो वह कभी मरता नहीं, न मरने के लिए होता है। इच्छाएँ कभी पूर्णतः संतुष्ट नहीं होतीं। दुनिया के करोड़पति-अरबपति, सबसे धनी लोग भी उतने ही चिंतित, व्यस्त और परेशान रहते हैं। उनके निकटवाले यह जानते हैं। ये सारी समस्याएँ हमारी आंतरिक ऊर्जा और कंपनों के अस्त-व्यस्त क्रम के कारण होती हैं। जब तक हम भीतर की अनंत ऊर्जा और मन के कंपनों को वश में नहीं कर लेते, तब तक जन्म-मृत्यु के चक्र में फँसे रहेंगे और एक दिन मृत्यु को गले लगा लेंगे।

फिर भी चिंता से मुक्त नहीं हो पाते। विचार उठा और हम उसके अनुसार कर्म कर दिया, या नहीं किया—जीवन की हर बात को हम मन की चेतना से ही अच्छा-बुरा आँकते हैं। जिसका मन नियंत्रित और जागृत है, वही अपने कार्यों में सफल होता है। नहीं तो सामान्य जीवन जीते हैं और बार-बार असफलताएँ झेलते हैं। फिर निराश हो जाते हैं कि इतनी मेहनत और एकाग्रता से काम किया फिर भी सफलता क्यों नहीं मिली? कारण मैं बार-बार बता रहा हूँ—मन। अब बात करते हैं मन की शक्ति को जागृत करने की, जो अत्यंत आवश्यक है। यही हर मनुष्य के जीवन की सफलता का मूल रहस्य है। संसार में मन की शक्ति को उपयोग करने के लिए सबसे पहले अपनी आय-व्यय की संरचना बनाओ। यदि आय ५०,००० है तो खर्च ३५,००० से ४०,००० से अधिक न रखो। इच्छाओं और दिखावे के जाल में मत फँसो। यदि ऐश्वर्य में डूब गए तो जीवन अस्त-व्यस्त हो जाएगा, तनाव आएगा। तनाव से चिंता, चिंता से शरीर की कोशिकाओं और न्यूरॉन्स की ऊर्जा में विकृति आती है।

जैसा हम सोचते और चिंता करते हैं, वैसी ही ऊर्जा हम प्रकट करते हैं। डायबिटीज़ के बहुत से मरीजों का मुख्य कारण चिंता ही होता है। चिंता से नींद बिगड़ती है, नींद न आने से कोशिकाएँ सक्रिय नहीं हो पातीं, ऊर्जा की कमी होती है और नाना रोग लग जाते हैं। ध्यान दें—व्यापारी, प्रोफेशनल या जो भी लोग डायबिटीज़ से पीड़ित हैं, वे स्वीकार करते हैं कि लगातार चिंता के कारण नींद नहीं आती थी, फिर बीमारी लगी। केवल मिठाई या किसी

खास भोजन से नहीं होता। मिठाई तो मनुष्य के लिए बनी है, हम ८४ लाख योनियों में सर्वश्रेष्ठ हैं। मिठाई स्वादिष्ट भोजन है, आनंद से खाओ, पर सीमित मात्रा में। अधिक खा लिया और उसका संतुलन शारीरिक श्रम, सकारात्मक चिंतन, मनन या ध्यान से नहीं किया तो रोग आएँगे ही। कोई रोग बाहर से नहीं आता, सारे रोग भीतर से ही जन्म लेते हैं। आहार पर ध्यान दो और चिंता से मुक्त रहो। लोग कहते हैं—हम चिंता नहीं करना चाहते, फिर भी करते हैं क्योंकि हम ऐसे वातावरण में रहते हैं जहाँ ८०% लोग परेशान हैं। दूसरों की सफलता या संपत्ति देखकर सोचते हैं—हमारे पास भी हो। पर जिनके पास है, वे भी शांत नहीं हैं। हम बाहरी इच्छाओं के पीछे दौड़ते हैं, पर सच्ची तृप्ति भीतर से ही मिलती है।

भीतर शांति न हो तो बाहर भी नहीं मिलेगी और जीवन अस्त-व्यस्त तथा रोगग्रस्त हो जाता है। कोई असामयिक मृत्यु को प्राप्त होता है, कोई अस्पतालों के चक्कर काटता है, जीवन बोझ बन जाता है।

सभी रोगों का इलाज आपके मन में है। यदि आप नियमित रूप से अपने मन की चेतना को जागृत और नियंत्रित करते रहें तो मैं दावे के साथ कहता हूँ—कोई रोग आपको छू भी नहीं सकेगा और आप इस संसार के महानतम पुरुषों के स्तर पर पहुँच जाओगे। इसके लिए न बाहरी प्रेरणा चाहिए, न अतिशय उपवास, न कठोर तप। केवल और केवल नियंत्रण चाहिए—और वह नियंत्रण ध्यान, योग और साधना से ही आता है।

मन को नियंत्रित करना – २

जब मन को अंतर्दृष्टि (तीसरी आँख) का दर्शन होता है, तो वह दाहिने कान के ऊपर वाले क्षेत्र से जुड़ जाता है, जहाँ मन की तरंगें निवास करती हैं। इस क्षेत्र को जागृत और सक्रिय करके हम मन की दृष्टि पर नियंत्रण प्राप्त कर सकते हैं। चाहे कितना भी आर्थिक नुकसान हो जाए, नौकरी चली जाए, या शरीर में कोई गंभीर रोग प्रवेश कर जाए, हम कभी अवसाद में नहीं गिरेंगे। यदि तुम मन पर अपनी कमान बनाए रखोगे और उसे नियंत्रित रखोगे, तो कुछ रोगों पर विजय प्राप्त कर सकते हो। कैंसर जैसी लाइलाज बीमारियों को भी हरा सकते हो। रीढ़ की कोशिकाओं के नाजुक मुद्दों को भी पार कर सकते हो, क्योंकि

भीतरी डॉक्टर—तुम्हारी शरीर की कोशिकाएँ—सक्रिय हो जाएँगी, बार-बार रोग से लड़ेंगी और उसे ठीक कर देंगी।

जैसे हाथ-पैर में चोट लगे और खून बहे, तो कोशिकाएँ तुरंत सक्रिय होकर खून रोकती हैं। फिर दूसरी कोशिकाएँ चमड़ी को धीरे-धीरे ठीक करती हैं। तीसरी कोशिकाएँ मांसपेशियों को जोड़ती हैं, चौथी तंत्रिका-तंत्र को सक्रिय करती हैं। इसी तरह हमारे शरीर में असंख्य प्रकार की कोशिकाएँ हैं, हर एक अपना-अपना काम करती है। उनमें मन की कोशिकाएँ भी हैं, जिन्हें हमें जागृत करना है। ये मन की कोशिकाएँ भोजन, दूध या घी से नहीं पुष्ट होतीं—इन्हें पोषण मिलता है गहरे ध्यान से। जब हम ध्यान की गहराई में डूबते हैं और कल्पना करते हैं कि हमारे मन की तरंगें मस्तिष्क में ऊर्जा के रूप में मौजूद हैं, जो रेटिना से एक अत्यंत सूक्ष्म धागे-जैसी तरंग द्वारा जुड़ी हैं, तो हम इन्हें जगा सकते हैं।

जैसे-जैसे ये तरंगें सक्रिय होती हैं, शरीर में एक अलग ऊर्जा और मस्तिष्क में अनोखी अनुभूति होती है। इसके लिए बैठो और बांसुरी की धुन सुनो, पक्षियों की चहचहाहट सुनो, प्रकृति का संगीत सुनो। सूर्योदय की लालिमा देखो या शांत रात्रि में चाँदनी। झरने की आवाज़ सुनो। विभिन्न प्राकृतिक ध्वनियों को सुनकर देखो कि तुम्हारे मन को कौन-सा संगीत भाता है, तुम्हारे मस्तिष्क की तरंगें किसके साथ ताल मिलाती हैं, कौन-सा संगीत तुम्हें शांत और अच्छा लगता है। उसी संगीत को हल्के से सुनो, शांत मन से बैठो और बिना किसी अपेक्षा, इच्छा या विचार के आनंदपूर्वक ध्यान करो। प्रश्न उठता है—विचारों को कैसे रोका जाए? विचार भटकेंगे ही, यही उनकी प्रकृति है। ध्यान का उद्देश्य विचार रोकना नहीं, केंद्र में टिकना है। तुम्हें भीतरी ऊर्जा, विद्युतीय तरंगों और अपने भीतर की अनंत तरंगों को सक्रिय करना है। जब तुम ये तरंगें जागृत करोगे, तो मन मस्तिष्क के किसी बिंदु को छुएगा और तुम्हें एक अनोखी ज्योति दिखेगी।

इस संसार में जिस किसी ने मन पर नियंत्रण प्राप्त किया है, वह आदि शक्ति भगवान शिव हैं। स्वयं दिव्य शिव भी गहन ध्यान या समाधि की अवस्था में ही मन पर नियंत्रण करते हैं। जब सभी मनुष्यों की आत्माएँ एक ही स्रोत से उत्पन्न हैं और ध्यान करते हैं, तो शिव किस पर ध्यान करते हैं? शिव मन की चेतना पर, ब्रह्म-ज्योति के नियंत्रण पर ध्यान करते हैं। चाहे पारदर्शी शरीर हो या स्थूल शरीर, मन की तरंगें भटकेंगी ही। जैसे होटल में जाओ और तरह-तरह की मिठाइयाँ देखो तो सब चखने की इच्छा होती है, चाहे

नुकसान हो या डायबिटीज़ हो जाए—रोक नहीं पाते। उसी तरह मन की तरंगें अनंत हैं और चलती रहती हैं।

जब मन अशांत हो, तो बैठकर हल्का संगीत सुनो और ध्यान करो। कुछ दिनों बाद तुम्हारे मस्तिष्क में शिव-स्वरूप दिव्य ज्योति जागृत हो जाएगी। केवल शिव-समान शक्ति ही मन को वश में कर सकती है। इसी बिंदु पर मन की ज्योति प्रकट होती है। हाँ, कुछ लोग ध्यान में रेटिना पर अत्यधिक दबाव डालते हैं तो आज्ञा चक्र के पास लाल ज्योति दिखती है और शांति मिलती है। यह कुछ शांति तो देती है, पर मन की ऊर्जा को गहराई से अनुभव करने के लिए इससे आगे जाना होता है। शरीर में विभिन्न विद्युत-जैसी तरंगें और ज्योतियाँ जागृत होती हैं। जब तुम इन्हें शांत करते हो, तो ये मस्तिष्क में विलीन हो जाती हैं। आँखें खोलो तो यह ऊर्जा भीतर की ओर प्रवाहित होने दो, बिखरी हुई ऊर्जा को टॉर्च की केंद्रित किरण की तरह एकत्र कर लो।

टॉर्च का कवर हटा दो तो प्रकाश चारों ओर बिखर जाता है और अंधेरे को चीरकर रास्ता नहीं दिखा पाता। ठीक वही—अपने शरीर की भीतरी ज्योति को जागृत करो और उसे केंद्रित रखो, बिखरी हुई नहीं। ऐसा करने से तुम अपने मन की तरंगों को जगा सकते हो और उसकी शक्ति को अपने वश में कर सकते हो। इस शक्ति को जगा लिया तो दुनिया में कहीं भी पराजित नहीं हो सकते।

जो इससे गहराई से सीखना या अनुभव करना चाहते हैं, वे हमसे संपर्क करें। आज ही आस क्रिया योग से जुड़ें—सफलता निश्चित है।

मन को नियंत्रित करना – ३

यदि तुम ध्यान और आस क्रिया योग की साधना करोगे, तो निश्चित रूप से रोगों से सुरक्षित रहोगे और सदा आनंदमय बने रहोगे। आनंद धन-दौलत से नहीं आता, वह विचारों से आता है। शांति और स्थिरता भी तुम्हारे विचारों से ही उत्पन्न होती है। यही जीवन का सार है। धन, व्यापार और नौकरी सांसारिक जीवन को चलाने के लिए आवश्यक हैं, पर जिन्होंने सांसारिक सफलता प्राप्त कर ली, वे अक्सर और अधिक परेशान रहते हैं। क्यों? क्योंकि हम पूरी तरह बाहरी दृष्टि और स्थूल शरीर पर निर्भर हैं।

हम अपनी आंतरिक ऊर्जा, आंतरिक शक्ति और प्रकृति के साथ भीतरी यात्रा की ओर नहीं बढ़ रहे। छुट्टियों में बाहर घूमने जाते हैं, शारीरिक यात्राएँ करते हैं, पर घर लौटते ही फिर तनाव में डूब जाते हैं।

हम पारिवारिक झगड़ों और नाना प्रकार के कलह में फँस जाते हैं। सामंजस्य बनाना है तो मन की चेतना को नियंत्रित करना होगा। इसी चेतना को जागृत करने और मन की शक्ति को प्रज्वलित करने के लिए सुबह या शाम, कुर्सी पर या ज़मीन पर बैठो, पूर्ण शिथिल रहो और हल्के से गुनगुनाओ। बगीचे में बैठो, प्रकृति में डूब जाओ—पक्षियों की चहचहाहट, खुला आकाश, सूर्योदय की लालिमा या पेड़-पौधों के बीच। कुर्सी पर, ज़मीन पर या चलते-फिरते भी आनंदित रहो और हल्के से गुनगुनाते रहो। अपने आप से कहोः

"यह शरीर मैंने लिया है, मैं शरीर नहीं हूँ; मैं आत्मा हूँ। मेरे भीतर चेतना की एक ऊर्जा है, कोई शक्ति मेरे शरीर में कहीं निवास करती है और उसकी तरंगें सदा गतिमान रहती हैं।"

जैसे सांसारिक विद्युत तरंगें कभी स्थिर नहीं रहतीं, निरंतर चलती रहती हैं, वैसे ही दिव्य ऊर्जाएँ कभी रुकती नहीं। इस ब्रह्मांड में ऊर्जा न कभी नष्ट होती है, न बनती है—बस प्रवाहित होती रहती है। ठीक वही, तुम्हारी मन-चेतना की तरंगें भी कभी स्थिर नहीं रहतीं। सांसारिक जागृत अवस्था में ये बाहरी जगत में भटकती हैं। नींद में स्वप्नावस्था में भी चलती रहती हैं। आँखें खोलो तो ये तरंगें रेटिना से होती हुईं मस्तिष्क के पिछले भाग तक जाती हैं और ब्रह्मांड को देखती हैं। मन की चेतना किसी एक तरंग से चिपक जाती है और भटकने, प्रश्न करने, विश्लेषण करने लगती है—यह सड़क ऐसी क्यों है? पहाड़ पर वह पेड़ ऐसा क्यों है? मुझे अमेरिका क्यों जाना है?

मन ज़िगज़ैग चलता है, हर पल बदलता रहता है। यदि तुम किसी सकारात्मक तरंग से चिपक जाओ या किसी दीप्तिमान ज्योति पर केंद्रित हो जाओ, तो वह तुम्हें सकारात्मक विचारों की ओर ले जाएगी और तुम्हें अपने शरीर की भीतरी ऊर्जा का अनुभव होने लगेगा। पर यदि संगत अच्छी नहीं, वातावरण सकारात्मक नहीं, या मूल्य अच्छे नहीं, तो तुम्हारा औरा नकारात्मक हो जाता है और नकारात्मक ऊर्जा खींच लाते हो। इससे अवसाद, बीमारी या अपराध और गलत मार्ग की ओर भी जा सकते हो, जिससे सांसारिक जीवन बिगड़ जाता है। इस तरह मन की तरंगें ही हमारे जीवन में सब कुछ हैं।

इन तरंगों के साथ जब भी कोई कार्य करो, तो कौए की चाल और बगुले की एकाग्रता के साथ करो, सकारात्मक दृष्टि रखो। जैसे अलग-अलग फूल देखकर उनकी विशेषता को सराहते हैं, वैसे ही जब हम अपने शरीर और उसकी अनुभूतियों को अनुभव करते हैं—जैसे फूल को सूँघकर उसकी सुगंध महसूस करना—उस आनंद को शब्दों में नहीं कहा जा सकता, वह अनुभव की बात है। जब हम उस अनुभव में डूब जाते हैं, तो गहरा आनंद, शांति और हर्ष होता है, मानो सारा शारीरिक थकान अपने आप गायब हो गया। अंग्रेजी दवाएँ, आयुर्वेदिक औषधियाँ या अन्य साधन जो हम प्राप्त करने की कोशिश करते हैं, वह प्रकृति की सुगंध से क्षणों में मिल जाता है और जीवन आनंदमय हो जाता है। प्रकृति में रहना बहुत बड़ा सहारा देता है, रोगों पर विजय दिलाता है।

मन की चेतना को जागृत करने के लिए गुनगुनाते हुए चिंतन करो—विचार आते कहाँ से हैं? हृदय से, नाभि से, मस्तिष्क से या अंगों से? अधिकांश लोगों को लगता है कि मस्तिष्क में कोई तरंग है—हमारी बुद्धि, चेतना या मन की आँख—जो विचार उत्पन्न करती है, जिससे मन में भारीपन आता है और विचार आँखों के रास्ते बहते हैं। मस्तिष्क ही केंद्र है, आज्ञा चक्र—जैसे कंप्यूटर की मदरबोर्ड, एक ऊर्जा-केंद्र। जब हम कोई चेतना इस बिंदु पर लाते हैं, तो वह पूरे ब्रह्मांड की ऊर्जा का मूल्यांकन कर लेता है। कभी कोई तुमसे बोलता है और उसकी बात तुम्हारे विचारों से मेल नहीं खाती, तो तनाव होता है। मस्तिष्क अरबों मांसपेशियों और नसों का केंद्र है, जिसमें इतनी सूक्ष्म ऊर्जाएँ और कोशिकाएँ हैं कि माइक्रोस्कोप से भी नहीं दिखतीं—न नैनो में, न माइक्रो में। इन्हीं को हम मन-चेतना की तरंगें कहते हैं, जो मस्तिष्क में निवास करती हैं। इन सूक्ष्मातिसूक्ष्म मन, बुद्धि और चेतना की कोशिकाओं को ऊर्जावान बनाने के लिए ध्यान करना पड़ता है। मेरे प्रिय साधको, जब हम गहरे ध्यान में डूबते हैं, तो अंधकार में खो जाते हैं, नाना प्रकार की ज्योतियाँ और अनुभूतियाँ होती हैं। ध्यान से लौटते हैं तो ऐसा लगता है मानो शरीर से लाखों टन का बोझ उतर गया हो, गहरा विश्राम मिलता है। यह विश्राम मालिश या दवाओं से नहीं मिलता (हाँ, नींद थोड़ा आराम देती है क्योंकि वह भी भीतरी ऊर्जा से जुड़ती है), पर ध्यान में तो अनंत जन्मों का बोझ उतर जाता है, हम अनादि ऊर्जा से जुड़ जाते हैं। नकारात्मक ऊर्जा नष्ट होती है, सकारात्मक ऊर्जा जागृत होती है और मन-चेतना की कोशिकाएँ सक्रिय होकर हमें उसकी शक्ति का अनुभव कराती हैं।

गुरु तत्त्व जागरण १

गुरु तत्त्व को जागृत करने के लिए सबसे पहले हमें इसका सार और अर्थ समझना होगा। गुरु कौन है? गुरु वह है जो हमें अंधकार से प्रकाश की ओर ले जाता है। लेकिन गुरु केवल कोई व्यक्ति ही नहीं होता जो आध्यात्मिक ज्ञान देता हो। गुरु शब्द में सभी वे प्राणी आ जाते हैं जो हमें मार्ग दिखाते हैं, जिनके मार्ग पर हम चलना चाहते हैं।

यह समझना बहुत जरूरी है कि गुरु कोई निश्चित व्यक्ति नहीं होता। बहुत से लोग कहते हैं, "मैं उनका गुरु हूँ" या "मैं फलाँ-फलाँ गुरु का शिष्य हूँ" – और कभी-कभी घमंड के साथ कहते हैं, "मेरा गुरु ऐसा है", "मेरा शिष्य वैसा है"। खुद को गुरु कहलाने वाले और शिष्य कहलाने वाले भी अहंकार के जाल में फँस जाते हैं। आश्चर्य की बात यह है कि ज्यादातर लोग गुरु होने का असली मतलब ही नहीं समझ पाते।

स्पष्ट बात यह है कि गुरु व्यक्तित्व से नहीं, बल्कि एक अवस्था से, एक संकल्पना से, एक तत्त्व से परिभाषित होता है। जो इस जिम्मेदारी और गुण को धारण करता है, वही गुरु कहलाता है। जैसे राजा के सिंहासन पर बैठा हुआ व्यक्ति राजा कहलाता है – वह अपने व्यक्तित्व की वजह से नहीं, बल्कि उस सिंहासन के महत्व की वजह से राजा कहलाता है – ठीक वैसे ही गुरु अपने कर्मों और गुणों की वजह से गुरु कहलाता है, न कि अपने व्यक्तित्व की वजह से। जब कोई पूरी तरह गुरु तत्त्व में विलीन हो जाता है, तब उसे गुरु के रूप में पूजा जाता है। "गुरु" यह शब्द ब्रह्माण्ड में, तीनों लोकों में, हमारे सौर मंडल में अपार शक्ति और ऊर्जा रखता है। यह शक्ति किसी व्यक्ति के पद या स्थिति पर निर्भर नहीं करती। कुछ लोग कहते हैं, "मैंने गुरु को यह दान दिया", "मैंने गुरु का इतना बड़ा सम्मान किया"। सच तो यह है कि वे जिसे सम्मान दे रहे हैं, वह "गुरु" शब्द का तत्त्व है। वे जिस व्यक्ति को गुरु कहकर बुलाते हैं, उस व्यक्ति का नहीं, बल्कि उस तत्त्व का स्वागत करते हैं।

हम कब तक व्यक्तित्व के मोह-माया और भ्रम में उलझे रहेंगे? आओ, इससे ऊपर उठें और सच्चे गुरु तत्त्व को जागृत करें।

गुरु तत्त्व जागरण २

हमारा शरीर इस ब्रह्माण्ड का लघु रूप है, जिसमें विभिन्न ऊर्जाएँ, तत्त्व और शक्तियाँ अलग-अलग रूपों में मौजूद हैं। इन्हीं में से एक है गुरु तत्त्व – गुरु का सार। जब हम अपने भीतर इस गुरु ऊर्जा को जागृत कर लेते हैं, तब हमें अपने अंतरंग में गुरु का रूप, गुरु की उपस्थिति और गुरु की शक्ति का अनुभव होने लगता है।

बचपन से माता-पिता हमें बड़े प्यार से मार्ग दिखाते हैं – माँ कहती है, "उधर मत जाना, गिर जाओगे", पिता जी समझाते हैं, "ऐसा मत करना, नुकसान हो जाएगा"। स्कूल में गुरुजन शरारतों से रोकते हैं और अनुशासन की राह दिखाते हैं। बड़े होने पर जब हम कार्यक्षेत्र में कदम रखते हैं, तब हम किसी गुरु की खोज करते हैं। माता-पिता या कोई और हमें किसी जागृत संत, ऋषि या दृष्टा से मिलवाते हैं, जो दीक्षा देते हैं, मंत्र देते हैं, ज्ञान देते हैं या ऊर्जा देते हैं, ताकि हम धर्म के मार्ग पर चल सकें। यह दीक्षा हमें संसार-सागर को आनंद और सार्थकता के साथ पार करने की क्षमता प्रदान करती है।

भीतर का गुरु

लेकिन जब हम अकेले पड़ जाते हैं, जब पास में न माता-पिता हों, न शिक्षक हों, न कोई जागृत महापुरुष हों – तब क्या होता है? संकट के क्षणों में हम चीखकर कहते हैं, "हे भगवान!" – आँखें अपने आप बंद हो जाती हैं और भीतर से गहरी पुकार उठती है – "हे प्रभु, मुझे बचा लो! हे गुरुदेव, मेरी रक्षा करो!" भले ही स्थूल गुरु पास में न हों, क्या इसका मतलब यह है कि गुरु हमारी रक्षा नहीं करते? बिल्कुल करते हैं।

उन क्षणों में गुरु तत्त्व – गुरु की ऊर्जा और शक्ति – हमारी सहायता के लिए आती है। यदि आपके गुरुदेव ऋषिकेश में हैं, दो हजार किलोमीटर दूर, तो उन्हें शारीरिक रूप से दौड़कर आने की जरूरत नहीं पड़ती। ब्रह्माण्ड के कण-कण में व्याप्त गुरु ऊर्जा किसी न किसी रूप में प्रकट होती है, नकारात्मक शक्तियों को दूर करती है, सकारात्मक ऊर्जा का संचार करती है और आपको संकट के सागर से ऊपर उठा लेती है।

गुरु और दैवीय शक्ति

ठीक यही तरीका ईश्वरीय शक्ति का भी है – वह भी सर्वव्यापी है, सर्वत्र उपलब्ध है। एक कहावत है – "गुरु गोविंद दोउ खड़े, काके लागूँ पाय?" यहाँ गुरु को सर्वोपरि माना जाता है,

लेकिन वह स्थूल व्यक्ति के रूप में नहीं, बल्कि असीम ब्रह्मांडीय ऊर्जा के स्वरूप के रूप में। वह अनंत शक्ति कंपन और तरंगों के माध्यम से हमारे मन, चित्त और आत्मा से जुड़ती है, हमें प्रेरणा देती है, सशक्त बनाती है। यही गुरु का सच्चा तत्त्व है।

अंतर्जागृत गुरु का बोध

इस गुरु तत्त्व से जुड़ने के लिए शुरू में हमें स्थूल गुरु की जरूरत पड़ सकती है, एक माध्यम के रूप में। लेकिन स्थूल गुरु संपूर्ण नहीं हैं; वे केवल मार्गदर्शक हैं जो हमें अपने भीतर सोई हुई गुरु शक्ति को जागृत करने में मदद करते हैं। सच्ची पूर्णता तब प्राप्त होती है जब हम अपने ही अस्तित्व में निवास करने वाली गुरु ऊर्जा को टटोलें, उसे पोषित करें और उसके परिवर्तनकारी सान्निध्य का अनुभव करें।

गुरु तत्त्व जागरण ३

जब हम जंगल में फँस जाते हैं, दुर्घटना में पड़ जाते हैं या किसी भी कठिन परिस्थिति में घिर जाते हैं, तब कोई सूक्ष्म ऊर्जा किसी न किसी रूप में हमारी सहायता के लिए आती है। उन क्षणों में पूर्ण श्रद्धा और विश्वास के साथ हमारी आंतरिक शक्ति बढ़ती है, जिससे हम आगे बढ़ पाते हैं, अपने लक्ष्य प्राप्त कर लेते हैं और गलत मार्ग पर जाने से बच जाते हैं।

यह इसलिए होता है क्योंकि हमारी बुद्धि और चेतना जागृत हो जाती है, विचार करने, समझने और चिंतन करने की क्षमता बढ़ जाती है। इसी चिंतनमयी अवस्था में हमारा अंतर्जागृत मार्गदर्शक – गुरु तत्त्व – बलवान हो जाता है। ज्योतिष में भी लोग अपने गुरु (बृहस्पति) की स्थिति या दशा की शक्ति देखते हैं, परंतु सबसे बड़ा सत्य यही है कि जब तक यह शरीर है, तब तक गुरु तत्त्व हमारे भीतर ही निवास करता है। फिर क्यों न हम इस गुरु तत्त्व को जागृत कर लें, ताकि हर पल, हर सेकंड, हर घंटे वह हमें सही मार्ग दिखाए, प्रेरणा दे और नेतृत्व करे?

अंतर्जागृत गुरु को जगाना

गुरु तत्त्व हमारे सूक्ष्म शरीर और आंतरिक ऊर्जा के किसी विशेष स्थान में निवास करता है। हम इसे साधना, गुरु कृपा या बीज मंत्रों के जप जैसी गहन साधना से जागृत कर सकते हैं। हृदय-चेतना के निकट ध्यान करते हुए हम इस गुरु ऊर्जा से जुड़ सकते हैं। जब यह जागृत हो जाता है, तब गुरु का तत्त्व और रूप – चाहे वह स्थूल गुरु के रूप में भी हो – हमारे हृदय में प्रकट हो जाता है। इस बोध के बाद जब हम पुकारते हैं, "हे गुरुदेव, मुझे मार्ग दिखाओ", तब गुरु का मार्गदर्शन तुरंत मिलता है। कोई भी चुनौती हो, यह अंतर्जागृत गुरु हमें उससे पार ले जाता है। अपनी आत्मा को जागृत करने के लिए उसकी ऊर्जा को सक्रिय करना पड़ता है, तभी उसकी उपस्थिति अनुभव होती है। आपके शरीर के भीतर ही दिव्य चेतना के रूप में गुरु दर्शन देते हैं और आपकी आत्मज्योति को परम दैवीय सत्य की ओर ले जाते हैं। इस गुरु तत्त्व के जागरण से जीवन पूर्णतः सफल हो जाता है।

एकत्व का मार्ग

संक्षेप में, अपने सूक्ष्म शरीर में निवास करने वाली उस आंतरिक शक्ति – गुरु – को जागृत करो, जो हर पल तुम्हें मार्ग दिखाए और प्रेरित करे। इस अराजक संसार में तुम अकेले सूर्य की तरह चमकोगे। आध्यात्मिक गुरु का यही प्रयास होता है कि वह अपने शिष्य को इसी तरह जागृत करे और सफलता के शिखर पर पहुँचाए। परंतु यह अवस्था तभी आती है जब गुरु के प्रति पूर्ण समर्पण हो, जब हम गुरु तत्त्व में पूरी तरह विलीन हो जाएँ। जब तक हम गुरु से अलग-अलग भाव रखते हैं, तब तक यह बोध नहीं होता। इसलिए गुरु तत्त्व को स्थूल शरीर के लिए नहीं, बल्कि अंतर्चेतना से, हृदय चक्र के निकट जागृत करो।

जब तुम हृदय चक्र के पास इस ऊर्जा को जागृत करोगे, तब गुरु का रूप और सान्निध्य अनुभव होगा। कठिनाई या संशय के क्षणों में तुम्हारा अंतरमन बोलेगा, और इसी आंतरिक ऊर्जा के माध्यम से समाधान प्रकट होंगे। बाहरी संसार में उन समाधानों पर अमल करने से तुम्हें पूर्ण सफलता मिलेगी। ऐसा साधक कभी छला नहीं जाता, और कितना भी कठिन लक्ष्य हो, वह उसके चरणों में झुक जाता है।

शरीर के तत्त्वों को समझना

मानव शरीर ब्रह्माण्ड का लघु रूप है, जो आवश्यक तत्त्वों से पोषित होता है, जिसमें जल और वायु सर्वोपरि हैं। इनके बिना जीवन असंभव है। बाहरी ऊर्जा जल पर निर्भर करती है, और शरीर वायु पर। जीवन की चेतना मूल रूप से वायु से जुड़ी हुई है – एक प्राथमिक तत्त्व। वायु के बिना जीवन चेतना नहीं होती, और जीवन चेतना के बिना अस्तित्व समाप्त हो जाता है। हम जो वायु साँस लेते हैं, वह हमें बनाए रखती है, जबकि जल शरीर की कमजोरी को रोकता है।

आध्यात्मिक साधना में तत्त्वों की भूमिका

शरीर के भीतर जल तत्त्व सूक्ष्म रूप में विद्यमान है। गहन तपस्या के दौरान योगी और साधक, महीनों तक एकांत में रहकर, इस सूक्ष्म जल तत्त्व को जागृत करके अपने शरीर को बनाए रखते हैं। इसी प्रकार, वायु तत्त्व शरीर और स्वप्न दोनों को जीवित रखता है, जो एक सूक्ष्म दबाव से संचालित होता है जो आंतरिक चेतना के प्रवाह को ईंधन प्रदान करता है। ध्यान के माध्यम से साधक जल और वायु तत्त्वों के अंतर्क्रिया का अनुभव कर सकते हैं। ब्रह्माण्ड का हर तत्त्व शरीर के भीतर निवास करता है – अलग-अलग ऊर्जाएँ, कोशिकाएँ और शक्तियाँ, प्रत्येक अपनी अनोखी भूमिका निभाती हैं। आध्यात्मिक साधना के माध्यम से इन्हें समझा जा सकता है। ध्यान में, जैसे-जैसे हम चरणबद्ध तरीके से आगे बढ़ते हैं – कुंडलिनी जागरण के सात चरणों की तरह, मूलाधार से सहस्रार चक्र तक – ये तत्त्व जागृत होते हैं। यह यात्रा अनोखी है, जो शरीर के भीतर ही घटित होती है।

आत्म-साक्षात्कार का मार्ग

जिस प्रकार कोई व्यक्ति फ्लाइट, बस या ट्रेन से किसी गंतव्य तक पहुँचता है, उसी प्रकार शरीर के भीतर कुंडलिनी जागरण के माध्यम से सहस्रार तक पहुँचा जा सकता है, इन तत्त्वों का अनुभव करते हुए या सूक्ष्म ऊर्जा यात्राओं के दौरान प्राण (जीवन शक्ति) को सक्रिय करते हुए। ये अभ्यास आत्म-साक्षात्कार के साधन हैं। हालांकि, यदि आत्म-साक्षात्कार सीधे हो जाता है, तो कुंडलिनी का जागरण, तत्त्वों (अग्नि, जल, वायु, सौर और अन्य) और सभी कोशिकीय कंपनों के साथ स्वाभाविक रूप से घटित हो जाता है। कहा जाता है कि परम शक्ति तक पहुँचने पर छोटे तत्त्व और नियम आपके समर्थन में आ जाते

हैं, जैसे नदियों में बहती धाराएँ, आत्म-साक्षात्कार के अनुभव में योगदान देती हैं। प्राण को जागृत करना एक अलग और चुनौतीपूर्ण अभ्यास है। प्राचीन काल में योगी प्राण पर महारत हासिल करके प्राण विखंडन या दूसरे के शरीर में प्रवेश जैसे करतब दिखाते थे। ऐसे अनुभवों को प्राप्त करने के लिए प्राण को जागृत करना और उसके शरीर में स्थान का पता लगाना आवश्यक है, जो आत्मा की यात्रा से अलग प्रक्रिया है।

हिमालय में एक व्यक्तिगत अनुभव

जीवन अनमोल है, और इस संसार में हर अनुभव हमें समृद्ध करता है, हालांकि सांसारिक अनुभव क्षणभंगुर हो सकते हैं। बद्रीनाथ से लगभग 30 किलोमीटर दूर एक स्थान पर विचार करें, जहाँ पिंडारी ग्लेशियर है। बर्फ की दीवारों और सुरंगों से घिरा हुआ, नीचे अथाह गहराई के साथ, वहाँ की वायु में ऑक्सीजन न्यूनतम है – 14,000 से 15,000 फीट की ऊँचाई पर – जीवित रहने के लिए मुश्किल से पर्याप्त, आवश्यकता का केवल लगभग 30% उत्पन्न करती है।

एक संत के शब्दों से निर्देशित, "बेटा, पिंडारी ग्लेशियर जाओ," मैं वहाँ गया, उसके स्थान से अनजान, और गहन आनंद का अनुभव किया। 16 वर्ष की आयु तक समाधि अभ्यास प्राप्त कर चुका होने के कारण, हिमालय ने गहन शारीरिक चुनौतियाँ प्रस्तुत कीं – एक प्रकार का शारीरिक तप। हर पल मैं मौत और पीड़ा का सामना करता था, फिर भी वहाँ रहते हुए मुझे कोई दर्द महसूस नहीं हुआ। मौत खिलवाड़ करती हुई नाचती लगती थी, जैसे माँ अपने बच्चे के साथ। दैवीय शक्तियों का उपयोग करके मैंने अपनी आत्मा की चेतना को शरीर से अलग कर दिया, उसे दैवीय लोकों की खोज में भेज दिया जबकि मेरा शरीर अचेतन अवस्था में रहा।

उस अवस्था में मुझे न ठंड महसूस हुई न भूख। घंटों तक – दो, चार, छह या आठ – शरीर में लौटने पर, जैसे ही रक्त संचार शुरू होता, मुझे भूख और ठंड महसूस होती। यदि असहनीय होती, तो मैं फिर से शरीर छोड़कर दैवीय लोकों में यात्रा कर लेता। इस प्रकार मैंने ग्लेशियर में समय बिताया।

दैवीय ज्ञान का बाँटना

पहाड़ों में अपनी गुफा में उतरने के बाद, मैंने अपनी आध्यात्मिक साधनाएँ, आंतरिक यात्राएँ और दैवीय लोकों की खोज जारी रखी। इन अनुभवों ने एक बोध उत्पन्न किया: जबकि मुझे यह ज्ञान दैवीय उपहार के रूप में प्राप्त हुआ, समाज में बहुत से लोग सच्ची समझ और प्रामाणिक अनुभवों की कमी से जूझते हैं, बिना दिशा के भागते रहते हैं। इससे मुझे प्रेरणा मिली कि मैं इन अंतर्दृष्टियों और ईश्वर के कार्य को साझा करूँ, ताकि अन्य लोग दैवीय का अनुभव कर सकें और जीवन के सार को समझ सकें।

दैवीय शक्तियों या आत्म-साक्षात्कार के लिए हिमालय जाना आवश्यक नहीं है। आस क्रिया योग के माध्यम से ये अनुभव आपके घर की सुविधा से उपलब्ध हैं। कुंजी प्रयास और समर्पण में है। ऊर्जा हर किसी के भीतर निवास करती है; कुछ इसे जल्दी जागृत कर लेते हैं, अन्य समय लेते हैं। केंद्रित अभ्यास और समर्पण से आप इन अनुभवों को शीघ्र प्राप्त कर सकते हैं, अपने परिवार में आनंद, समृद्धि और स्वर्ण युग का वातावरण सृजित कर सकते हैं। आस क्रिया योग के माध्यम से मैं दैवीय लोकों से अनुभवों को बाहरी संसार में लाने की जिम्मेदारी साझा करता हूँ, आंतरिक यात्राओं को बाहरी ब्रह्माण्ड से जोड़ते हुए।

शरीर के भीतर पृथ्वी तत्त्व का अनुभव

मैं इसे अपनी मन की आँख से प्रवेश करके समझाता हूँ। जब तुम अनंत ब्रह्माण्ड में असंख्य ग्रहों के बीच एक छोटी-सी गुलाबी बिंदु जैसी पृथ्वी को कल्पना करते हो और मन की तरंगों से उस पर गहरी एकाग्रता करते हो, तब एक चमकदार प्रकाश प्रकट होता है – लाल या नीला, तुम्हारी ध्यान-साधना की ऊर्जा के अनुसार – जो सामान्य दृष्टि से कहीं अधिक शक्तिशाली होता है। पृथ्वी को देखते हुए तुम उसके भीतर विभिन्न ऊर्जाओं को पहचानोगे। कौन-सी ऊर्जा मौजूद है, यह अलग-अलग रूपों में प्रकट होती है। तुम्हारे पास विकल्प है कि तुम किन ऊर्जाओं से जुड़ना चाहते हो।

यदि तुम नकारात्मक ऊर्जा से जुड़ते हो, तो वह तुम्हें ब्लैक होल की तरह खींच लेगी और शरीर को कोई लाभ नहीं देगी। लेकिन सकारात्मक ऊर्जा से जुड़ने पर तुम ऊपर उठोगे, बलवान बनोगे, अपनी नियति से, अपने गुरुओं से, पृथ्वी पर मानव रूप में विचरण करने वाले ऋषि-मुनि, तपस्वी और दैवीय अवतारों से जुड़ जाओगे। इसी से पृथ्वी तत्त्व का गहन

अनुभव होता है। जितना गहरा वर्णन करूँगा, उतनी ही भ्रम की संभावना है, इसलिए संक्षिप्त रखता हूँ। यह हर व्यक्ति की अनोखी आंतरिक यात्रा है। मैंने संकेत दे दिया – अब गुरु के मार्गदर्शन में इस खोज पर निकलो।

शरीर के भीतर पृथ्वी तत्त्व को जागृत करना

पाँच तत्त्वों – जल, अग्नि, वायु, आकाश और पृथ्वी – में पृथ्वी तत्त्व का विशेष महत्व है क्योंकि यही हमारी ऊर्जा का मूल स्रोत है। हमारा शरीर ब्रह्माण्ड का लघु रूप है, जो इन तत्त्वों से बना है, और पृथ्वी ऊर्जा ही हमारे अस्तित्व को आधार देती है। हमारी अधिकांश ऊर्जा कहाँ से आती है? पृथ्वी से। इसका संबंध हमारा अरबों वर्ष पुराना है – अनगिनत जन्म-मृत्यु के माध्यम से, हर बार ऊर्जा या आध्यात्मिक अंतर्दृष्टि संचित करते हुए, चाहे औपचारिक साधना की हो या न की हो।

ऊर्जा का सर्वव्यापी स्वरूप

जीवन के हर क्षेत्र में ऊर्जा व्याप्त है। खाना खाते हैं तो भोजन से ऊर्जा मिलती है। पढ़ते हैं तो ज्ञान मिलता है – वह भी ऊर्जा है। देखते हैं तो भीतरी ऊर्जा से दृष्टि केंद्रित होती है। गाड़ी चलाते हैं तो गतिज ऊर्जा आगे ले जाती है। हर क्रिया – स्थूल, मानसिक, आंतरिक या बाहरी – ऊर्जा पर निर्भर है, और यह ऊर्जा पृथ्वी में मूल रूप से निहित है। चलना, हिलना, जीना – सब पृथ्वी की सतह पर ही होता है, जो आत्मा की ऊर्जा, प्राण, दस प्राणों, दस इंद्रियों, बुद्धि, संस्कारों और विद्युत-चुंबकीय तरंगों से पोषित होता है। एक सेकंड में हमसे अरबों तरंगें निकलती हैं, मन की चेतना एक को पकड़ती है और क्रिया या प्रतिक्रिया के लिए आगे बढ़ाती है। यह ऊर्जा पृथ्वी से उत्पन्न होकर समस्त जीवन को पोषित करती है। हमारी सनातन परंपरा में पृथ्वी को माता के रूप में पूजा जाता है – सर्वोच्च श्रद्धा के साथ, जैसे माँ पोषण करती है, अंधकार से प्रकाश की ओर ले जाती है, सारी कठिनाइयाँ सहकर भी ऊर्जा देती रहती है। हम उसका ऋण कभी चुका नहीं सकते, फिर भी वह हमें निरंतर पालती है।

शरीर में पृथ्वी तत्त्व का स्थान

हर धर्म और शास्त्र कहता है कि मानव शरीर पंचतत्त्वों से बना है। इस वसुंधरा ग्रह के निवासी के रूप में हम इन तत्त्वों को अपने भीतर लिए हुए हैं। तो प्रश्न है – शरीर में पृथ्वी तत्त्व कहाँ है? सभी रोगों की औषधियाँ – मिट्टी, पत्थर, ताँबा, पीतल से बनी – पृथ्वी से ही आती हैं। शरीर के भीतर पृथ्वी तत्त्व को समझने के लिए हमें अंतर्मुखी होना पड़ता है।

ध्यान और आध्यात्मिक साधना से, आत्मा को जागृत करके, मन की आँख की तरंगों को सक्रिय करके, हम पैरों के तलुओं और नाभि के बीच एक थाली-जैसी संरचना देख सकते हैं। हृदय से मूलाधार चक्र तक एक नाँद-जैसा या गोलाकार पृथ्वी-सदृश चक्र दिखाई देता है – जैसे कटोरी या आधा गोला। ऐसा लगता है मानो पूरा शरीर इसी पर टिका हुआ है। यही पृथ्वी का तत्त्व है।

पृथ्वी तत्त्व का अनुभव

इस आंतरिक दर्शन में तुम्हें ऋषि-मुनि, संत, दिव्य ज्योति या सिद्धाश्रम की चमकती ऊर्जाएँ दिख सकती हैं – जैसे गंगा आरती में हजारों दीपक एक साथ जलते हों या बरसात में जुगनू चमकते हों। ऊर्जाएँ जल में बुलबुले की तरह ऊपर उठती-घुलती हुई दिखेंगी, जिनमें वायु या ऑक्सीजन समाहित हो। ये कण और ऊर्जाएँ U-आकार या उल्टी पिरामिड जैसी संरचना में, गोलाकार कटोरी या काँच के गिलास-जैसे ढाँचे में प्रकट होती हैं।

हृदय के नीचे पृथ्वी की परतें दिख सकती हैं जो ग्रह या उल्का की तरह घूम रही हों – आकाशगंगा में ब्लैक होल की तरह – एकसमान चक्कर लगाती हुईं, ऊर्जा विकिरण करती हुईं। यह पृथ्वी तत्त्व कभी तरंगें फेंकता चक्र बनकर, कभी रीढ़ के पीछे एक छोटा ग्रह बनकर दिखता है – जहाँ सूर्य, चंद्र, मंगल या अनगिनत खगोलीय पिंड भी अनुभव हो सकते हैं। शुरू में पृथ्वी एक छोटा-सा चलता हुआ प्रकाश बिंदु दिखती है – पेन की नोक जितना। पर जब तुम मन की चेतना और तरंगों को उस पर केंद्रित करते हो, वह बिंदु फैलता है और एक विशाल ग्रह बन जाता है।

पृथ्वी की ऊर्जाओं को जागृत करना

इस पृथ्वी तत्त्व पर ध्यान केंद्रित करके तुम उसकी ऊर्जाएँ जागृत कर सकते हो – उन ऋषि-मुनियों की ऊर्जाएँ भी जो अरबों वर्षों से मौजूद हैं। ऊर्जा – सकारात्मक हो या नकारात्मक – कभी नष्ट नहीं होती, बनी रहती है। जैसे अंधेरा चोर को सूट करता है, वैसे ही साधक को अंतर्ज्योति का प्रतिबिंब आनंद देता है। यह दृष्टि और संस्कार का मामला है। ध्यान से तुम पृथ्वी की सकारात्मक ऊर्जाओं से जुड़ सकते हो, अपनी नियति से, गुरुओं से, पृथ्वी पर चलने वाले दैवीय अवतारों से। यह गुरु-मार्गदर्शित अनोखी आंतरिक यात्रा है, जिसमें शरीर का पृथ्वी तत्त्व गहन आध्यात्मिक अनुभवों का द्वार बन जाता है।

शरीर के भीतर जल तत्त्व को जागृत करना

आओ, अब हम अपने शरीर को बनाने वाले पाँच तत्त्वों में से जल तत्त्व की खोज करें। जल तत्त्व क्या है और उसकी भूमिका को हम कैसे पूर्ण करें? उसे कैसे जागृत करें? लगभग हर मनुष्य जानता है कि शरीर में जल का कितना महत्व है – रक्त, श्वेत कोशिकाएँ, लाल कोशिकाएँ और प्लाज्मा के साथ-साथ। एक बात सोचो: ऋषि-मुनि, तपस्वी और योगी

गुफाओं में छह महीने या एक साल तक ध्यान में लीन रहते हैं, बाहरी जल स्रोत के बिना भी जीवित कैसे रहते हैं? यह एक गहन रहस्य है, जिस पर चिंतन करना चाहिए। हमारे शरीर के भीतर एक सूक्ष्म जल ऊर्जा मौजूद है, जो जागृत होने पर शरीर की जल आवश्यकता को स्वयं पूरी कर देती है। ध्यान और आंतरिक यात्रा से तुम इस जल तत्त्व को अनुभव और सक्रिय कर सकते हो।

जागरण की प्रक्रिया

यात्रा सबके लिए एक-सी शुरू होती है: मन को जागृत करो, आत्मा की अंतर्ज्योति प्रज्वलित करो और मन की तरंगों को हृदय से जोड़ो। जब ये तरंगें हृदय से, आत्मज्योति से और उसके दीप्तिमान सार से विलीन हो जाती हैं, तब तुम्हारे पारदर्शी शरीर में यह एक स्पर्शयोग्य रूप में प्रकट होने लगता है। सांसारिक उदाहरण देखो: बिजली के तारों से भरे घर में ग्राउंडिंग सही न हो तो प्रकाश नहीं आता। ठीक वैसे ही जब मन की तरंगें आत्मज्योति से जुड़कर विलीन हो जाती हैं, तब एक ऊर्जा उत्पन्न होती है जो आंतरिक यात्रा का मार्ग प्रशस्त करती है।

जल तत्त्व का अनुभव

अंदर की यात्रा करते हुए जल तत्त्व की ऊर्जा शरीर के विभिन्न स्थानों पर प्रकट होती है। जैसा कि पहले पृथ्वी तत्त्व के बारे में बताया था – पृथ्वी के आधे आकार का धीरे-धीरे घूमता हुआ जल-गोला जैसा ढाँचा, जिसमें 70 प्रकार की ऊर्जाएँ होती हैं – जल तत्त्व भी उसी ढाँचे के भीतर निवास करता है। उसमें भी विविध ऊर्जाएँ समाहित हैं। मन की तरंगों और आत्मज्योति से सही ऊर्जा को स्पर्श करने पर तुम्हें कभी जल की कमी नहीं होगी। तुम्हारा मन शांत और शीतल रहेगा, क्रोध और आवेग दूर रहेंगे। तुम्हारे पूरे अस्तित्व में मिठास और आनंद व्याप्त हो जाएगा।

शरीर का स्वाभाविक संतुलन

जैसे आज हम गैस, एसी या हीटर से सुख-सुविधा लेते हैं, वैसे ही जल तत्त्व को जागृत करने से शरीर का तापमान स्वाभाविक रूप से संतुलित हो जाता है। गर्मी में तुम्हें भीतर से शीतलता मिलेगी और ठंड के मौसम में अग्नि तत्त्व को सक्रिय करके भीतर से गर्मी। इस तरह मौसम या परिस्थिति कोई भी हो, शरीर की सभी जरूरतें भीतर से ही पूरी हो जाती हैं।

हजारों वर्ष पहले, जब ये आधुनिक उपकरण नहीं थे, तब भी लोग इन्हीं प्राचीन आंतरिक विधियों से सुखपूर्वक जीते थे। जल तत्त्व को जागृत करो और ऐसी सामंजस्यपूर्ण स्वावलंबिता प्राप्त करो।

शरीर के भीतर अग्नि तत्त्व को जागृत करना

आओ, अब जानें कि शरीर के भीतर अग्नि तत्त्व को कैसे जागृत किया जाए और उसकी ज्वलनशील अनुभूति कहाँ होती है। कुंडलिनी जागरण में मूलाधार चक्र के ठीक ऊपर एक प्रचंड ज्वाला-सी ऊर्जा दिखती है – जीवंत और अत्यंत शक्तिशाली। कल्पना करो, जंगल में लकड़ियाँ इकट्ठी करके तुमने आग जलाई – चटक-चटक की आवाज के साथ अचानक तेज लपटें उठती हैं। ठीक वही कुंडलिनी जागरण में होता है। गुदा के पास, पूँछ की हड्डी के निकट – L4, L5 और L6 कशेरुकाओं के आसपास, नाभि के नीचे और सोलह ऊर्जा-

धाराओं के ऊपर – एक सुप्त ऊर्जा सोई रहती है। जब वह जागृत होती है, तो रीढ़ के रास्ते ऊपर की ओर दौड़ती है, पूरी नस-तंत्र को सक्रिय कर देती है, शरीर को सीधा कर देती है। L5-L6 से मूलाधार चक्र की ओर बढ़ते हुए – जहाँ शरीर रीढ़ से जुड़ा होता है – ऐसा लगता है मानो आग का फव्वारा फूट पड़ा हो, प्रचंड ऊर्जा चारों ओर फैल रही हो।

तुम इसे खिलते हुए कमल की कल्पना कर सकते हो। परंतु शरीर की आंतरिक यात्रा कुंडलिनी जागरण से अलग है। प्रिय साधको, इस यात्रा में हर व्यक्ति का अनुभव अलग होता है – उसकी अपनी चेतना और जागृत ऊर्जा की मात्रा के अनुसार। कभी यह तरंग की तरह लगती है, कभी दीप्तिमान प्रकाश, कभी सूक्ष्म आकृति, कभी तुम्हारा अपना चेहरा या कोई ज्योतिमय रूप – जो नाभि के नीचे और रीढ़ के पीछे की ओर बढ़ता हुआ महसूस होता है।

अग्नि का उत्तेजना-पूर्ण उद्भव

इन बिंदुओं के बीच मांसपेशियों का एक समूह होता है। जब उसका स्पर्श होता है, तो विस्फोटक ऊर्जा का संचार होता है – ऐसा लगता है पूरा शरीर आग की लपटों में डूब गया हो। कभी-कभी यह अग्नि इतनी तीव्र हो जाती है कि लगता है शरीर पूरी तरह अग्निमय हो गया है, उसका सार बन गया है। ऐसे क्षणों में स्थिर रहना बहुत जरूरी है, वरना चेतना चली जाएगी या ऊर्जा कुछ मांसपेशियों में फँसकर अस्थिरता पैदा कर देगी। तुम्हें दृढ़ता से स्मरण करना है – "मैं यही प्रज्वलित, अविनाशी ऊर्जा हूँ।" धीरे-धीरे यह ऊर्जा स्थिर हो जाती है और शरीर ऐसा लगता है मानो शुद्ध अग्नि से जल रहा हो, लावा की तरह ऊपर उठ रहा हो। इस ऊर्जा को बिखरने न दो; उसे धीरे से स्थिर करो – जैसे आग जलकर अंगारे बन जाए और फिर अपनी जड़ में विलीन हो जाए। इसे मूल में पुनः समाहित करो, जहाँ यह चमकता अंगारा या लावा बनकर हल्के से चमकता रहे और अंत में स्थायी रूप से स्थिर हो जाए।

यदि नियंत्रण खो गया तो ऊर्जा छितरा जाएगी और यह अनुभव फिर वैसा नहीं आएगा। इसे स्थिर करने पर भविष्य की आंतरिक यात्राओं में केवल स्पर्श मात्र से ही यह पुनः प्रज्वलित हो उठेगी और अपार आनंद देगी। इससे नकारात्मक ऊर्जाएँ, सुप्त कोशिकाएँ और नस-तंत्र सक्रिय हो जाते हैं, अचेतन अवस्थाएँ दूर हो जाती हैं। पूरा निचला तंत्र जीवंत

हो उठता है – गले के ऊपर की ब्रह्मांडीय चेतना को छोड़कर – और तुम युवा, शक्तिशाली तथा ऊर्जावान महसूस करते हो।

ऐतिहासिक एवं आध्यात्मिक महत्व

प्राचीन काल में महान राजा, योद्धा और ऋषि – जैसे रामायण में वनवास के दौरान भगवान राम – जागृत महापुरुषों से आशीर्वाद प्राप्त करके इस अग्नि ऊर्जा को जागृत करते थे। कुंडलिनी जागरण से परे, आंतरिक यात्रा और अग्नि तत्त्व का सक्रियण अनमोल है। पाँच तत्त्वों – पृथ्वी, जल, अग्नि, वायु और आकाश – से बना शरीर जब अग्नि तत्त्व जागृत करता है, तब वह अपार शक्ति का पात्र बन जाता है, तुम महान योद्धा और अत्यंत ऊर्जावान प्राणी बन जाते हो।

कुंडलिनी जागरण की चिंगारी की तुलना में अग्नि तत्त्व ब्रह्माण्ड की पाँच तत्त्व-ऊर्जाओं में सबसे गहन शक्ति है। यह तुम्हें योद्धा, महान प्राणी और दैवीय अनुभवों का माध्यम बना सकती है।

मार्गदर्शन की अनिवार्यता

अग्नि तत्त्व को जागृत करना एक विशाल और जटिल साधना है, जिसमें मार्गदर्शन अपरिहार्य है। बिना गुरु के सच्चा ज्ञान प्राप्त नहीं होता। कोई सिद्ध गुरु टेलीपैथिक तरंगों से विश्व के किसी भी कोने तक पहुँचकर तुम्हारा तंत्र संरेखित कर सकता है – जैसे MRI, X-ray या ECG मशीनें शरीर के आंतरिक तंत्र को संरेखित करती हैं। आंतरिक यात्राओं में निपुण सूक्ष्म योगी, गुरु या मार्गदर्शक आवश्यक है। या फिर, यदि तुम्हारे भीतर कुछ तत्त्व पहले से जागृत हैं, तो तुम अपने भीतर के गुरु तत्त्व को सक्रिय करके यह प्रक्रिया कर सकते हो।

सूर्य तत्त्व को ध्यान के माध्यम से अनुभव करना

जब हम भगवान सूर्य पर ध्यान लगाते हैं, जो दिव्य ऊर्जा का सबसे बड़ा स्रोत हैं, तब वे एक तेजोमय देवता के रूप में प्रकट होते हैं। हमारे शरीर में नाभि के नीचे का क्षेत्र पाताल लोक माना जाता है। नाभि से गले तक एक ब्रह्मांड की परत है, और गले के ऊपर

सकारात्मक ब्रह्मांडीय ऊर्जा का स्थान शुरू होता है। इस नश्वर संसार में जब हम ध्यान में बैठते हैं और पेट के पीछे रीढ़ के पास वाले स्थान पर ध्यान केंद्रित करते हैं, तो वहाँ भगवान सूर्य प्रकट होते हैं। यह दृश्य आकाश में सूर्योदय जितना ही सुंदर होता है, जो पेट के क्षेत्र में जीवंत रूप से प्रकट होता है। प्राचीन काल में ऋषि-मुनि और योगी अपने पेट में अग्नि तत्त्व को जागृत करते थे, जैसा कि अनेक कथाओं में वर्णित है। जब यह अग्नि तत्त्व जागृत होता है, तो पेट और रीढ़ के बीच की खाली जगह में पिघले लावे जैसी अनुभूति होती है, जहाँ सूर्य तत्त्व सक्रिय होकर दृश्यमान हो जाता है। ध्यान की गहराई बढ़ने पर चंद्र तत्त्व भी प्रकट हो सकता है और इस आंतरिक आकाश में यात्रा करते हुए वह दिखाई देने लगता है।

इस लोक में अनेक महान उद्देश्य वाले संत निवास करते हैं, जिनकी महिमा असीम और विस्मयकारी है।

हमारे शरीर में सूर्य तत्त्व कहाँ जागृत होता है?

ऊर्जा ही जीवन का सार है – इसे बल, शक्ति या प्राणशक्ति कुछ भी कहें। आंतरिक और बाहरी ऊर्जाएँ एक-दूसरे की पूरक हैं, जो हमारे अस्तित्व को बनाए रखती हैं और जीवन को समृद्ध करती हैं। इस जीवन ऊर्जा को समझना ही अस्तित्व का मूल है; इसके बिना जीवन निरर्थक हो जाता है। हर जीवित आत्मा, हर चेतन प्राणी निरंतर गति में है, सांसारिक कार्यों में लगा हुआ है। फिर भी अधिकांश लोग अपने भीतर स्थित उस अनंत ऊर्जा को पहचान नहीं पाते जो ईश्वर ने प्रदान की है। क्या वे उसका पूर्ण उपयोग कर रहे हैं, या केवल आत्मा के वशीभूत होकर दौड़ लगा रहे हैं? ज्यादातर लोग अपने भीतर की इस विशाल ऊर्जा से अनभिज्ञ रहते हैं, उन्हें न इसका उद्देश्य पता होता है और न ही इसे कैसे उपयोग करना है। हमारा जीवन इस ऊर्जा पर कैसे निर्भर है, यह समझना अत्यंत महत्वपूर्ण विषय है।

आंतरिक सूर्य और ब्रह्मांडीय ऊर्जा

जैसे हमारे सौरमंडल में सूर्य उत्तर से दक्षिण ध्रुव तक भ्रमण करते हुए पृथ्वी को प्रकाशित करता है, और ऊँचे पर्वतों पर भी कभी पूर्ण अंधकार नहीं होता, वैसे ही हमारे भीतर की ऊर्जा हमें जीवित रखती है और निरंतर गतिमान रखती है। विचारों का उठना भी इसी ऊर्जा के बिना संभव नहीं। बुद्धि और ऊर्जा की तरंगें हमें योजना बनाने, सही-गलत का निर्णय करने और कर्म करने की शक्ति देती हैं। नींद में भी यह ऊर्जा सपनों के रूप में बहती रहती है, कभी स्थिर नहीं होती। इस प्रवाह को हम कैसे दिशा देते हैं और कैसे अनुभव करते हैं, यही मायने रखता है।

जैसे ध्वनि अंधकार को चीरती है, वैसे ही हम बाहरी सूर्य के प्रकाश पर निर्भर हैं। किंतु हम अपने भीतर के सूर्य को भूल जाते हैं। शास्त्र और व्यक्तिगत अनुभव बताते हैं कि हमारे शरीर में 12.8 करोड़ सूर्यों की तेजोमय ऊर्जा निवास करती है। कितना आश्चर्यजनक है कि हमारे भीतर इतना प्रकाश है! एक सूर्य पूरे विश्व को रोशन करता है, फिर भी इस अपार ऊर्जा के होने पर भी हम जीवन को दिशा नहीं दे पाते, अपना उद्देश्य नहीं समझ पाते। कौन-सा अज्ञान या संस्कार का पर्दा हमें इस ऊर्जा से अंधा बनाए हुए है?

ब्रह्म की ज्योति

ब्रह्म का तत्त्व अत्यंत शक्तिशाली है। सुई की नोक के अरबवें हिस्से जितने छोटे बिंदु में असंख्य ब्रह्मांड समा सकते हैं और उसकी ज्योति में पूर्णतः विलीन हो सकते हैं। ग्रह, नक्षत्र, सभी ब्रह्मांडीय ऊर्जाएँ उस प्रकाश में विलीन हो जाती हैं, जिसका वर्णन शब्दों में नहीं किया जा सकता। यदि पूरे सौरमंडल उस प्रकाश में लुप्त हो जाते हैं, तो हमारी छोटी पृथ्वी का सूर्य तो उसकी तुलना में एक कण मात्र है। सूर्य को चलाने वाली सौर ऊर्जा अनोखी है, जिसे हम अपनी समझ से ही अनुभव करते हैं।

जब सभी ब्रह्मांडों की ऊर्जा को समेटे हुए ब्रह्म की ज्योति हमारे भीतर है, तो हमारे शरीर में करोड़ों सूर्य क्यों नहीं हो सकते? हम उन्हें क्यों महसूस नहीं कर पाते? जैसे ब्रह्मांड में अन्य सूर्य हैं, वैसे ही हमारे भीतर भी हैं।

सूर्य तत्त्व को जागृत करना

साधारण आध्यात्मिक अभ्यासों से, जैसे सूर्य तत्त्व को जागृत करके, हम अपने शरीर में रीढ़ के पीछे सूर्य देव को देख सकते हैं। यह ऊर्जा स्पर्श योग्य हो जाती है, आँखें खुली होने पर भी जीवंत अनुभव होती है। जैसे बाहर समय बहता है, वैसे ही भीतर भी बहता है और हमारे विचारों को संरेखित करता है। आध्यात्मिक साधना में एक अलग चेतना और ऊर्जा कार्य करती है। दोपहर में सुस्ती, शाम को चाय पीकर विश्रांति, रात में नींद का अलग राज्य – यही ऊर्जा बाहर-भीतर दोनों जगह है, जो किसी भी क्षण हमें कर्म करने की शक्ति देती है।

हर बाहरी घटना का भीतरी अनुभव होता है। ध्यान और साधना से यह सत्य स्पष्ट हो जाता है। किसी भी क्षति, बाधा या रोग का निवारण भीतर की ऊर्जा जागृत करके किया जा सकता है। चिकित्सक और ज्ञानीजन इसी ऊर्जा का उपयोग करते हैं – या तो स्वयं जागृत करके या दूसरों को अनुभव कराकर।

शरीर में सूर्य तत्त्व को जागृत करना

आज हम उस आंतरिक यात्रा की बात करेंगे जिसमें सूर्य तत्त्व – सूर्य देव की तेजोमय ऊर्जा – हमारे भीतर जागृत होती है। मुख्य प्रश्न यही है कि शरीर में यह सौर ऊर्जा कहाँ अनुभव होती है और इस आंतरिक यात्रा में यह कैसे प्रकट होती है? यह अत्यंत गहन विषय है क्योंकि सूर्य देव की ऊर्जा का भीतरी अनुभव परिवर्तनकारी होता है।

आंतरिक यात्रा और ध्यान

आंतरिक अन्वेषण के अनेक मार्ग हैं, किंतु सूर्य तत्त्व का निश्चित स्थान जानना आवश्यक है। ध्यान में हम सामान्यतः किसी एक बिंदु पर स्थिर नहीं होते ताकि मन केवल कल्पना न करने लगे। फिर भी केंद्रित कल्पना से हम सच्ची अनुभूति की ओर बढ़ सकते हैं। जब हम ध्यान में प्रवेश करते हैं और तीसरे नेत्र को जागृत करते हैं, तो हमारे भीतर अनेक निष्क्रिय ऊर्जाएँ मिलती हैं। जैसे शरीर गहरी नींद में विश्राम करता है, वैसे ही ये ऊर्जाएँ अचेतन अवस्था में रहती हैं, जागृत होने की प्रतीक्षा में। सबसे पहले मन और

उसकी कंपन को जागृत करना पड़ता है। तीसरे नेत्र से एक सूक्ष्म तरंग या धागा निकलता है जो हमें भीतर ले जाता है।

सौर तत्त्व का अनुभव

हृदय के पास एक तेजोमय ज्योति प्रकट होती है – दीपक की लौ जैसी झिलमिलाती लौ। इस लौ का आकार और तीव्रता आपके भीतर जागी ज्योति की मात्रा पर निर्भर करती है। चक्रों की यात्रा करते हुए, हृदय की परिधि से केंद्र तक, शरीर की नाड़ी तंत्र से होते हुए, यह ऐसा लगता है जैसे हम समुद्र में या पाताल में उतर रहे हों। यह यात्रा कुंडलिनी जागरण से भिन्न है।

इड़ा, पिंगला और सुषुम्ना नाड़ियों से होते हुए नीचे उतरकर फिर पीछे की ओर ऊपर उठते हैं, जहाँ ब्रह्मांड की एक परत का अनुभव होता है। वहाँ रीढ़ के साथ-साथ ग्रह-नक्षत्र दिखाई देते हैं। इस परत में खगोलीय यात्रा शुरू होती है – चंद्रमा, सूर्य, मंगल आदि ग्रह जीवंत रूप से दिखाई देते हैं।

भीतर का सूर्य देव

हमारी सनातन परंपरा और वेदों में सूर्य को देवता माना गया है, जीवन के पोषण का स्रोत। विज्ञान उन्हें ग्रह कहता है, किंतु दोनों दृष्टिकोण मिलकर बताते हैं कि वे ऊर्जा हैं। यह दिव्य ऊर्जा हमें पोषण देती है, जैसे आत्मा – परमात्मा की संतान – दिव्य रूप है जिस पर हम निर्भर हैं। सूर्य देव पेट के पीछे प्रकट होते हैं, अत्यंत उज्ज्वल और अद्‌भुत प्रकाश लेकर। प्राचीन शास्त्रों और कथाओं में ऐसे ऋषियों का वर्णन है जिन्होंने इस सौर तत्त्व को जागृत कर पेट में इतनी तीव्र ऊर्जा उत्पन्न की कि एक संत ने कहा था – “हम अपने पेट में चपाती सेंक सकते हैं”। यह तभी संभव है जब आंतरिक ऊर्जा जागृत हो।

जागरण का अनुभव

जब सूर्य तत्त्व जागृत होता है, तो पेट के भीतर एक गोलाकार तेजोमय प्रकाश घूमता दिखाई देता है – लाल और नीले रंग का आभा, रीढ़ के पीछे आकाश जैसी अवस्था। इस ऊर्जा में समाहित होते हुए, पाताल से हृदय तक, मांसपेशियों से होते हुए, फिर मन की

कंपन से मस्तिष्क तक यात्रा करने पर विद्युतीय और तेजोमय तरंगें अपने-अपने स्थान पर विलीन हो जाती हैं और हम सामान्य अवस्था में लौट आते हैं। किंतु उस क्षण जो आनंद और ज्योति मिलती है, वह सांसारिक किसी सुख से अतुलनीय है। कुछ लोग इसे कल्पना कहकर खारिज कर देते हैं, विशेषकर जब सूक्ष्म लोक या आकाश यात्रा की बात होती है। परंतु यह आपके अपने शरीर के भीतर का ठोस अनुभव है। हमारा पूरा जीवन अनुभवों पर टिका है। खाने का स्वाद दिखाई नहीं देता, पर अनुभव होता है। चोट का दर्द दिखाई नहीं देता, पर महसूस होता है। सुख-दुख, हर श्वास – जो जीवन को बनाए रखती है – सब अनुभव हैं। जब हम आंतरिक यात्रा पर निकलते हैं और प्रकृति की ऊर्जा से जुड़ते हैं, तो सबसे बड़े रोगों पर विजय पा सकते हैं, मुक्ति प्राप्त कर सकते हैं और परम शांति तथा दिव्य का साक्षात्कार कर सकते हैं।

प्रकृति से ऊर्जा का दोहन

हर पल, हर क्षण, हम प्रकृति से ऊर्जा ग्रहण करते हैं—सूर्य, चंद्रमा, वायु और सभी प्राकृतिक शक्तियाँ हमें जीवित रखती हैं। बाहरी ऊर्जा का स्रोत आंतरिक ऊर्जा ही है। आंतरिक ध्यान साधना करके और भीतर की ऊर्जा को जागृत करके आप बाहरी ऊर्जा को भी उसी तरह प्राप्त कर सकते हैं।

जैसे कोई सिग्नल उपग्रह से टावर तक आता है और फिर आपके मोबाइल फोन तक पहुँचता है—आप बाहरी ऊर्जा प्राप्त कर रहे हैं, लेकिन यदि आपके फोन की बैटरी में आंतरिक चार्ज नहीं है, तो क्या वह टावर से जुड़ पाएगा या दूसरों से संवाद कर पाएगा? प्रकृति की ऊर्जा को प्राप्त करने का रहस्य आपकी आंतरिक ऊर्जा, चेतना और भीतर एकीकृत सकारात्मक कंपनों में छिपा है। जब आप अपने भीतर के स्व को जागृत करते हैं, तब बाहरी ऊर्जा आपके चारों ओर एक आभा (ऑरा) बनाती है और आपको अपनी शक्ति से आवृत कर लेती है। बिना इस आंतरिक जागरण के बाहरी ऊर्जा अप्राप्य और निरर्थक रहती है—आप उसे महसूस नहीं कर पाते, न ही ग्रहण कर पाते हैं। यही अंतर सफल और असफल जीवन के बीच का अंतर निर्धारित करता है।

मजबूत जड़ें ही मजबूत तना बनाती हैं; मजबूत तना ही किसी भी तूफान या आंधी को झेल पाता है। इसी तरह, जिस वृक्ष की जड़ें मजबूत होती हैं, उसके फल कभी समय से पहले

नहीं गिरते। यदि आपकी आंतरिक ऊर्जा, चेतना और विचार-शक्ति मजबूत है, तो बाहरी उपलब्धियाँ सहज ही प्राप्त हो जाती हैं। सच्ची लड़ाई भीतर की है। बाहरी दुनिया को जीतना आसान है, लेकिन स्वयं पर विजय प्राप्त करना सबसे बड़ी चुनौती है। आंतरिक प्राप्ति ही आपको बाहरी दुनिया की ऊर्जा को पूर्ण रूप से अनुभव करने और उसका दोहन करने की क्षमता प्रदान करती है।

समाधि को समझना और योग से इसका अंतर

समाधि के प्रकार

आजकल *समाधि* शब्द का बहुत अधिक प्रयोग होता है। लोग सहज ही कह देते हैं – "मैं समाधि में हूँ", "मैं समाधि साध रहा हूँ" या "मैं इस-इस समाधि में हूँ"। इससे समाधि और ब्रह्म जैसी गहन अवस्थाएँ भी साधारण लगने लगी हैं, मानो हर साधक को इनका आसानी से दर्शन हो जाता हो। वास्तव में समाधि साधना की एक ऊँची अवस्था है और यह विभिन्न रूपों में प्रकट होती है। अलग-अलग साधकों और विद्वानों ने अपनी अनुभूति के आधार पर इसका वर्णन किया है, इसलिए इसके अनेक नाम और दृष्टिकोण प्रचलित हैं।

समाधि के प्रमुख प्रकार हैं – **सम्प्रज्ञात समाधि**, **सविकल्प समाधि**, **असम्प्रज्ञात समाधि**, **निर्विकल्प समाधि**, **निर्विकार समाधि** आदि। प्रत्येक का अपना नाम, कार्य और अनुभव अलग-अलग है, जिन्हें हम आगे विस्तार से समझेंगे।

योग और समाधि में अंतर

योग एक **क्रिया** है – एक वैज्ञानिक पद्धति जो भीतर की खोज और शोध का मार्ग है। इसमें हम कुछ कर्म करते हैं जो मन को शान्ति की ओर ले जाते हैं। समाधि वह **अवस्था** है जिसमें मन पूरी तरह शांत, आनंदमय और विचारशून्य हो जाता है; जहाँ स्थिरता, शांति और गहन आनंद का अनुभव होता है। योग के द्वारा हम उन साधनों-अभ्यासों को करते हैं जो हमें अनुभव तक ले जाते हैं, जबकि समाधि में हम उन अनुभवों

में पूरी तरह डूब जाते हैं और एक स्थिर, शांत, आनंदपूर्ण चेतना की अवस्था में पहुँच जाते हैं।

संक्षेप में कहें तोः

- **योग** वह प्रक्रिया है जिसमें एकाग्र मन और सक्रिय प्रयास से दैवी शक्ति का अनुभव किया जाता है।

- **समाधि** उस दैवी शक्ति के साथ पूर्ण एकीकरण है, जिसमें साधना के द्वारा आनंद की पूर्ण प्राप्ति और उसमें पूरी तरह लीन हो जाना होता है।

समाधि के रहस्यों का अनावरण

आजकल "मैं समाधि में हूँ", "मैं समाधि कर रहा हूँ" जैसे वाक्य बहुत सहजता से बोले जा रहे हैं। इससे समाधि और ब्रह्म जैसी परम पवित्र अवस्थाएँ भी साधारण लगने लगी हैं, मानो ये हर किसी को आसानी से उपलब्ध हों। वास्तव में समाधि साधक की एक अत्यंत उन्नत अवस्था है जिसमें अनेक रूप और अनुभव शामिल हैं, जिनका वर्णन अलग-अलग विद्वानों ने अपनी अनुभूति के आधार पर अलग-अलग तरीके से किया है।

समाधि के प्रकार

पतंजलि योगसूत्र के अनुसार समाधि मुख्यतः दो भागों में बँटी हैः

1. **सम्प्रज्ञात समाधि** (साक्षी भाव वाली)

2. **असम्प्रज्ञात समाधि** (बिना साक्षी भाव वाली)

इन दोनों के अंतर्गत कई उप-भेद हैं जिनके अलग-अलग लक्षण हैं।

असम्प्रज्ञात समाधि

यह वह अवस्था है जहाँ जन्म, आयु और भोग देने वाले संस्कार पूरी तरह शांत हो जाते हैं। इसे **निर्बीज समाधि** भी कहते हैं। संसार में रहते हुए भी यह संस्कारों से परे चली

जाती है। इसमें वैराग्य की प्रधानता होती है, काल-बोध लुप्त हो जाता है। साधक देह से विरक्त हो जाता है, इसे **विदेह समाधि** भी कहते हैं, जहाँ वह प्रकृति में विलीन होने की ओर बढ़ता है और प्रलय जैसी स्थिति का अनुभव करता है। इसमें अनेक प्रकार की भावनाएँ और अनुभव होते हैं।

सम्प्रज्ञात समाधि

इसके चार प्रमुख भेद हैं:

- **वितर्क सम्प्रज्ञात समाधि** (तर्क सहित)

- **विचार सम्प्रज्ञात समाधि** (विचार सहित)

- **आनंद सम्प्रज्ञात समाधि** (आनंद सहित)

- **अस्मिता अनुगत सम्प्रज्ञात समाधि** (अहंकार की न्यूनतम उपस्थिति वाली)

इसे दो मुख्य प्रकारों में भी बाँटा जाता है:

- **उपाय-प्रत्यय सम्प्रज्ञात** (साधन-प्रयत्न से प्राप्त)

- **भाव-प्रत्यय सम्प्रज्ञात** (भावों से स्वतः उत्पन्न)

उपाय-प्रत्यय में गहन खोज और विविध भाव रहते हैं, जबकि भाव-प्रत्यय में अनेक प्रकार की भावनाएँ उमड़ती हैं। धारणा, ध्यान और समाधि – ये तीनों सम्प्रज्ञात समाधि के मूल आधार हैं।

अनन्त सम्प्रज्ञात समाधि को इसका पूर्ण विकसित रूप माना जाता है, जिसमें साधक के भीतर ब्रह्म और दिव्य ज्योति का साक्षात्कार होता है। अन्य रूप हैं – भाव समाधि, भाव-प्रत्यय समाधि और **भवातीत समाधि** (ट्रांसेंडेंटल समाधि)। **निर्विकल्प समाधि** में देह और देह-बोध पूरी तरह लुप्त हो जाता है तथा पूर्ण दिव्यता में डूबन होता है।

समाधि का सार

नामों-शब्दों में उलझने की बजाय साधना पर ध्यान दें। समाधि **सत्-चित्-आनंद** की अवस्था है, जहाँ मन पूर्णतः शांत और आनंदमय रहता है। इसमें डूबने से भीतरी ऊर्जा का अनुभव होता है और प्रकृति के रहस्य तथा काल के नियमों से साक्षात्कार होता है। जब भीतरी चेतना जाग्रत होती है, तब गहन शांति की अवस्था आती है।

समाधि में जाने के लिए **स्थिर हो जाएँ**। किसी कार्य में या किसी भाव में इतना डूब जाएँ कि कुछ और दिखाई ही न दे। अलग-अलग समाधियाँ अलग-अलग ऊर्जाओं को जाग्रत करती हैंः

- वितर्क सम्प्रज्ञात – विचारों पर केन्द्रित

- अस्मिता अनुगत – कामनाओं से मुक्त

- अनुग्रहित सम्प्रज्ञात – भीतरी शक्ति से प्रेरित

- भाव-प्रत्यय असम्प्रज्ञात – प्रबल भावों में पूर्ण डूबन

- सम्पन्न असम्प्रज्ञात – विदेह अवस्था, जिसे मुख्यतः उच्च कोटि के योगी ही अनुभव करते हैं

अष्टावक्र की बुद्धि

अष्टावक्र गीता (या अष्टावक्र महागीता) में संपूर्ण योग और आध्यात्मिक ज्ञान समाया हुआ है – ब्रह्मांड, जीवन, कर्म और आत्म-साक्षात्कार तक। इसमें सम्प्रज्ञात, असम्प्रज्ञात, निर्विकल्प, निर्बीज तथा भाव-प्रत्यय सभी समाधियों का समावेश है।

ऋषि कहोड़ और सुझाता के पुत्र अष्टावक्र माँ के गर्भ में ही पूर्ण ज्ञान प्राप्त कर चुके थे। उनके पिता वेदों के महान पंडित थे। एक बार राजा जनक के दरबार में बांदी नामक विद्वान से शास्त्रार्थ में पराजित होकर वे घर नहीं लौट सके (पराजितों को मृत्यु दंड मिलता था)। सुझाता दुःख में थीं।

एक दिन कहोड़ जब वेद-पाठ कर रहे थे, तब गर्भ में ही अष्टावक्र ने उनके उच्चारण में त्रुटि सुनी और बोले – "हे ऋषि! आप गलत मंत्रों से लोगों को भ्रमित क्यों कर रहे हैं?" क्रोधित होकर कहोड़ ने शाप दे दिया – "तू आठ अंगों से टेढ़ा पैदा होगा।" फलस्वरूप अष्टावक्र आठ अंगों से विकृत शरीर लेकर जन्मे, किंतु उनकी बुद्धि और तेज विश्व में अद्वितीय था। वे स्वयं ही समाधि और आत्म-साक्षात्कार के जीवंत स्वरूप थे।

समाधि के प्रकार और उसका सार

समाधि का सार

समाधि एक गहन अवस्था है जिसमें मुख्य रूप से **चित्त** और **आनंद** का अनुभव होता है। इसमें बुद्धि और चेतना का जागरण होता है तथा मन पूर्णतः शांत और स्थिर हो जाता है। समाधि में जाने के लिए **पूर्ण स्थिरता** आवश्यक है – किसी एक कार्य या भाव में इतना डूब जाना कि कुछ और दिखे ही न, कुछ और अनुभव ही न हो। इसी स्थिरता से भीतरी ऊर्जा का साक्षात्कार होता है, प्रकृति की घटनाओं से जुड़ाव होता है तथा जन्म, मृत्यु और काल के रहस्यों का बोध होता है। जब भीतरी चेतना जागती है, तब गहन शांति की अवस्था आती है और समाधि का द्वार खुलता है। कुंजी यही है – शांत रहें, आनंदमय रहें और इस अवस्था में पूरी तरह लीन रहें।

समाधि के प्रकार एवं उनके लक्षण

जैसे-जैसे साधक **भाव-प्रत्यय समाधि** (भावों से उत्पन्न होने वाली समाधि) में गहराई तक उतरता है, वैसे-वैसे आहार, प्रत्याहार (इंद्रियों का संयम) और विभिन्न भाव प्रकट होने लगते हैं। इसमें आंतरिक ऊर्जा और उन्नत चेतना सक्रिय होती है। अलग-अलग समाधियाँ शरीर के अलग-अलग कोशिकाओं (केंद्रों) को जागृत करती हैं, जिनके अपने विशिष्ट लक्षण हैं

- **वितर्क, विचार, अनुग्रह अथवा सम्प्रज्ञात समाधि**

जब किसी विचार पर एकाग्रता इतनी प्रबल हो जाए कि वह निर्णय-शक्ति प्राप्त कर ले, तब **सम्प्रज्ञात समाधि** (साक्षी भाव वाली समाधि) प्राप्त होती है। इसमें शामिल हैं:

- **वितर्क** (तर्क-युक्त)

- **विचार** (सूक्ष्म चिंतन-युक्त)

- **अनुग्रह** (आंतरिक शक्ति से प्रेरित)

इनमें मन पूर्ण जागरूकता के साथ कार्य करता है।

- **असम्प्रज्ञात समाधि**

जब देह-बोध पूरी तरह लुप्त हो जाता है और साधक देही से विदेही अवस्था में पहुँच जाता है, तब इसे **असम्प्रज्ञात समाधि** कहते हैं। यह देहातीत अवस्था है, जिसमें शारीरिक संवेदनाएँ समाप्त हो जाती हैं और साधक उच्च चेतना में विलीन हो जाता है।

नियमित और समर्पित साधना से ये समाधि-अवस्थाएँ विभिन्न ऊर्जाओं को जागृत करती हैं तथा साधक को गहन आध्यात्मिक साक्षात्कार की ओर ले जाती हैं।

तृतीय नेत्र को जागृत करना – भाग १

तृतीय नेत्र (त्रिनेत्र या दिव्य दृष्टि) को जागृत करने की यह विधि सतयुग, त्रेता, द्वापर तथा आदि सनातन काल के महर्षियों, संतों और सिद्धों की प्राचीन विद्या से ली गई है। आज हम जानेंगे कि इस ऊर्जा को कैसे जागृत किया जाए ताकि हम भूत, वर्तमान और भविष्य का दर्शन कर सकें तथा आस क्रिया योग के माध्यम से अपने कर्म-पथ को उज्ज्वल बना सकें।

तृतीय नेत्र को समझना

इसे त्रिनेत्र, वेद-दृष्टि या दिव्य दृष्टि भी कहते हैं। यह प्राचीन ऋषियों की अलौकिक ज्ञान-शक्ति का प्रतीक है। इसे जागृत करने पर निम्नलिखित असाधारण शक्तियाँ प्राप्त होती हैं:

1. **काल-दर्शन** – भूत, वर्तमान और भविष्य का साक्षात्कार। गहन अभ्यास से दूसरों के भूत-भविष्य की चेतना-तरंगों को भी पढ़ा जा सकता है और भविष्यवाणी करने की क्षमता आती है।

2. **पूर्वजन्म स्मृति** – तृतीय नेत्र की ऊर्जा को मस्तिष्क की कोशिकाओं तक पहुँचाने से पूर्वजन्मों की सुप्त स्मृतियाँ जागृत हो जाती हैं।

3. **रोग-निवारण शक्ति** – शरीर में कोई रोग या विकार हो तो यह ऊर्जा भीतर चिकित्सकीय चेतना भेजती है, अंगों को धीरे-धीरे पुनर्जनन देती है, हानिकारक जीवाणुओं को नष्ट करती है, नकारात्मक कोशिकाओं को सकारात्मक बनाती है तथा सुप्त कोशिकाओं को पुनर्जीवित करती है।

स्थान एवं क्रिया-विधि

यह केंद्र भौंहों के ठीक मध्य में स्थित है। वहाँ एक अत्यंत संवेदनशील नाड़ी होती है जो तंत्रिका-तंत्र के भीतर रेटिना से जुड़ी रहती है। जागरण के समय इस नाड़ी में दबाव पड़ता है और आंतरिक दृष्टि प्रभावित होती है। ध्यान में अत्यधिक जोर डालने से रेटिना पर अतिरिक्त भार पड़ सकता है और नुकसान हो सकता है। इसलिए सही विधि अत्यंत आवश्यक है।

आस क्रिया योग में हम ऋषियों-संतों की प्राचीन शुद्ध विधि का ही पालन करते हैं जिससे कोई हानि न हो और अधिकतम आध्यात्मिक लाभ प्राप्त हो।

जागरण की प्रक्रिया

दाहिने कान के ठीक ऊपर मन और बुद्धि की ऊर्जाएँ मिलती हैं, वहाँ विशेष कोशिकाएँ और न्यूरॉन्स सक्रिय होते हैं। मन-बुद्धि के बीच संकल्प-शक्ति की सूक्ष्म परत होती है। जब ये ऊर्जाएँ एकत्रित होती हैं तो तीन प्रकार की दीप्तियाँ दिखाई देने लगती हैं – इन्हें देखने में समय और अभ्यास लगता है।

ध्यान के दौरान भौंहों के मध्य में एक ज्योति-बिंदु प्रकट होता है। फिर दाएँ-बाएँ दोनों ओर से ऊर्जा-तरंगें उठती हैं और घूमकर फिर उसी मध्य बिंदु पर आकर मिलती हैं। यही तृतीय

नेत्र के जागरण का प्रारंभिक चरण है जो साधक को गहन आंतरिक दृष्टि और आध्यात्मिक परिवर्तन की ओर ले जाता है।

तृतीय नेत्र को जागृत करना – भाग २

हमारा शरीर ब्रह्मांड का लघु रूप है। पीठ के पीछे सूर्य की ऊर्जा को जोड़कर हम ब्रह्मांडीय शक्ति प्राप्त करते हैं। इस सौर ऊर्जा को मस्तिष्क तक लाएँ, अवचेतन को सक्रिय करें और इन ऊर्जाओं को खोपड़ी के दाहिनी ओर (कान के थोड़ा ऊपर) एकत्र करें।

ध्यान-प्रक्रिया

गहन, निरंतर ध्यान में अविचल एकाग्रता रखते हुए विद्युतीय तरंगों पर ध्यान केंद्रित करें और उन्हें धीरे-धीरे भौंहों के मध्य तक ले आएँ।

1. **लाल ज्योति का प्रकट होना** – नियमित अभ्यास के बाद पूरे माथे पर लाल रंग की ज्योति फैल जाती है।

2. **बिंदु में संकुचन** – गहरे ध्यान से वह ज्योति गुब्बारे की तरह सिकुड़कर बिंदी के आकार की हो जाती है।

3. **परत-दर-परत ज्योति** – फिर परत-दर-परत ज्योतियाँ खुलने लगती हैं, जैसे सूर्योदय में पहले किरणें निकलती हैं, फिर पूरा चक्र बनता है।

4. **अत्यधिक संकुचन** – निरंतर दर्शन करने पर वह एक बिंदु में सिमट जाती है। उस बिंदु का रंग बदलता रहता है – कभी लाल, कभी नारंगी।

बिंदु में प्रवेश

जब आप उस दीप्त बिंदु में प्रवेश करते हैं तो माथे से लेकर खोपड़ी के पिछले भाग तक एक सूक्ष्म स्वर्णिम नाड़ी दिखाई देती है। उस मार्ग में मस्तिष्क के दोनों ओर की विद्युतीय कणें समाहित होकर माथे के मध्य में एक स्वच्छ, उज्ज्वल ज्योति बना देती हैं।

उन्नत चरण

कई दिनों के समर्पित अभ्यास के बाद यह ज्योति दो भागों में विभाजित हो जाती है:

- माथे पर **लाल ज्योति**

- सिर के भीतरी पिछले भाग में **सफेद ज्योति**

सफेद ज्योति पूरे शरीर को आलोकित कर देती है, मस्तिष्क खोखला और विशाल अनुभव होता है। शरीर की स्मृति लुप्त हो जाती है, चेहरे के भाव बदल जाते हैं और पूरा मस्तिष्क एक विशाल ज्योति में विलीन हो जाता है। उस अवस्था में कुछ भी नहीं दिखता – केवल शुद्ध ज्योति ही ज्योति। मूल बिंदु फिर भी माथे के मध्य में बना रहता है।

अनंत शक्ति का स्रोत

यह बिंदु अनेक स्रोतों से अपार ऊर्जा खींचता है:

- मन-बुद्धि से, जो शरीर के न्यूरॉन्स, अंगों और कोशिकाओं की विद्युतीय तरंगों से जुड़े हैं

- सौरमंडल की ब्रह्मांडीय ऊर्जा से

- सूक्ष्म लोक के दिव्य ऋषि-संतों की सूक्ष्म आत्माओं से

- पूर्व काल के तप- साधना की संचित ऊर्जा से

मन और बुद्धि की ऊर्जा अत्यंत तीव्र और शीघ्रगामी होती है। इसे सही ढंग से साध लिया जाए तो वह चारों ओर से ऊर्जा सोख लेती है।

प्रचंड श्वेत ज्योति

अंत में माथे के मध्य बिंदु के ठीक पीछे से दूसरी श्वेत ज्योति प्रकट होती है – सहस्र सूर्यों के समान प्रज्वलित, असहनीय गर्मी वाली। यही सतयुग, त्रेता, द्वापर तथा सनातन परंपरा के महर्षियों-सिद्धों-संतों की सच्ची एवं प्रामाणिक विधि है।

अगले भाग में हम देखेंगे कि यह प्रक्रिया आगे कैसे बढ़ती है।

तीसरी आँख का जागरण (उन्नत ध्यान)

तीसरी आँख की ऊर्जा हमें भूत, वर्तमान और भविष्य को केवल देखने नहीं, बल्कि गहराई से अनुभव करने की शक्ति देती है। जितना गहरा आपका ध्यान और जितना अधिक समय आप इसे देते हैं, उतने ही समृद्ध इन अनुभवों होते हैं, जो आपको सत्य की ओर ले जाते हैं। यह आपकी साधना पर निर्भर करता है, क्योंकि ध्यान एक आंतरिक घटना है। गुरु का मार्गदर्शन सर्वोपरि है। जितना शांत आपका ध्यान होता है, उतनी ही अधिक आपकी आंतरिक ऊर्जा सक्रिय होती है और आपका जीवन बदल जाता है। यह एक अनमोल, आनंदमय क्षण है।

प्रक्रिया को पुनः स्मरण करते हुए

प्रिय साधकों, आइए हम प्रक्रिया को फिर से दोहराएँ और आगे बढ़ें।

सबसे पहले मन को एकाग्रता से शांत करें। मन और बुद्धि को जागृत करें, फिर मस्तिष्क के पीछे स्थित अवचेतन क्षेत्र में प्रवेश करें, जैसा कि पहले चर्चा की गई थी। जब कोशिकाएँ सक्रिय होती हैं, तो ऊर्जा बिजली की चमक या बर्फीले तूफान की तरह विभिन्न स्थानों पर चिंगारी बनाती है। एक ही स्थान पर बार-बार चिंगारी उत्पन्न होना कल्पना का संकेत है, किंतु गहराई भरी, विविध चिंगारी जो अद्वितीय ऊर्जा और अनुभव के साथ हो, वह वास्तविक है। एक ही स्थान पर बार-बार ध्यान केंद्रित करने से कल्पना में फिसलने का खतरा रहता है, जिससे सीमित आनंद तो मिलता है, परंतु सच्ची ऊर्जा नहीं।

प्रकाश का उदय

जब मस्तिष्क विशाल अनुभव होने लगे, तब पीछे से एक सफेद प्रकाश उभरता है जो माथे के केंद्र में माचिस की तीली जैसी लौ बन जाता है, अत्यधिक चमकदार। यह ऊर्जा माथे के सामने एक मोटी परत बनाती है, जो चट्टान जैसी काली छाया वाली होती है, जिससे थोड़ा भय या घबराहट हो सकती है। किंतु पीछे से आने वाली उच्च गति वाली ऊर्जा इस परत को तोड़ती है और लेजर किरण जैसा एक सुरंग बनाती है। फिर यह बर्फ की तरह जमी हुई

ग्लेशियर जैसी परत से टकराती है, उसे चूर-चूर कर देती है और एक हल्की झपकी दिखाई देती है। यह झपकी धीरे-धीरे एक मोटा, सिक्के जैसा लाल रंग का गोला बन जाती है, जो अपार आनंद और गहन अनुभव प्रदान करती है। इस प्रकाश को पीछे से आने वाली अवचेतन ऊर्जा से निरंतर जोड़ते रहें। मन और बुद्धि बार-बार ऊर्जा सप्लाई करते हैं, जुड़ते और टूटते रहते हैं। शरीर के अन्य भागों की ऊर्जाएँ भी एकत्रित होकर समुद्री धारा या बवंडर जैसा चक्करदार गति पैदा करती हैं।

ऊर्जा का रूपांतरण

निरंतर अभ्यास से वह सिक्के जैसी ऊर्जा जीवंत और तीव्र हो जाती है, माथे के केंद्र में सूर्य जैसा मोटा लाल प्रकाश बन जाता है, जिसके चारों ओर सफेद आभा होती है। मन-बुद्धि और शरीर की अन्य ऊर्जाएँ जुड़ती-टूटती रहकर इसे बल प्रदान करती रहती हैं। लंबे अभ्यास के बाद यह ऊर्जा कई संकेंद्रित वृत्तों में विभाजित हो जाती है – एक बड़ा वृत्त, फिर उससे छोटे-छोटे, इस प्रकार छः-सात वृत्ताकार आयाम बन जाते हैं। अंत में भृकुटी के ठीक बीच में एक नुकीला प्रकाश बिंदु प्रकट होता है। इसी बिंदु से लाल, लावा जैसी लेजर किरण मस्तिष्क के पीछे अवचेतन की ओर दौड़ती है, वहाँ से ऊर्जा एकत्र कर वापस माथे पर लौटती है। रास्ते में सहस्रार चक्र से पानी की बूंदों या बुलबुले जैसे ऊर्जा कणों को सोखती हुई चलती है।

तीसरी आँख का निर्माण

साधना जारी रहने पर माथे का वह लाल बिंदु एक वृत्त बनाता है, उसके पीछे-पीछे छोटे-छोटे वृत्त बनते हुए मस्तिष्क के पिछले भाग से जुड़ जाते हैं। मस्तिष्क अत्यंत विशाल अनुभव होता है और अद्भुत दृश्य प्रकट होने लगते हैं। मस्तिष्क के आगे-पीछे के बीच में ऊर्जा के टकराव व घर्षण से कमल की पंखुड़ियों जैसे स्तर क्रमशः बनते जाते हैं। सिर भारी लगता है, गुनगुनाहट होती है, फिर भी आप अत्यधिक ऊर्जावान बने रहते हैं। माथे की वृत्ताकार ऊर्जा संरचना धीरे-धीरे लंबवत आँख के आकार में बदल जाती है। ऐसी आँख जैसी संरचनाएँ एक के पीछे एक, थोड़ी-थोड़ी छोटी होती हुईं, माथे के पीछे तक चली जाती हैं। अंततः भृकुटी के ठीक मध्य में एक लंबवत, पंखुड़ी जैसी तीसरी आँख स्थापित हो जाती है, जो प्रचंड लाल रंग की चमक लिए हुए, सफेद आभा से घिरी रहती है।

लाभ एवं आध्यात्मिक महत्व

गुरु के मार्गदर्शन में निरंतर ध्यान करने से इस अलौकिक साधना के अद्भुत परिणाम मिलते हैं। चेहरे पर दिव्य मुस्कान आ जाती है, आँखों में प्रकाश झलकने लगता है, रेटिना का दबाव दूर हो जाता है। मस्तिष्क संबंधी सभी समस्याएँ – कुंठा, अवसाद, ऊर्जा अवरोध आदि खत्म हो जाते हैं, माइग्रेन जैसी बीमारियाँ दूर हो जाती हैं। जागृत तीसरी आँख से भीतरी स्पष्ट दृष्टि प्राप्त होती है, जो सूक्ष्म ऊर्जाओं को समझने और कुंडलिनी जागरण की ओर बढ़ने के लिए आवश्यक है। तीसरी आँख के बिना सूक्ष्म ऊर्जा के अनुभव और आंतरिक यात्राएँ संभव नहीं होतीं। साथ ही इस जागरण से भगवान शिव, आदि शक्ति माँ काली या माँ दुर्गा के दर्शन भी हो सकते हैं, जिससे दिव्य ऊर्जाओं से सीधा संबंध स्थापित होता है।

यह प्राचीन तकनीक सतयुग, त्रेतायुग, द्वापर एवं सनातन काल के ऋषियों के ज्ञान पर आधारित है। इसका सफलतापूर्वक अभ्यास केवल गुरु के मार्गदर्शन में ही संभव है।

कुंडलिनी: सर्पिल शक्ति

कुंडलिनी जागरण को योग मार्ग का प्रथम सोपान माना जाता है। स्थूल शरीर के भीतर एक सूक्ष्म ऊर्जा विद्यमान रहती है और उसे जागृत करने की विशिष्ट प्रक्रिया ही कुंडलिनी जागरण कहलाती है। प्राचीन शास्त्रों तथा योगियों ने इस ऊर्जा की तुलना तीन फणों वाली सोई हुई सर्पिणी से की है, जो नसों के जाल में कटि प्रदेश (पेल्विक क्षेत्र) में कुंडली मारकर लेटी रहती है। जब तक उसे स्पर्श नहीं किया जाता, वह निष्क्रिय रहती है, किंतु जब बाहरी ऊर्जा या साधना से उसे उत्तेजित किया जाता है, तब वह जागृत होकर ऊपर की ओर उठने लगती है और इसी से इसका नाम कुंडलिनी पड़ा। शरीर में मांसपेशियाँ, नसें, हड्डियाँ और जोड़ होते हैं। तीन मुख्य नाड़ियाँ हैं – इड़ा, पिंगला और सुषुम्ना। इन नाड़ियों में सूक्ष्म धागे जैसे तंतु होते हैं जो ऊर्जा तरंगों को वहन करते हैं। रीढ़ की हड्डी के सबसे नीचे की हड्डी (जहाँ बंदरों की पूँछ होती है) को मेरुदंड का मूल कहा जाता है। विकास क्रम में जब मनुष्य पूँछ वाला प्राणी से सीधा खड़ा होने वाला प्राणी बना, तब यह पूँछ की हड्डी रह गई, जिसे मूलाधार चक्र कहते हैं। यह शरीर का मूल केंद्र है, जो

मल-मूत्र त्याग जैसे दैनिक कार्यों का आधार है। जैसे इमारत की नींव या वृक्ष का मुख्य जड़ (जिसे कुछ क्षेत्रों में 'मूसल' कहते हैं), वही शरीर को स्थिर रखता है।

कुंडलिनी जागरण में ऊर्जा सुषुम्ना नाड़ी से होकर बहती है, जो इड़ा और पिंगला के बीच में स्थित है। मस्तिष्क से विद्युत तरंग के रूप में यह ऊर्जा रीढ़ के आधार तक पहुँचती है। मूलाधार चक्र में जागरण का प्रथम चरण शुरू होता है, वहाँ जलते अंगारे या चमकदार एलईडी बल्ब जैसी तीव्र ऊर्जा प्रज्वलित होती है। फिर यह ऊर्जा ऊपर उठती हुई क्रमशः प्रत्येक चक्र को स्पर्श करती है – स्वाधिष्ठान (नाभि), मणिपुर (सौर्य जाल), अनाहत (हृदय), विशुद्ध (कंठ), आज्ञा (माथा) और अंत में सहस्रार (मस्तक का हजार दलों वाला कमल)।

हर चक्र पर अलग-अलग आकृतियाँ प्रकट होती हैं – गोलाकार, शंखाकार या प्रकाश की चमकदार फुहारें। हृदय पर तो अपार प्रकाश फूट पड़ता है; आज्ञा चक्र पर (जो कंप्यूटर के हार्ड डिस्क की तरह है) ऊर्जा एकत्रित होती है; और सहस्रार पर पहुँचकर यह पूरे शरीर में प्रतिबिंबित होती है, जैसे टॉर्च की रोशनी प्रिज्म से गुजरते हुए इंद्रधनुषी तरंगों में बँट जाए। यदि एकाग्रता बनी रहे तो यह ऊर्जा खोपड़ी फोड़कर बाहर नहीं निकलती, बल्कि ब्रह्मरंध्र (मस्तिष्क का दिव्य केंद्र) तक पहुँचती है। इस चक्र को पूरा करने के बाद ऊर्जा नीचे उतरती है और भूत, वर्तमान तथा भविष्य के दर्शन कराती है।

कुंडलिनी जागरण का उद्देश्य

हर मनुष्य किसी न किसी उद्देश्य से जन्म लेता है। कुंडलिनी जागरण उस उद्देश्य की ओर ले जाने वाली ऊर्जा को सक्रिय करता है। हम समाज के नियमों से जीते हैं, नौकरी करते हैं, परिवार पालते हैं, किंतु प्रकृति के विराट कार्य में हर व्यक्ति अनजाने में भी अपनी भूमिका निभाता है। जैसे कंपनी सुविधाएँ देती है, पर ईमानदार काम की अपेक्षा रखती है, वैसे ही प्रतिदिन एक घंटा ध्यान और कुंडलिनी साधना को समर्पित करने से आपकी आंतरिक ऊर्जा जागृत हो जाती है। रामचरितमानस में स्वयं पूर्ण ब्रह्म भगवान राम ने भी विश्वामित्र से आत्मज्ञान, कुंडलिनी जागरण, सूक्ष्म शरीर यात्रा और प्राण-विखंडन (प्राण शक्ति का खंडन कर एक कोशिका से पुनः शरीर निर्माण करने की विद्या) प्राप्त की थी। यह सामर्थ्य प्रत्येक मनुष्य में विद्यमान है। यह किसी सिद्ध पुरुष या गुरु

पर निर्भर नहीं है – जैसे भोजन करने से आपका पेट भरता है, दूसरा का नहीं – ठीक वैसे ही कुंडलिनी जागरण एक वैज्ञानिक, क्रमबद्ध प्रक्रिया है, जो सभी के लिए सुलभ है। मेरे व्यक्तिगत अनुभव में मैंने कुंडलिनी जागरण की 128 मंजिलें या "द्वार" पार किए हैं, जिनसे ब्रह्मांड के रहस्य, सफल जीवन का आनंद और प्रत्येक कोशिका में ब्रह्म का अनुभव हुआ। हर कोशिका में अलग-अलग ऊर्जा है, जैसे अनगिनत ब्रह्मांड। जहाँ विज्ञान समाप्त होता है, वहाँ अध्यात्म शुरू होता है, जो जीवन जीने की कला और समाज में समरसता सिखाता है। एक भी जागृत कोशिका से ब्रह्मांडीय रहस्य खुल सकते हैं और अभ्यास से कोई भी सात चरणों से आगे बढ़ सकता है।

क्या हर व्यक्ति कुंडलिनी जागृत कर सकता है?

हाँ, इसके लिए कोई विशेष शिक्षा आवश्यक नहीं। जो प्राणी साँस ले रहा है, वह इसे जागृत कर सकता है। तैयारी के लिए:

- सात्विक भोजन अपनाएँ, हल्का भोजन करें, विशेषकर रात में सूर्यास्त से पहले।

- स्वच्छ बिस्तर पर सोएँ, चिंतनशील अवस्था बनाए रखें।

- सुबह अनुलोम-विलोम प्राणायाम करें, ध्यान मुद्रा में बैठें, तीन बार "ॐ" का उच्चारण करें और भीतर की ऊर्जा को अनुभव करें। प्राचीन परंपरा के अनुसार गुरु के मार्गदर्शन में मस्तिष्क में केंद्रित मन की तरंगें विद्युत धारा की तरह सक्रिय होती हैं और भीतर एक विस्फोट के माध्यम से चक्रों को क्रमशः प्रज्वलित कर देती हैं।

कुंडलिनी जागरण: लाभ और हानियाँ

हम सब आध्यात्मिक साधक हैं। समाज में ध्यान और साधना करने वाले लोग अक्सर कुंडलिनी जागरण को बहुत सरल समझ लेते हैं। कुंडलिनी जागरण एक ओर तो दिव्य प्राप्ति का मार्ग है, दूसरी ओर यह अभिशाप भी बन सकता है। कुंडलिनी एक विज्ञान है। यदि हम इसे उचित मार्गदर्शन, सही पथ और योग्य गुरुओं की उपस्थिति के बिना जागृत करने का प्रयास करेंगे, तो यह हमारे जीवन में अभिशाप बनकर प्रकट हो सकती है। साँप को केवल साँप का माहिर ही पकड़ सकता है। जो माहिर नहीं है, वह साँप को छू भी नहीं

सकता। यदि अज्ञान में जबरदस्ती उसे पकड़ने की कोशिश की, तो साँप डस लेगा और विनाश या मृत्यु तक हो सकती है। ठीक वैसे ही आपके शरीर में कुंडलिनी रूपी सर्पिणी फण उठाए, छत्र की तरह कुंडली मारकर बैठी रहती है।

जब वह भय उत्पन्न करती है, तब जो उसे वश में कर लेता है, उसे खजाना और धन-राशि मिलती है – जैसे साँप के हटते ही कुबेर का खजाना प्राप्त होता है। आपने सुना होगा कि जहाँ धन होता है, वहाँ साँप कुंडली मारकर बैठा रहता है। यदि जीवन में बाधाएँ हैं, ज्ञान होने के बावजूद धन से वंचित हैं, नौकरी-व्यवसाय में सफलता नहीं मिल रही, तो ऐसी स्थिति में कुंडलिनी जागृत करो। यदि कुंडलिनी के सातों चक्र ठीक ढंग से जागृत कर लिए, तो यह सर्पिणी हानि नहीं पहुँचाएगी, बल्कि अपने मुँह से सोने की मोहरें बरसाएगी। जैसे हम जानते हैं, साँप के पास मणि होती है – शेषनाग वाली मणि। वह मणि भौतिक वस्तु नहीं है। वह मणि विश्रांति, सकारात्मक ऊर्जा और सकारात्मक कंपन का स्रोत है, जो पूरे समाज और विश्व के लिए वरदान बनती है। ठीक वैसे ही यदि आप साँप को प्रसन्न कर लें और वह कुंडल खोलकर हट जाए, तो नीचे कुबेर का खजाना प्रकट हो जाता है – जैसा हम शास्त्रों और आध्यात्मिक शिक्षाओं में सुनते आए हैं। फिर क्या मिलता है? खजाना मिलता है – वह खजाना जो पूर्वजों की जेनेटिक्स में, डीएनए में, शरीर की कोशिकाओं में, पूर्व जन्मों की स्मृतियों, पूर्व चेतना, पूर्व ऊर्जाओं और पूर्व जन्मों की साधना-तपस्या से संचित है। यह दिव्य धन दोनों लोकों का है – इहलोक और परलोक दोनों का, जो साँप के भीतर जीवन-जीवनांतरों में कुंडली मारकर रखी ऊर्जाओं का समूह है।

यह खजाना पाताल का द्वार कहे जाने वाले मूलाधार चक्र के नीचे दबा रहता है – गुदा चक्र, जहाँ से मल-विष्ठा बाहर निकलती है। जब आप इन अशुद्धियों से ऊपर उठते हैं, तो वहाँ अग्नि का फव्वारा फूटता है – होलिका दहन की ज्वाला जैसा। इस अग्नि में दुनिया की हर वस्तु भस्म हो जाती है। भस्म का अर्थ है अस्तित्व का अभाव। जो अस्तित्वहीन हो जाता है, वह ऊर्जा बन जाता है। वह ऊर्जा का स्वरूप बन जाता है, सोने और खजाने का सार, कोहिनूर हीरे की चमक। इसी अग्नि की ज्वाला में, भट्टी में कठोर तप करके, जीवन में कुंडलिनी नामक दिव्य ऊर्जा प्रकट होती है। यही वह ऊर्जा है जिसके लिए संसार तरसता है। कोई इसे सात चक्र कहता है, कोई कुंडलिनी, कोई कहता है उसका तीसरा-

चौथा चक्र जाग गया। लेकिन यदि क्रोध, मोह, अहंकार पर विजय नहीं पाई, तो कुंडलिनी तक कैसे पहुँचोगे? आंतरिक नाद को वश में करना हर किसी के बस की बात नहीं।

योग्य गुरुओं के मार्गदर्शन के बिना यह संभव ही नहीं। जिस दिन तुम्हारी कुंडलिनी जागृत हो जाएगी, उस दिन भूत, वर्तमान और भविष्य को लाँघ जाओगे। जो धन के पीछे भाग रहे हैं, उन्हें वह धन निष्पाप बालक, दिव्य कन्या या माँ लक्ष्मी की कृपा-आशीर्वाद के रूप में मिलेगा।

बीमार हो, तो जागृत कुंडलिनी रूपी सर्पिणी यह सुनिश्चित कर देगी कि कोई रोग तुम्हें छू भी न सके। कौन-कौन से रोग खत्म होते हैं? कमर दर्द, L4-L5-L6 की समस्या, भीतर की नाजुक नसें, ब्रेन क्लॉट, माइग्रेन, कुंठा, डिप्रेशन, साइलेंट अटैक – कोई भी तुम्हारे पास नहीं फटक सकता। क्यों? क्योंकि जैसा आपने देखा होगा, साँप यदि हृदय में बस जाए तो सौ वर्ष जीता है। यदि बरसात में न डसे, तो उसके भीतर मणि-सी चमकदार ऊर्जा खिल जाती है, जो घोर अंधेरे को भी तारे की तरह रोशन कर देती है। वह घने अंधकार को चीरकर चमक बिखेरती है। उसके पास से गुजरते ही वह अदृश्य हो जाती है। ठीक वैसे ही तुम्हारे भीतर का चमकता तारा, मन का दीप्तिमान प्रकाश भीतर ही समाया है। यदि कुंडलिनी को ठीक ढंग से जागृत कर लो, तो तुम्हारा जीवन तारे की तरह चमकने लगेगा।

तुम्हारी आयु अकाल मृत्यु से बहुत दूर हो जाएगी। जिस राह पर चलोगे, पत्थर भी चमकने लगेंगे, बिगड़ी हुई किस्मत संवर जाएगी। जितनी शक्तिशाली चीज होती है, उसे वश में करने पर उतना ही बड़ा वरदान मिलता है। जो बिना ज्ञान के कुंडलिनी जागरण का प्रयास करते हैं, उनके लिए यह अभिशाप बन जाती है – जीवन अशांत हो जाता है, उथल-पुथल मच जाती है। वे कहते फिरते हैं कि उनकी ऊर्जा तीसरे-चौथे चक्र पर अटक गई, ब्रेन क्लॉट हो गया। करोड़ों का कारोबार डूब जाता है, डिप्रेशन या पागलपन में चले जाते हैं, और विज्ञान के पास नींद की गोलियाँ के अलावा कोई इलाज नहीं रहता। यदि ठीक ढंग से साधना करो और मनुष्य से महामानव बनने की यात्रा करो, तो शरीर की नसों-मांसपेशियों में सोई सर्पिल ऊर्जा को जागृत करने से टरबाइन से भी ज्यादा शक्तिशाली ऊर्जा निकलेगी।

बिजली की चमक उसके सामने फीकी पड़ जाएगी, सूरज बच्चा लगने लगेगा, और सारा ब्रह्मांडीय ऊर्जा हाथ जोड़कर तुम्हारे सामने खड़ी हो जाएगी, जैसे देवता विनय करें – "हे दिव्य, हम पर कृपा करो!" भटकती आत्माएँ और मृत्युलोक के देवता भी तुम्हारी ऊर्जा माँगने लगेंगे। जब तुम्हारी कुंडलिनी जागृत हो जाएगी, तब सिद्धियाँ, तांत्रिक ज्ञान, ध्यान-साधनाएँ, दिव्य ऊर्जाएँ सूर्य के चारों ओर ग्रहों की तरह तुम्हारे इर्द-गिर्द चक्कर लगाने लगेंगी। वे विनय करेंगी – "हे दिव्य, हमें अपने भीतर समा लो!"

यह किताबी ज्ञान नहीं है। मैं अपने साथ घटित अनुभव बता रहा हूँ। जब मेरे गुरुदेव ने पहली बार मुझे शरीर से बाहर निकालकर दिव्य लोक में ले गए और मैं लोक-लोकांतर में यात्रा करने लगा, तब मुझे आत्म-साक्षात्कार, दिव्य शक्तियाँ और गुप्त ऊर्जाएँ प्राप्त हुईं। जो चमत्कार मैंने देखे और दूसरों ने देखे, वे अलौकिक और दिव्य थे। फिर भी चमत्कारों का प्रचार करने की बजाय मैं इतना कहूँगा – दिव्य शक्तियाँ, सिद्धियाँ और ऊर्जाएँ मेरे सामने खड़ी होकर कहती थीं, "बेटा, हम तुम्हारे साथ रहना चाहते हैं, यह साधना करो, हम तुम्हारे साथ रहेंगे।" आज भी सूक्ष्म साधना, योग और कुंडलिनी जागरण से ये दिव्य ऊर्जाएँ मेरे पास आती हैं।

लेकिन बात चमत्कारों की नहीं है; यह मुक्ति का द्वार खोलता है। चमत्कार क्षणिक हैं, जैसे कैंडी का स्वाद मुहँ में एक पल का। दाल-चावल-मिठाई खाने से भूख घंटों या जीवन भर के लिए मिटती है। एक बार कुंडलिनी जागरण का प्रयास करके देखो। सतयुग, त्रेतायुग, द्वापर में ऋषि-मुनि यही करते थे। जब भगवान राम वनवास गए, तब योगी विश्वामित्र से उन्होंने यही सीखा। जब राम का प्राण शरीर से निकला, तब उनके सातों चक्र जागृत हुए, वे दिव्य लोक गए, आशीर्वाद और शक्तियाँ लेकर लौटे, पूर्ण दिव्य हो गए। उन्हें इसकी क्या आवश्यकता थी? ताकि भटके हुए जीवों को अपने उदाहरण से प्रेरित करें कि इस मार्ग पर चलो, क्षणिक तांत्रिक-भूत-प्रेत वाली साधनाओं में न फँसो। दिव्य की शाश्वत आनंद और ब्रह्म-साक्षात्कार के लिए कुंडलिनी को ठीक ढंग से जागृत करना होगा। कुंडलिनी जागरण जीवन का विज्ञान है। इसे अभिशाप मत बनने दो। इसे खंडित मत करो। सनातन धर्म का शाश्वत प्रकाश था, है और रहेगा – कालातीत, असीम। एक बार इस पथ पर चलकर देखो। आस क्रिया योग के माध्यम से दादा गुरुदेव के मार्गदर्शन में 25 वर्ष बाद कुंडलिनी जागरण का अनमोल ज्ञान पुनर्जीवित किया गया है।

अब कुंडलिनी जागरण का मार्ग आगे बढ़ेगा। इस दिव्य यात्रा में शामिल हो जाओ। तुमने कुंडलिनी जागरण के सात द्वार सुने हैं; हम तुम्हें 28 द्वार तक ले जाएँगे, और आगे बढ़ते गए तो 128 द्वार तक।

आकाश के सौ राज्य, सकारात्मक ऊर्जा से परिपूर्ण, कुंडलिनी जागरण के दिव्य रहस्य और विज्ञान – जहाँ से स्वयं विज्ञान का जन्म होता है – प्रकट होंगे और अनुभव होंगे। यह तुम्हारे शरीर के भीतर का विज्ञान है, शाश्वत और अनंत। तुम इसे कितना जागृत करते हो, कितना दिव्य को समर्पित करते हो, और गुरुओं के मार्गदर्शन से कितना ग्रहण करते हो – यह तुम्हारी निष्ठा पर निर्भर है। सनातन धर्म और ऋषियों के दिव्य ज्ञान को पाने के लिए आस क्रिया योग को समर्पण के साथ करो। लेकिन याद रखो – दूसरी कक्षा का छात्र प्रोफेसर से अपनी तुलना नहीं कर सकता।

सत्य यही है कि गुरु शिष्य बनाता है, शिष्य गुरु नहीं बनाता। यह तुम्हारी चेतना का भ्रम है, अहंकार जो मन के चारों ओर भ्रम का जाल बुनता है और तुम्हारा पतन कराता है। लोभ और अहंकार से तुम स्वयं ही अपने ऊपर हथौड़ा मार-मारकर बर्बाद कर लेते हो। जब तुम कहते हो "मैं ब्रह्म हूँ", तो हो, लेकिन बिना उचित मार्ग के। यात्रा कुंडलिनी जागरण से शुरू होती है और उसका उचित ज्ञान आज आस क्रिया योग से मिलता है। आत्म-साक्षात्कार कुंडलिनी जागरण का दूसरा द्वार है। यदि तुम शेषनाग के भयावह दर्शन को, जो भय से कुंडली मारकर बैठा है, वश में कर सको, तो तुम्हारा मन और चेतना जागृत हो जाएगी। यह पूर्ण जागरण की वर्षों लंबी यात्रा का निमंत्रण है। तुम्हारा जीवन बदल जाएगा। यह ऋषियों का 50,000 वर्ष पुराना दिव्य ज्ञान है, खोई और गुप्त साधनाओं का पुनर्जागरण। दादा गुरुदेव के मार्गदर्शन और प्रकृति के निर्देशन में आस क्रिया योग के द्वारा समाज तक पहुँचाने का छोटा-सा प्रयास हो रहा है। यह तभी सफल होगा जब हम सब मिलकर इन गुप्त विधियों का अभ्यास करें और सनातन धर्म को ऊँचा उठाएँ। मैं मार्ग दिखा सकता हूँ, प्राप्ति तुम्हारे कर्म पर निर्भर है।

ध्यान और साधना में कोई शॉर्टकट नहीं है। सही मार्ग पर चलो, तो प्राप्ति होगी। वरना कुछ नहीं मिलेगा। भ्रम से दूर रहो, कर्म की ओर बढ़ो और प्राप्त करो। यह आस क्रिया योग से कुंडलिनी जागृत कर रोगमुक्त जीवन जीने का निमंत्रण है।

कुंडलिनी शक्ति को जागृत क्यों करें?

कुंडलिनी जागरण को एक भंवर (vortex) की तरह देखा जा सकता है, लेकिन सामान्य भंवर की तरह जो नीचे से चौड़ा होकर ऊपर बिंदु में समाप्त होता है, वैसा नहीं। कुंडलिनी ऊर्जा एक बिंदु से ऊपर की ओर उठती है और सर्प के फण की तरह फैलती हुई विस्तार लेती है। जहाँ सामान्य ऊर्जा मस्तिष्क से नीचे की ओर बहती है, वहीं कुंडलिनी इसका उल्टा करती है – मूल से क्राउन (सहस्रार) तक, एक संकेंद्रित बिंदु से विशाल शक्ति बनते हुए।

ब्लैक होल ऊर्जा को सोख लेता है और वापस नहीं लौटाता, पर कुंडलिनी ऊर्जा चक्रीय रूप से सूक्ष्म परतों में घूमती है। ये परतें मानो उलटी समय-दिशा में चलती हैं और तीसरे नेत्र जागरण में चर्चित मन की तरंगों से तालमेल बिठाती हैं। आध्यात्मिक साधना के नैनो-स्तर पर हुई छोटी-सी गलती भी कई जन्मों तक ऊर्जा की हानि कर सकती है, इसलिए सच्चे गुरु का मार्गदर्शन अनिवार्य है। ब्लैक होल की गहराई भले ही समान लगे, पर कुंडलिनी की ऊर्जा अनोखी है – यह सजग साधना से चक्र लगाकर लौटती है और मोबाइल रेडिएशन जैसी नकारात्मक बाहरी ऊर्जाओं को निष्क्रिय कर देती है। हानिकारक रेडिएशन से बचने के लिए कुंडलिनी जागरण और गहरी ध्यान-साधना करें, अपनी आंतरिक ऊर्जा को इतना सशक्त बनाएँ कि बाहरी नकारात्मकता का प्रभाव शून्य हो जाए – जैसे राम के बाणों ने रावण पर विजय पाई थी। इस साधना को अपनाएँ, अपनी आंतरिक चेतना को जागृत करें, आनंद प्राप्त करें और ब्रह्मांड के रहस्यों से एकाकार हो जाएँ।

कुंडलिनी जागरण का विज्ञान (भाग-1)

कई साधक कहते हैं – “मेरी कुंडलिनी जाग गई, यह हुआ, वह हुआ, बहुत एनर्जी आ रही है, चक्र फंसे हैं, गाँठ बन गई है।” कुछ तो कहते हैं – “मेरी कुंडलिनी जागृत हो गई, हार्ट ड्राइव एक्टिवेट हो गई, मैं एस्ट्रल ट्रैवल, आंतरिक यात्रा, पिछले जन्म की यात्रा कर लेता हूँ, मुझे आत्म-साक्षात्कार हो गया।” ऐसी घोषणाएँ करने की कोई जरूरत नहीं। यह स्वयं प्रकट होता है। जैसे ही “मेडिटेशन” शब्द सुनते हैं, हम आँखें बंद कर बैठ जाते हैं और कहते हैं – “हाँ, मैं ध्यान कर रहा हूँ।” लेकिन जब तक हम अपनी स्मृति की संरचना और

भीतर के विज्ञान को नहीं समझ लेते, तब तक कोई भी यात्रा कैसे अनुभव कर पाएँगे? ध्यान कौन कर रहा है? ध्यान करने वाला कौन है? ध्यान करने वाली यह ऊर्जा क्या है? क्या आपने कभी इसे समझने की कोशिश की? कुंडलिनी साधना एक वरदान है। यह आपके जीवन का सबसे आवश्यक हिस्सा है। इसे अवश्य अनुभव करें। जय गुरुदेव! आप सब कैसे हैं? आइए, आज हम आस क्रिया योग के माध्यम से ध्यान, योग और साधना के दिव्य विज्ञान, आध्यात्मिक विज्ञान तथा मानव शरीर की संरचना के विज्ञान को समझें।

जब हम साधना के क्षेत्र में कदम रखते हैं, तो दो मुख्य साधनाएँ सामने आती हैं –

1. तीसरे नेत्र की ऊर्जा का जागरण

2. कुंडलिनी जागरण

आपने कुंडलिनी जागरण के बारे में सुना ही होगा – यह क्या है, इसका ऑरा, सात चक्र आदि। चाहे आप साधना के क्षेत्र में आए हों या नहीं, एक बार कुंडलिनी साधना जरूर करें – यह एक वरदान है। मानव जीवन की संरचना को बदलने के लिए, जीवन की दिशा और स्थिति को बदलने के लिए, अपने जीवन में परिवर्तन लाने के लिए कुंडलिनी जागरण अनिवार्य है। यह एक विज्ञान है, आध्यात्मिक विज्ञान है और बाहरी विज्ञान की संरचना में भी इसकी वैज्ञानिक ऊर्जा सिद्ध है। विज्ञान और चिकित्सा के क्षेत्र में भी कुंडलिनी जागरण एक चिकित्सकीय विज्ञान के रूप में मान्य है। हर मनुष्य – चाहे वह आध्यात्मिक हो, भक्ति मार्गी हो या साधना करने वाला हो – उसे अपने शरीर के भीतर इस दिव्य ऊर्जा को समझना और अनुभव करना चाहिए। यह जीवन का सबसे आवश्यक अंग है। आज हमने आस क्रिया योग के माध्यम से कुंडलिनी जागरण का प्रथम चरण किया – मूलाधार चक्र पर केंद्रित। जहाँ भी आप साधना करते हैं, जैसे भी करते हैं, हर कोई अपने अनुभव साझा करता है और हर अनुभव अपने आप में मूल्यवान है। लेकिन हम जो सिखाते हैं, वह भीतरी विज्ञान पर आधारित है। हम इस भीतरी विज्ञान और इसके तर्क को डीकोड करना चाहते हैं। कई लोग कहते हैं – "मेरी कुंडलिनी जाग गई, यह हुआ, वह हुआ, बहुत एनर्जी आ रही है, चक्र फंसे हैं, गाँठ बन गई है।" लोग अपने जीवन के विभिन्न अनुभव और समस्याएँ बताते हैं। लेकिन हम कुंडलिनी जागरण को जड़ से शुरू करते हैं – जैसे कोई वृक्ष बीज से अंकुरित होता है, मिट्टी और पृथ्वी के सहारे सुंदर पौधा बनता है।

इसी तरह साधना के द्वारा जब हम कुंडलिनी जागरण की ओर बढ़ते हैं, तो जड़ से शुरू करना जरूरी है। मानव शरीर की संरचना में यह ऊर्जा कहाँ अनुभव होती है? इसे अनुभव करने वाली ऊर्जा क्या है? यदि हम इसे समझ लें, तो मेरे अनुभव के अनुसार जब आप आँखें बंद करके मूलाधार चक्र, स्वाधिष्ठान चक्र, आज्ञा चक्र या कहीं भी फोकस करते हैं – तो ध्यान कौन कर रहा है? इसे करने वाला कौन है? यह ध्यान करने वाली ऊर्जा क्या है? क्या आपने कभी इसे समझने की कोशिश की? हम जो शब्द बोलते हैं, आँखों का पलक झपकना, हाथों की हलचल, शरीर की गति – जब हम कहते हैं "मैं ध्यान कर रहा हूँ", आँखें बंद करके बैठ जाते हैं, लेकिन "मैं ध्यान कर रहा हूँ" ये शब्द किसने बोले? मतलब आपके भीतर एक अलग ऊर्जा है। यदि वह अलग ऊर्जा है, तो पहले उस ऊर्जा की तरंग-संरचना (waveform) को समझें। विज्ञान के अनुसार पहले इस ऊर्जा को समझना जरूरी है। बिना समझे आप यात्रा कैसे शुरू करेंगे? चक्रों को कैसे अनुभव करेंगे, उस ऊर्जा को कैसे अनुभव में लाएँगे?

चाहे पैर में चींटी काट ले या चोट लग जाए – उसे कौन महसूस करता है?

स्मृति कोशिकाओं की ऊर्जा, अंग कोशिकाओं की ऊर्जा, न्यूरॉन्स और नर्वस सिस्टम की ऊर्जा – ये कोशिकाएँ क्या हैं? मानव शरीर की संरचना में मस्तिष्क में ग्रंथियाँ और ऊर्जा है, जिसे समझना और अनुभव करना जरूरी है। जब तक हम अपनी स्मृति की संरचना, उसकी भीतरी तरंगों और विज्ञान को नहीं समझ लेते, तब तक कोई भी यात्रा कैसे अनुभव कर पाएँगे?

बिना इस संरचना को समझे यदि आप अनुभव करने की कोशिश करेंगे, तो मन की कल्पना विचार और भावनाएँ पैदा करेगी। आप उन्हीं विचारों के माध्यम से अनुभव करेंगे और वह केवल कल्पना, कहानी या कथा बनकर रह जाएगा। कुछ साधक घोषणा करते हैं – "मेरी कुंडलिनी जाग गई, हार्ट ड्राइव एक्टिवेट हो गई, मैं एस्ट्रल ट्रैवल, आंतरिक यात्रा, पिछले जन्म की यात्रा कर लेता हूँ, मुझे आत्म-साक्षात्कार हो गया।" ऐसा घोषणा करने की जरूरत नहीं। जब होता है, तो स्वयं दिखता है – जैसे सूर्योदय। चार दीवारों के कमरे में भी पता चल जाता है कि सुबह हो गई और सूर्योदय की सुंदरता स्पर्श करती है। ठीक वैसे ही जब यह ऊर्जा जागृत होती है, तो आपको अनुभव करने या घोषणा करने की जरूरत नहीं पड़ती – वह स्वतः प्रकट हो जाती है। आपकी शरीर संरचना और चेहरा ही बता देता है

कि आपका स्तर क्या है, आपकी साधना की स्थिति क्या है, सही मार्ग पर है या नहीं। जैसे कोई डॉक्टर आपके चेहरे को देखकर बीमारी का पता लगा लेता है – 10 दिन हुई, एक महीना हुआ या मानसिक स्थिति कल्पना से उत्पन्न हुई – ठीक वैसे ही जब हम आध्यात्मिक और भीतरी विज्ञान को समझते हैं, तो ये सत्य सामने आते हैं। हम आपको जड़ से चेतना तक ले जाते हैं। कुंडलिनी जागरण के इस विज्ञान में सबसे साधारण व्यक्ति भी साधना से अपनी कुंडलिनी जागृत कर सकता है। इस संरचना को बनाने के बाद हम भीतरी विज्ञान को समझेंगे – ऊर्जा कैसे खिलती है, हम उसे कैसे अनुभव करते हैं, कौन-सी ऊर्जाएँ अनुभव में आती हैं।

सही कुंडलिनी जागरण से आपका पूरा जीवन बदल सकता है।

आज हमने मूलाधार चक्र पर फोकस किया। जब हम इसके लिए साधना करते हैं, तो सबसे पहला कार्य है मन, बुद्धि और चेतना की ऊर्जा को शांत करना, जिसे चित्त कहते हैं। इस साधना में सबसे बड़ी सहायता है – तीसरे नेत्र की ऊर्जा का जागरण। बिना त्रिनेत्र शक्ति का अभ्यास और अनुभव किए कुंडलिनी जागरण में पूर्ण सफलता नहीं मिल सकती। ऊर्जा को कौन अनुभव करेगा? मन और बुद्धि की ऊर्जा से 90% कल्पना ही होती है।

सकारात्मक ऊर्जा लाने के लिए हम हृदय सक्रियण पर ध्यान देते हैं। बाएँ-दाएँ मस्तिष्क के बीच का केंद्र, छोटा मस्तिष्क, अवचेतन एवं चेतन मन (दाहिने कान के पास) – जब इस ऊर्जा के नैनो-कण सक्रिय होते हैं, तो वह तीसरे नेत्र पर एकत्रित होती है। जैसे हम रेटिना से देखते हैं, वैसे ही तीसरे नेत्र पर ऊर्जा सक्रिय होने पर वह मन-बुद्धि से जुड़ती है। यहाँ संकल्प नामक कुछ कोशिकाएँ सक्रिय होती हैं। जब ये कोशिकाएँ नर्वस सिस्टम से जुड़ती हैं, तो माथे के केंद्र से 1 से 3 इंच भीतर विभिन्न ऊर्जा संरचनाएँ परतों में बनती हैं (विस्तार से जानने के लिए हमारे पिछले तीसरे नेत्र वीडियो देखें)।

यह ऊर्जा चेतन मन में प्रवेश करती है, फिर सूक्ष्म नसों-मांसपेशियों से होती हुई पीछे के छोटे मस्तिष्क तक पहुँचती है। मस्तिष्क के चित्र में छोटा मस्तिष्क पीछे होता है। चेतन मन और हृदय यहाँ हैं। तीसरे नेत्र से ऊर्जा अंतरिक्ष में जाकर कुछ कोशिकाओं को स्पर्श करती है। इन कोशिकाओं को छूने पर तरंग आवृत्ति चलती है जो तीसरे नेत्र ऊर्जा, रेटिना

ऊर्जा और आंतरिक नेत्र ऊर्जा को जोड़ती है। जब यह ऊर्जा आंतरिक नेत्र को छूती है, तो अवचेतन मन की ओर जाती है और वहाँ ऊर्जा संग्रहित होती है। अवचेतन कोशिकाएँ सक्रिय होने पर कंपन करती हैं और प्रकाश रूप में विद्युत तरंगें उत्पन्न करती हैं, जिन्हें आप अनुभव करते हैं।

जब यह ऊर्जा प्रकाश रूप में अनुभव होती है, तो तेजी से पीछे छोटे मस्तिष्क की ओर जाती है जहाँ चेतन मन में अपार डेटा संग्रहित है। यहाँ एकाग्रता और संकल्प की शक्ति सक्रिय होती है, जिससे सबसे कठिन कार्य भी सिद्ध हो जाते हैं। यहाँ से ऊर्जा मेरुदंड (रीढ़ की मुख्य नस) में प्रवेश करती है। रीढ़ के भीतर तीन मुख्य नाड़ियाँ हैं – इड़ा, पिंगला और सुषुम्ना। बीच की सुषुम्ना में बाल जितनी पतली नसें-मांसपेशियाँ होती हैं जो सूक्ष्म ऊर्जा आवृत्तियों की तरह कंपन करती हैं और छोटे मस्तिष्क, अवचेतन, कान, आँख, मुँह एवं मस्तिष्क से जुड़ी होती हैं – एक जाल की तरह। जब यह ऊर्जा सुषुम्ना में प्रवेश करती है, तो पूरे में फैलती है। यदि यह बिखर जाए तो आप ठीक से यात्रा नहीं कर पाते, केवल प्रकाश ही अनुभव करते हैं। कई बार गर्दन के पास सर्वाइकल नर्व (C5) में भारीपन लगता है, वहाँ मांसपेशियों में गाँठ या ब्लड क्लॉट बन जाता है। ऊर्जा वहाँ टकराकर दर्द पैदा करती है और ऊपर की ओर टॉर्च की तरह रिफ्लेक्ट होती है।

समझिए – ऊर्जा मस्तिष्क पर टॉर्च की तरह पड़ती है, आपको प्रकाश या ऊर्जा का अनुभव होता है। कभी-कभी कमर से ऊपर की ओर झटका लगता है या गर्दन खिंचती महसूस होती है। जिस नर्वस सिस्टम को ऊर्जा छूती है, उसके अनुसार अलग-अलग गतिविधियाँ होती हैं और प्रकाश का संवेदन होता है। ऊपर खींचती है और लोग सोचते हैं – “कुछ असाधारण हो गया! मेरा आज्ञा चक्र जाग गया! बाहर प्रकाश दिखाई दिया!” लेकिन यह ऊर्जा का विकृत रूप है, क्योंकि गाँठ के कारण वह प्रवेश नहीं कर पाती और रिफ्लेक्ट हो जाती है। जैसे टॉर्च दीवार से टकराकर वापस लौटती है या ब्लैक होल में गायब हो जाती है – कुछ नाड़ियाँ ब्लैक होल की तरह होती हैं जो प्रकाश सोख लेती हैं। यदि ऊर्जा वहाँ फँस जाए, तो चेतना तक पहुँचती है, स्मृति उसे पढ़ती है और फिर गायब हो जाती है, आपका ध्यान टूट जाता है।

कुंडलिनी जागरण का विज्ञान (भाग-2)

अनुभव को पढ़ने और ले जाने वाला मन यहाँ तक पहुँचकर गायब हो जाता है, जिससे आपका ध्यान टूट जाता है। और आप क्या कहते हैं? "मेरा मन नहीं लग रहा।" जब आप यह कहकर जबरदस्ती ध्यान करने की कोशिश करते हैं, तो क्या करते हैं? आप जबरन आँखें बंद करते हैं, रेटिना पर दबाव डालते हैं और मन नामक ऊर्जा का अनुभव करने की कोशिश करते हैं। लेकिन लोगों को पता ही नहीं कि मन कहाँ स्थित है, बुद्धि कहाँ है, चेतना कहाँ निवास करती है, अवचेतन कहाँ है, उनकी कोशिकाएँ कहाँ हैं, या उनका नर्वस सिस्टम कहाँ है।

ऊर्जा की कण रूप में कहाँ है? डार्क एनर्जी कहाँ है? लाइट एनर्जी कहाँ है? इन्फ्रारेड किरणें कहाँ हैं? अल्फा, बीटा और गामा ऊर्जाएँ कहाँ हैं? इन सबको जाने बिना हम अनुमान पर काम करते हैं, और अनुमान पर काम करने वाले की असफलता की संभावना 99.9% होती है। यह ऐसा है जैसे कोई गड्ढा खोदकर अनगिनत गेंदें फेंके – केवल एक गेंद ही सटीक निशाने पर लगेगी, जैसे गोल्फ में। सही गति, फ्रीक्वेंसी और सटीकता से गेंद सीधे अंदर चली जाती है। ठीक वैसे ही यदि आप अपनी कुंडलिनी को जागृत करना चाहते हैं, तो इस संरचना का ठीक से पालन करना होगा। तभी कुंडलिनी जागरण संभव होगा। मैं अभी तक सही मार्ग में प्रवेश भी नहीं किया हूँ। जो मैंने समझाया है, उसे समझिए, इस विज्ञान को, इस आध्यात्मिक विज्ञान को ग्रहण कीजिए।

आज आस क्रिया योग ध्यान की अवधारणा को समझिए। आपका जीवन 100% बदल जाएगा क्योंकि यह ऊर्जा हर मनुष्य में मौजूद है, किसी न किसी रूप में कार्यरत है, जिससे आप हाथ-पैर हिलाते हैं, चलते हैं, मुड़ते हैं। यह नई नहीं है। जब ऊर्जा ऊपर की ओर रिफ्लेक्ट होती है, यदि आपके पास कोई सही गुरु है जो आपको व्यावहारिक तरीके से मार्गदर्शन दे – जरूरी नहीं कि वह भगवा वस्त्र पहने या मेरी तरह पगड़ी बाँधे, बल्कि पैंट-शर्ट या शॉर्ट्स पहने कोई भी हो सकता है – उनकी विद्या और अनुभव मायने रखता है, न कि उनका परिधान। जिनके पास यह विशेषज्ञता है, उनसे मदद लीजिए। यदि समझ में नहीं आ रहा, तो आप हमारा मार्गदर्शन ले सकते हैं जैसा आपको उचित लगे। जब ऊर्जा रिफ्लेक्ट होती है, तो क्या करना चाहिए? रिफ्लेक्ट हुई ऊर्जा का पीछा करने की बजाय

तुरंत अपनी चेतना को माथे के केंद्र में तीसरे नेत्र की ऊर्जा पर फोकस कीजिए। जब आप इस ऊर्जा को ठीक से एकत्रित करते हैं, तो बाएँ और दाएँ मस्तिष्क की सूक्ष्म लाल और नीली तरंग जैसी रोशनी सक्रिय होती है, जो दिवाली की लाइटों की तरह चमकती है।

यह रोशनी भीतर सक्रिय होती है, जैसे नीला आकाश। ऊर्जा माथे के केंद्र की ओर खिंचती है, तीसरे नेत्र के पास हृदय की मोटी नस को छूती है, और तुरंत चेतना में स्थानांतरित हो जाती है। कोशिकाएँ सक्रिय हो जाती हैं, और चेतन तथा सक्रिय ऊर्जा छोटे मस्तिष्क की ओर जाती है। जैसे ही यह गुजरती है, तेजी से सुषुम्ना नाड़ी में प्रवेश कर जाती है। सुषुम्ना का ज्ञान, चाहे आध्यात्मिक हो या चिकित्सकीय, असाधारण है, क्योंकि इसमें अग्नि और लावा जैसी ऊर्जा तरंगें होती हैं। एक तरंग दिखाई देती है, फिर उसके बगल में दूसरी, जैसे केले के पत्ते या छिलके, परत दर परत। जैसे ही आप देखते हैं, जटिल संरचनाएँ उभरती हैं, सुरंग की तरह खुलती हैं। इस सुरंग से रीढ़ की नर्वस सिस्टम में प्रवेश करते ही आप प्रकाश के संसार में डूब जाते हैं, पता ही नहीं चलता कि कहाँ जा रहे हैं, जैसे आँखों पर पट्टी बाँधकर खेलना जो आपको ऊर्जा और प्रकाश से भ्रमित कर देता है। फिर लाल, नीली, पीली और इंद्रधनुष जैसी रोशनी दिखाई देती है, परत दर परत। जितना गहरा आप अपनी चेतन, हृदय, अवचेतन और छोटे मस्तिष्क की ऊर्जा को लगाते हैं, उतना गहरा जाते हैं। यदि आप सर्वाइकल स्पाइन (C5-C7) के पास रुकते हैं, तो वहाँ एक विशाल संसार खुलता है।

यह ऊर्जा इतना बड़ा संसार दिखाती है कि ब्रह्मांड की ऊर्जा उसके सामने फीकी पड़ जाती है। यह सत्य है, 25 वर्षों के अनुभव पर आधारित, किताबों से पढ़ा हुआ नहीं। इस ऊर्जा को देखने के बाद हम चेतना से ठीक से वापस लौटते हैं। जैसे अपवर्तनांक (refractive index), उस प्रकाश को कैद करने के बाद हम लाखों परतों को छोड़ देते हैं जो केले के छिलकों जैसी हैं। तुरंत तीसरे नेत्र पर एकाग्रित हो जाइए, जहाँ चेतना नैनोसेकंड में कार्य करती है। एक पतली, चमकदार किरण नीचे की ओर गिरती है, जैसे गिरता तारा या मिसाइल का आग का निशान, जिसमें लाल, नीली और अन्य परतें – वर्णन से परे लेकिन अनुभव योग्य – जैसे आप सुषुम्ना नाड़ी से यात्रा करते हैं।

हर बिंदु पर यह घटना होती है। सत्य कहूँ, सुषुम्ना से यात्रा करना यदि आप इस ऊर्जा को समझना चाहें तो 10 वर्ष लग सकते हैं। आप ब्रह्मांड, नौ ग्रहों, दिव्य लोक और पृथ्वी को

जान सकते हैं। L1 से T1 तक, तीन लाइनों से आप पृथ्वी के संसार को समझ सकते हैं। T1 से T11 तक, चरणबद्ध रूप से, विज्ञान की शब्दावली लागू होती है। T11 के पास आप पृथ्वी का सार और उसका विज्ञान पाते हैं। इस ऊर्जा को सक्रिय करने से तांत्रिक ज्ञान में प्रवेश होता है, हालाँकि इसे नहीं अपनाना चाहिए। तांत्रिक ज्ञान नीचे भी मौजूद है, जिसकी चर्चा बाद में करेंगे। इस प्रकार हम सुषुम्ना की असाधारण ऊर्जा से यात्रा करते हैं, जो एक दिव्य अनुभव है। हर चरण को समझाना एक घंटा लेगा, संक्षिप्त रूप में भी। सुषुम्ना के भीतर तीन मुख्य ऊर्जाएँ – चित्रा, वज्रा और ब्रह्म नाड़ी (जिसे चित्रावली भी कहते हैं) – उभरती हैं, जैसा मेरे पूज्य दादा गुरुदेव और प्राचीन ऋषियों ने कहा, जिनकी सूक्ष्म आत्माएँ यह ज्ञान प्रदान करती हैं। भीतर कई मांसपेशी तरंगें हैं जिनके विभिन्न नाम हैं, लेकिन यह अनुभव का संसार है – इसमें यात्रा कीजिए, और आनंद आएगा। यह चमकदार ऊर्जा सक्रिय होती है। C5 से नीचे पूँछ की हड्डी तक – जहाँ हम बेल्ट पहनते हैं – पूँछ की हड्डी है, जो प्राचीन मानव विकास से बंदर जैसी आकृति से जुड़ी है, जैसा विज्ञान बताता है। पूँछ गायब हो गई, पूँछ की हड्डी बन गई, जिसे आज भी वैसा कहते हैं। पूँछ की हड्डी के पास एक गाँठ है जो नाभि के केंद्र बिंदु से जुड़ी है।

नाभि से एक पाइप जैसी ऊर्जा नाड़ी जुड़ी है, जैसे कपड़े या रस्सी में धागे, जिसमें महीन मांसपेशियाँ रीढ़ की संरचना से जुड़ी हैं, पूँछ की हड्डी को नाभि से सूक्ष्म और भौतिक रूप से जोड़ती हैं। यह ऊर्जा नाभि की ओर बहती है, जो कमर, पेट, किडनी, लीवर, फेफड़े और अन्य अंगों को प्रभावित करती है, उन्हें एक साथ बाँधती है। इससे आगे बढ़ने के लिए, यदि ऊर्जा बिखर जाती है या ध्यान टूटता है, तो आप वापस लौट आते हैं। क्या करें? तुरंत अपनी चेतना को तीसरे नेत्र, अवचेतन और छोटे मस्तिष्क पर नैनोसेकंड में लाइए, जबरदस्ती फोकस करके इस बाधा को पार कीजिए। एक बार पार करने पर एक विशेष ऊर्जा प्रवाह शुरू होता है। निरंतर ध्यान से यह मार्ग साफ होता है, भविष्य के लिए रास्ता बनता है।

कुंडलिनी जागरण का विज्ञान (भाग-3)

इसके बाद, नीचे से ऊर्जा अंतिम बिंदु तक पहुँचती है, सातवें से C4 तक, जो आध्यात्मिक रूप से रीढ़ के निचले सिरे के पास मूलाधार चक्र है। यहाँ मूलाधार चक्र की संरचना रीढ़ में त्रिकोणीय आकार की होती है।

यह त्रिकोणीय बिंदु पेन की नोक जितना सटीक है। जब ऊर्जा इस बिंदु पर पहुँचती है, तो थोड़ी देर रुकती है, फिर वापस लौटती है, रीढ़ में फैलती है। आपको प्रकाश, ज्वाला, कंपन और विभिन्न संवेदनाएँ अनुभव होंगी। इस ऊर्जा को महसूस करते हुए आप बार-बार चेतना और बुद्धि को फोकस में ला सकते हैं, जैसे टॉर्च की किरण को संकुचित करके दूर देखना। बिखरी ऊर्जा को एकत्रित कीजिए, पतली तार जैसी सुषुम्ना नाड़ी में चैनल कीजिए, दबाव से इस बिंदु पर लाइए, फिर वहाँ होल्ड कीजिए। चेतना निरंतर जुड़ी रहने पर, जब आप ऊर्जा को यहाँ होल्ड करते हैं, तो शीतलता या ठंडक पैदा होती है, जैसे पारदर्शी पाइप में पानी बहता है जो प्रकाश से चमकता है, तरंगों से झिलमिलाता है। ऊर्जा गड्ढे में पानी भरने जैसी एकत्रित होती है, छलनी से छनकर शुद्ध ऊर्जा छूट जाती है। यह ऊर्जा ज्वाला जैसी बूँदों में रुकती है, छोटे-छोटे बिंदुओं या कणों जैसी हल्की झपकती है। बार-बार ऊर्जा लाने से ये बिंदु आपस में चिपकते हैं, सुषुम्ना नाड़ी से तरंगों के साथ मिलते हैं, छोटे रिसाव से गड्ढा भरने जैसी एकत्रित होती है। यह निरंतर अवशोषण ऊर्जा को मजबूत बनाता है।

जैसे-जैसे यह ऊर्जा बनती है, एक ज्वलनशील, दहनशील शक्ति उभरती है, जो अग्नि जैसी दिखती है, सुषुम्ना और पिंगला नाड़ियों से दबाव डालती है। यह त्रिकोणीय, सपाट, प्लेट जैसी संरचना बनाती है जो कुंडलित रस्सी जैसी घूमती है, गोलाकार प्लेटफॉर्म बनाती है। यदि स्थिर नहीं हुई, तो स्प्रिंग जैसी सर्पिल बनती है, नीचे इड़ा और पिंगला नाड़ियों से परतें बनाती हैं, ऊपर सुषुम्ना से, दोहरी परत वाली प्लेट बनाती है। इसमें वज्रा, चित्रावली और ब्रह्म नाड़ियों से महीन तरंगें – लाल, नीली, पीली – छोटे कण बनाती हैं, ज्वाला जैसी ऊर्जा प्रज्वलित करती हैं। यह ज्वलंत ऊर्जा आधार रूप में ऊपर उठती है, पूर्ण वृत्त नहीं बल्कि भगवान विष्णु के सुदर्शन चक्र जैसी, तेजी से घूमती हुई दांतेदार किनारों वाली, गोलाकार दिखती है जिसमें बिंदु वाले बिंदु उभरते हैं। ये तरंगें अग्नि, तीव्र गर्मी और विशाल ऊर्जा के रूप में प्रकट होती हैं। जो भीतर का प्रकाश या कण नहीं देख पाते, वे गर्मी,

घुटन, भारीपन, हल्का पीठ दर्द या ऊर्जावान संवेदना महसूस करते हैं, कभी-कभी शीतलता मिश्रित।

जैसे ही यह अग्नि जलती है, शरीर की कोशिकाएँ, जीन, शुक्राणु और अन्य तत्व सक्रिय होते हैं, मृत कोशिकाओं और खराब बैक्टीरिया को नष्ट करते हैं जबकि अच्छे बैक्टीरिया, सफेद कोशिकाएँ और लाल कोशिकाएँ बढ़ाते हैं। यह तीव्र दबाव मुख्य नाड़ियों से जाँघों तक बहता है, नसों के दर्द, तलवों की जलन और पैरों की थकान को दूर करता है, प्रमुख बीमारियों को इस ज्वलंत ऊर्जा से ठीक करता है। जैसे ही यह ऊर्जा ऊपर उठती है, नकारात्मक ऊर्जा को साफ करती है, पैरों को पूर्ण ऊर्जावान बनाती है, जो शरीर का भार सहते हैं – तलवों में 20 गुना दबाव, 300 किलो के बराबर। यह तनाव दूर करती है और छिपी बीमारियों को ठीक करती है, चाहे पुरुषों में हो या महिलाओं में, जब ठीक से किया जाए। ऊर्जा लकड़ी जलाने वाली ज्वाला जैसी उठती है, पीठ, पेट और यहाँ तक कि मस्तिष्क तक फैलती है। यदि अनियंत्रित रही, तो खुली आँखों में जलन लगती है, जैसे पूरा शरीर या शहर जल रहा हो, क्योंकि यह ऊर्जा कभी कम नहीं होती।

यह मूलाधार चक्र से ऊर्जा, सूक्ष्म दृष्टि, प्रकृति और पिछले जन्मों की चेतना से खींची गई, जो छोटे मस्तिष्क और कान की कोशिकाओं में संग्रहित है, पूर्ण सक्रिय होती है। जब ये ऊर्जाएँ एक साथ धड़कती हैं, दबाव जबरदस्त होता है, जैसे फायर ट्रक की होज जो सर्प की तरह फड़फड़ाती है यदि नियंत्रित न की जाए, तो नुकसान या मृत्यु तक हो सकती है।

इसे संभालने के लिए, जैसे फायर होज को क्लैंप करना, आपको ऊर्जा को उसके स्रोत पर नियंत्रित करना होगा। यदि सुषुम्ना में मूलाधार ऊर्जा सक्रिय हो गई है, तो उसे परेशान न होने दें; चेतना को मस्तिष्क में फोकस कीजिए, फिर नीचे मूलाधार पर चैनल कीजिए, इसे सख्ती से एक विशेष आकार में एकत्रित कीजिए। इससे ज्वलंत प्रवाह को पुनर्निर्देशित किया जाता है, आपको नियंत्रित करने की अनुमति देता है कि यह कहाँ बसती है या कैसे उपयोग होती है। अन्य तकनीकें हैं लेकिन यहाँ पूर्ण रूप से नहीं समझाई जा सकतीं, क्योंकि वीडियो से गलत अभ्यास से साइड इफेक्ट्स हो सकते हैं। ये गुप्त अभ्यास ऑफलाइन सिखाए जाते हैं। जो भीतर की तरंगें या प्रकाश नहीं देख पाते, वे आस क्रिया योग से अनुभव कर सकते हैं, जो प्रकाश तरंगों पर जोर देता है, क्योंकि हम दुनिया को प्रकाश और दृष्टि से देखते हैं। यह कंपन और संवेदना मस्तिष्क से ऊर्जा बार-बार खींचने

से महसूस होगी। ध्यान में सबसे बड़ा अवधारणा – चाहे भौतिक शरीर के लिए हो या आंतरिक – मस्तिष्क की स्मृति, कोशिकाएँ और चेतना एवं अवचेतन की ऊर्जा है। इस विज्ञान को जाने बिना ध्यान में पूर्ण सफलता असंभव है। मेरे मित्रों, माताओं और बहनों, इसे ठीक से समझिए। मैंने संक्षिप्त रूप से समझाया है, क्योंकि ऊर्जा के हर धागे को विस्तार से बताना 10 घंटे लेगा। रीढ़ की संरचना में अपार ऊर्जा है। मैं एक कोशिका की ऊर्जा को जीवन भर समझा सकता हूँ और उसका अनुभव करा सकता हूँ। जब मैं भीतर फोकस करता हूँ, तो एक प्राकृतिक शक्ति सूक्ष्म रूप से मुझे चलाती है, जिससे शब्द और रहस्य निरंतर आते हैं।

यह सत्य है। यह आपके जीवन को बदल देगा। सत्य, त्रेता और द्वापर युगों का यह गुप्त ज्ञान सही साधना से सफलता देता है। मूलाधार चक्र का यह खंड यहाँ समाप्त करते हैं। आशा है आपको मूल्यवान लगा। यदि स्पष्ट नहीं, तो दोबारा सुनिए या मार्गदर्शन के लिए संपर्क कीजिए। यह समाज उत्थान के लिए निःस्वार्थ सेवा है। जुड़िए और योगदान दीजिए सकारात्मक परिवर्तन के लिए। इन शब्दों के साथ मैं विराम लेता हूँ। जय गुरुदेव।

कुंडलिनी कैसे जागृत करें : आंतरिक ऊर्जा का मार्गदर्शन

कुंडलिनी जागरण एक परिवर्तनकारी प्रक्रिया है जो शरीर के भीतर सोई हुई ऊर्जा को जागृत करती है और साधक को गहन आध्यात्मिक साक्षात्कार की ओर ले जाती है। योगी जी द्वारा दिया गया यह निर्देशित ध्यान-प्रक्रिया बताता है कि कैसे हमें बाहरी और आंतरिक विचारों को अलग करना है, सुषुम्ना नाड़ी को सक्रिय करना है और संकल्प-शक्ति (संकल्प साधना) की ताकत से इस सर्पिल शक्ति को जागृत करना है। आइए देखें योगी जी इस तरह की साधना कैसे कराते हैं।

जैसे ही हम विचारों और तरंगों को शांत करते हैं, भीतर जमा पुराने विचार तुरंत बाहर आने लगते हैं। ध्यान में इन विचारों को रोकने का एकमात्र तरीका यह है कि आंतरिक विचारों – पिछले कर्मों की स्मृतियों, चित्त-वृत्तियों – को अपने भीतर ही रखें और उन्हें बाहरी विचारों की परत से अलग कर दें। दो तरह के विचार होते हैं – एक बाहरी, जो बाहरी दुनिया के हैं, और एक आंतरिक, जो अवचेतन में जमा हैं। इन्हें सामान्य बुद्धि से अलग किया जा सकता है। चेतन और अवचेतन।

हमारे जीवन की वर्तमान स्थिति क्या है? वर्तमान विचारों की तरंगें। जब हम ध्यान की यात्रा के लिए तैयार होकर बैठते हैं, तो क्या होता है? पुरानी स्मृतियाँ और विचार फिर से उभरने लगते हैं। यह दिखेगा, वह दिखेगा – कोई लड़की आएगी, ऑफिस आएगा, पत्नी, भाई या शादी में किसी ने जो कहा। बेकार के विचार आते रहेंगे। अनंत विचार। वे आते रहेंगे, लेकिन हमें उनका पीछा नहीं करना है, न यह तय करना है कि वे कहाँ ले जा रहे हैं। विचारों का पीछा मत कीजिए। फिर क्या होता है? हमारा मन उन्हें तीन रूपों में बाँट देता है। तीन रूपों में विभाजित हो जाते हैं : एक अवचेतन में जाता है, एक चेतन में, और एक तीसरी चेतना के रूप में रह जाता है। लेकिन उसे चेतन और अवचेतन का सहारा नहीं मिलता। भीतर-बाहर किसी का भी सहारा न मिलने पर वह अलग-थलग पड़ जाता है। हम इस अलग की गई तरंग की ऊर्जा को लेकर बुद्धि की ऊर्जा से ध्यान की गहराई में गोता लगाते हैं। उस अवस्था में वह तीसरी चेतना ऊर्जा और गहरे जाकर हमारे शरीर की कोशिकाओं में जमा ऊर्जा को छूती है। शरीर की कोशिकाएँ जब निष्क्रिय रहती हैं तो नकारात्मक अवस्था में रहती हैं। मन की ऊर्जा के स्पर्श से वे सक्रिय हो जाती हैं। तीसरी

चेतना जहाँ भी पहुँचती है – हृदय में, आँखों में या गर्दन में – उस अंग को ऊर्जा से भर देती है। जहाँ छूती है, वहाँ सक्रिय कर देती है। फिर गुरु-तत्त्व ऊर्जा से हम देखते हैं कि वह ऊर्जा हमारे लिए उपयोगी है या नहीं।

जब हम उसे छूते हैं तो क्या होता है? माइनस जब माइनस से मिलता है तो प्लस बन जाता है। जब हम उसे सब-अवचेतन से लाते हैं तो प्लस और माइनस मिलकर माइनस बन जाता है, और प्लस के साथ प्लस ही रहता है। यदि उपयोगी है तो हम उसे अपनी ध्यान-ऊर्जा से जोड़ देते हैं। फिर क्या होता है? वह तीव्र हो जाती है। भीतरी प्रकाश बढ़ता है और हमारा फोकस वहीं चला जाता है। जब फोकस तीव्र होता है तो आगे के अंधकार को भेदता है, प्रकाश आगे तक यात्रा करने लगता है। हम इस यात्रा को जारी रखते हैं, ऊर्जा को सक्रिय करते जाते हैं। मांसपेशियाँ, नर्वस सिस्टम और सूक्ष्म कोशिकाएँ स्पष्ट होने लगती हैं। मृत कोशिकाएँ पुनर्जीवित होती हैं, नकारात्मक कोशिकाएँ नष्ट होती हैं और धीरे-धीरे हम शरीर को नई ऊर्जा की परत देते हैं, उसे जागृत करते हैं। हमारे शरीर की परतें जागने लगती हैं।

फिर संकल्प और दृढ़ता की साधना से हमें मजबूत विश्वास की जरूरत होती है। जब हम ऐसा करते हैं तो रुकते नहीं, और गहरे चले जाते हैं। कुंडलिनी जागरण में हम बार-बार चक्रों से गुजरने पर फोकस करते हैं, इड़ा, पिंगला और सुषुम्ना के माध्यम से ऊर्जा को स्थिर करते हैं, जहाँ कुंडलित ऊर्जा रहती है। संत इसे अलग-अलग नाम देते हैं, लेकिन विज्ञान में इसे ऊर्जा ही माना जाता है। जैसे-जैसे हम चक्रों से गुजरते हैं, रीढ़ के सहारे ऊर्जा ऊपर की ओर यात्रा करती है।

सूक्ष्म जगत दो तरह का है : एक शरीर के भीतर और एक बाहरी ब्रह्मांड में। आकाशीय जगत में आप पूरी सृष्टि की यात्रा कर सकते हैं, कल्पना से परे, मन की तरंगों से परे। ध्यान और आस क्रिया योग से आप उन लोकों तक पहुँच सकते हैं जो कल्पना से भी परे हैं, एस्ट्रल ट्रैवल भी कर सकते हैं। लेकिन पहले शरीर के भीतर यात्रा करनी है, फिर बाहरी दुनिया में, और दोनों से पहले आत्मा को जागृत करना है। कुंडलिनी जागरण एक शक्तिशाली ऊर्जा है, मानव जीवन में अत्यंत आवश्यक। सात चक्रों से गुजरकर सहस्रार तक पहुँचने पर वहाँ एक प्रकाश बिंदु मिलता है जो सूक्ष्म यात्रा को संभव बनाता है।

प्राण ऊर्जा बहुत महत्वपूर्ण है। प्राचीन काल में ऋषि प्राण ऊर्जा को जागृत करते थे। यदि आप इसे जागृत कर लें तो एक सूक्ष्म कोशिका बनकर कहीं भी गायब हो सकते हैं, ब्रह्मांड में कहीं भी यात्रा कर सकते हैं, जहाँ चाहें एक कोशिका से पारदर्शी शरीर और कारण शरीर बना सकते हैं। श्वास के विज्ञान को समझिए, भीतरी ऊर्जा उगते सूर्य की तरह चमकने लगेगी।

जब आप हल्के से आँखें बंद करते हैं, तो क्या आपको पतले-पतले सूक्ष्म धागे दिखते हैं? आँखें खोलते ही गायब हो जाते हैं। इन्हें किरण कहते हैं। बाहरी चीजें जब खो जाती हैं तो किरण कहलाती हैं, जबकि शरीर के भीतर की तरंगें तरंग कहलाती हैं। ऐसा ही वर्णन है। यह पूरी सृष्टि से आती है, अर्थात किरणें। अब हम यह करेंगे : बची हुई ऊर्जा तरंग को सीधे मन से ध्यान में ले जाएँ। कहाँ ले जाएँ? सीधे नीचे। सुषुम्ना नाड़ी के अंतिम बिंदु तक, रीढ़ के नीचे, पूँछ की हड्डी पर, अंतिम बिंदु, मूलाधार के पास, गुदा के निकट, केंद्र में। वहाँ से प्रयास करके ऊर्जा एकत्रित करेंगे।

अब मैं बोलते हुए साथ-साथ करूँगा। रीढ़ सीधी रखें।

तीन बार : ॐmmmmmmm... ॐmmmmmmm... ॐmmmmmmm...

विचारों से बनी तरंगों को छोड़ दें। जो पुरानी स्मृतियाँ उभर रही हैं, उन्हें उनके स्थान पर जाने दें और केवल मन-बुद्धि की एक तरंग को ही पकड़ें। मन को सहायक गाइड बनाए रखें। सीधे गर्दन के पीछे से, जहाँ रीढ़ है, सुषुम्ना नाड़ी में प्रवेश करें। सुषुम्ना में प्रवेश करें और धीरे-धीरे ऊर्जा को पेन की किरण जितने प्रकाश बिंदु का आकार देकर नीचे की ओर ले जाएँ, नीचे जाते रहें।

नीचे जाते हुए मूलाधार को छुएँ, कुंडलिनी में ऊर्जा को महसूस करें, उसे सक्रिय करें। भीतर महसूस करें कि पैर की अंगुलियों से कमर तक की सभी ऊर्जाएँ और मांसपेशियों-कोशिकाओं में तरंगें धीरे-धीरे सिकुड़कर आपके मूलाधार में केंद्रित हो रही हैं, स्थापित हो रही हैं। इसी तरह कमर से ऊपर की सारी ऊर्जाएँ भी एकत्रित हो रही हैं और बवंडर की तरह घूमती हुई मूलाधार में जमा हो रही हैं। अब सारी केंद्रित ऊर्जा मूलाधार से ऊपर की ओर उठने लगे। ऊपर उठते हुए वह सुंदर कमल के फूल की पंखुड़ियों की तरह, चारों ओर से

आनंदपूर्वक घेरती और टकराती हुई, जैसे पानी के फव्वारे। जब कमल खिलता है तो उसके चारों ओर पीले रेशमी धागे घेरते हैं – वैसा ही महसूस करें। अब ऊपर जाएँ और दूसरे चक्र स्वाधिष्ठान में प्रवेश करें।

ऊपर की ओर मार्ग में नाभि पर स्थित मणिपुर चक्र में प्रवेश करें। ऊपर जाएँ। ऐसा लगेगा जैसे सुदर्शन चक्र तेजी से घूम रहा हो। नीचे तीव्र गर्मी महसूस होगी, जैसे शरीर के भीतर आग जल रही हो, नाभि के ठीक नीचे। सारी नकारात्मकता इस उठती हुई आग से नष्ट हो रही है। इस तरह हम विशुद्धि को पार करते हैं, फिर आज्ञा और सहस्रार तक पहुँचते हैं। सारी ऊर्जा वहाँ स्थापित करें और शरीर को तेजोमय ऊर्जा-प्रकाश से आलोकित महसूस करें।

आपकी साधना के अनुसार अलग-अलग अनुभव होंगे। किसी-किसी को सहस्रार पहुँचते ही हृदय की तरह कंपन होता है। आनंदपूर्ण। वह घुल गया, और बाद में जब गहरा फोकस किया तो ऊर्जा धीरे-धीरे स्वाभाविक होती गई। किसी को रीढ़ में अनोखा कंपन, जहाँ नसें मस्तिष्क से जुड़ती हैं, ऊर्जा ऊपर की ओर गई। वह ऊर्जा बनी रही, ऊपर की ओर जाती रही, कुछ और महसूस नहीं हुआ। किसी को आज्ञा चक्र में प्रकाश, भीतर सफेद, सब कुछ सफेद दिखाई दिया।

अब गहरी साँस लें। छोड़ें। फिर गहरी साँस लें। पाँच बार अनुलोम-विलोम करें। कपालभाती करें। मन को शांत करें और पाँच बार श्वास पर ध्यान दें, देखें कि प्राण-श्वास अंदर-बाहर कैसे जा रहा है। पूर्ण एकाग्रता से भीतर जाएँ और उसे सरलता से पकड़ने की कोशिश करें। स्पष्ट महसूस करें – नाक से साँस अंदर, श्वसन मार्ग से नाभि तक और धीरे-धीरे बाहर। सभी विचारों के साथ श्वास पर फोकस करें। छोड़ें और महसूस करें। लें, छोड़ें। फिर लें और छोड़ें।

धीरे से ॐmmmmmmm बोलें। हृदय के प्रकाश में गहरे गोता लगाएँ, आंतरिक चेतना को आंतरिक मन की तरंगों से जोड़ते हुए, भीतर के प्रकाश को महसूस करें। ॐmmmmmmm जारी रखें...

संकल्प लें। संकल्प की शक्ति को प्रज्वलित करें, जागृत करें और मन में भाव लाएँ कि भीतर उभरने वाले सारे विचार संकल्प से ढक गए हैं। संकल्प साधना से हम इसे जागृत कर सकते हैं। संकल्प ऊर्जा को सक्रिय करके सबसे कठिन कार्य भी सिद्ध कर सकते हैं। जीवन में जो भी चुनौतियाँ आएँ, जो भी संघर्ष हो। हमारे जीवन में संकल्प साधना बहुत जरूरी है। संकल्प साधना से ही महान खोजी, वैज्ञानिक, योगी, व्यापारी, बुद्धिजीवी और व्यक्ति महान बने हैं। शुरुआत में यात्रा एक-सी होती है। लेकिन जैसे-जैसे उम्र बढ़ती है और भीतर संस्कार बनते हैं, शुरू में हमें सत्संग, साधु-संतों की संगति चाहिए। अच्छी संगति में रहें, सकारात्मक लोगों के साथ रहें, सफल व्यक्तियों से जुड़ें तो उनकी शुद्ध ऊर्जा हमारे मन-बुद्धि को प्रभावित करेगी, भय दूर होगा। आंतरिक चेतना जागेगी और संकल्प की शक्ति सक्रिय हो जाएगी। जब यह शक्ति प्रज्वलित होती है तो जीवन पूरी तरह आनंदमय हो जाता है और सारे सांसारिक कार्य सफल होने लगते हैं। संकल्प साधना से सब कुछ संभव है। दृढ़ता, इच्छाशक्ति और संकल्प की शक्ति हमारे आंतरिक मन और बुद्धि में रहती है। इसे जागृत करके हम अपना जीवन पूर्णतः सफल बना सकते हैं – शारीरिक हो या सांसारिक – निश्चित रूप से होगा। आज हम आत्म-साक्षात्कार के सरल मार्ग पर आगे बढ़ें और सबसे सरल तरीके से ध्यान करें।

इस ध्यान से आपको आत्म-साक्षात्कार अवश्य होगा। पहले संकल्प को मजबूत कीजिए। सब मेरे साथ मिलकर ऊँची और मधुर आवाज में बोलें : ॐ ॐ ॐ। मन, प्राण, आत्मा, अंतःकरण – मेरे भीतर जो सूक्ष्म, अति सूक्ष्म कोशिकाओं में तरंग रूप में संकल्प-ऊर्जा मौजूद है, वह जागे, जागे, जागे। वह शक्तिशाली बने। वह सक्रिय बने। ताकि मैं संकल्प लूँ : मन की एकाग्रता से आज मेरे हृदय-समान ऊर्जा में एक अनोखा प्रकाश-पिंड है, जिससे हमारे भौतिक शरीर के बाहरी आवरण की पहचान बनती है, और वह आत्मा की ज्योति का रूप है। मैं शरीर नहीं हूँ; हम आत्मा हैं। इस संसार का बाहरी आवरण मेरा है। मैं उस पर निर्भर नहीं हूँ; बाहरी आवरण मेरा है। ॐ ॐ ॐ।

शुरू करें। इस शरीर से ध्यान की गहराई में प्रवेश करें। दाहिने कान के ऊपर से तरंगें उभरेंगी, हृदय तक पहुँचेंगी, वहाँ आपको प्रकाश की खोज करनी है। उसे तीव्र करें। उत्साह और आनंद से हमारे भीतर बसी संकल्प ऊर्जा जागृत हो। हमारे मन-बुद्धि की सूक्ष्म विचार तरंग, हमारी कोशिकाओं की ऊर्जा जागृत और सक्रिय हो जाए। इसके साथ मैं

संकल्प करता हूँ कि मानसिक फोकस से प्रेरित होकर आज मेरे स्वास्थ्य की ऊर्जा में एक प्रकाश-किरण चमक रही है। अनोखी और अद्‌वितीय, यह प्रकाश हमारे भौतिक शरीर और मन को बाहरी परतों और माया से मुक्त कर देती है। आत्मा प्रकाश स्वरूप है। मैं शरीर नहीं हूँ; मैं आत्मा हूँ। इस पूरे संसार का सार, उसके बाहरी आवरण मेरे से निकलते हैं। मैं उस पर निर्भर नहीं हूँ; ये परतें मेरे आंतरिक सार से निर्धारित होती हैं। स्वयं की गहराई में गोता लगाएँ।

सब मिलकर बोलें : ॐmmmmmmmm... ॐmmmmmmm... ॐmmmmmmm।

धीरे-धीरे आँखें खोलें।

संकल्प साधना से जीवन की सबसे कठिन चुनौतियों पर भी विजय प्राप्त की जा सकती है। इसी तरह हम हृदय चक्र में आत्म-साक्षात्कार का प्रकाश देखेंगे। जब भीतर गुरु से संबंध जुड़ता है तो हृदय को एक सुंदर सफेद प्रकाश घेर लेता है, बादलों से मिल जाता है। कभी प्रकाश में, कभी उसकी किरणें फैलती हैं, कभी भीतर जाती हैं। प्रकाश प्रकाश बिंदु की ओर जाता है, कभी बाहर। कभी पूरे शरीर में व्याप्त हो जाता है और हम उसे पूरे शरीर में महसूस करते हैं। ऐसा लगता है जैसे मैं शरीर नहीं, एक प्रकाश-पुंज हूँ। आत्मा और भौतिक शरीर की परतों में भेद स्पष्ट हो जाता है। भेद खत्म हो जाता है और हम प्रकाश-पुंज बन जाते हैं। विचारों की ऊर्जा विलीन हो जाती है, समाधि लग जाती है, जहाँ कोई भेद नहीं रहता। सब एक-दूसरे में विलीन हो जाता है, प्रकाश-पुंज में गोता लग जाता है, सर्वव्यापी।

जीवन में कितनी भी चुनौतियाँ या संघर्ष आएँ, संकल्प साधना से, व्यवस्थित और एकाग्रता से कार्य करके हम सफलता प्राप्त कर सकते हैं। यह कैसे संभव है? संकल्प की शक्ति को जागृत और सक्रिय करके।

कुंडलिनी जागरण के बाद क्या परिवर्तन होते हैं

कुंडलिनी जागरण को भले ही सरल शब्दों में वर्णित किया गया हो, लेकिन यह वरदान भी है और श्राप भी। इस संसार में कुंडलिनी जागरण को अक्सर सबसे बड़ा श्राप माना जाता है

क्योंकि सर्प शेषनाग, फण फैलाए रक्षक छत्र की तरह कुंडलित, प्रहार करने को तैयार है। यदि कोई स्वयं इसे जागृत करने की कोशिश करे तो नाभि पर कुंडलित यह सर्प – जिसे छोटा मस्तिष्क कहते हैं – खजाने की रक्षा करता है। नाभि पर स्थित इस सर्प को प्रसन्न करके उसे हटा दें, तो आपको वह खजाना मिल जाता है। जैसे पृथ्वी पर सर्प धन की रक्षा करता है, प्रसन्न होने पर कुबेर का खजाना दिखाता है। वैसे ही जीवन का धन पाने के लिए कुंडलिनी सर्प को जागृत करें। यह धन न खोता है, न चोरी होता है, न कोई ले जा सकता है।

आप कुबेर के भक्त के रूप में विख्यात हो जाएँगे, दिव्य ऊर्जा से संपन्न, जिससे कोई आपको हरा नहीं सकता। कुंडलिनी जागरण को सही अर्थों में समझने के लिए आस क्रिया योग में शामिल हों और शाश्वत ऋषि परंपरा के दिव्य ज्ञान को अपनाएँ, खोई हुई विद्या को पुनर्जीवित करें। आस क्रिया योग से कुंडलिनी जागरण की साधना करें।

यदि आपके द्वार (चक्र) जागृत न हों तो आप साधना छोड़ सकते हैं। इसे सही करने का कोई शॉर्ट फॉर्म नहीं, कोई शॉर्टकट नहीं, कोई चमत्कार नहीं – केवल सही साधना। जीवन के खजाने को पाने के लिए कुंडलिनी को सही जागृत करें और सर्प को प्रसन्न करें ताकि वह आपको कोहिनूर जैसे रत्न और नवरत्नों का दिव्य धन प्रदान करे। कुंडलिनी जागरण से आपके शरीर में इन नौ रत्नों की ऊर्जा, शक्ति और धन प्राप्त होगा।

प्राणिक फ्रैगमेंटेशन – डी-फ्रैगमेंटेशन

तो आपने दस प्राणों का जिक्र किया। मृत्यु के समय क्या सभी दस प्राण एक साथ बाहर निकलते हैं या केवल एक प्राण निकलता है? शरीर के भीतर प्रकाश था और जब मेरी आत्मा ऊर्जा उस प्रकाश से यात्रा कर रही थी, तो गर्भ के पास एक छोटा सा सफेद प्रकाश दिखा, रंग अलग, अपना ऑरा चमकाता हुआ, जैसे प्रकाश का फव्वारा वहाँ बैठा हो।

मैं सोचता हूँ, पूर्ण कुंडलिनी जागरण की ऊर्जा की तुलना में क्या एक छोटे से प्राण कोशिका की ऊर्जा उससे अधिक है? यह एक मासूम बच्चे जैसी है; मैं इसमें प्रवेश भी नहीं कर सका। जब मैंने कोशिश की तो मेरा प्रकाश रिफ्लेक्ट हो गया और मैं उसमें विलीन हो गया, गायब हो गया। इसमें प्रवेश करने के बाद बाहर नहीं आ सका, और इसी ऊर्जा से

नाभि से नीचे की सारी बीमारियाँ ठीक हो सकती हैं। जब हम प्राण फ्रैगमेंटेशन से विभिन्न रूप बनाते हैं, तो वे रूप सूक्ष्म होते हैं? क्या उन्हें छुआ जा सकता है? कहा जाता है कि भगवान कृष्ण ने प्रत्येक गोपी के लिए प्राण फ्रैगमेंटेशन से रूप धारण किया। वह बिजली जैसा था। योद्धा भी कहते थे कि यह योगमाया का कार्य है। ये प्राण कोशिकाएँ हैं। कोविड काल में यदि किसी को ये अभ्यास पता होते तो खतरे में न पड़ते। अक्सर जो लोग अपने आंतरिक शरीर की यात्रा करते हैं और खोजते हैं, उनकी ऊर्जा बढ़ जाती है। सरल विधि है वही मार्ग अपनाना जिसका अनुभव किया, उसी रास्ते से वापस लौटना जहाँ प्राण ऊर्जा जागृत होती है, जिससे व्यक्ति प्राण फ्रैगमेंटेशन कर सके। मैंने इसकी खोज की है और स्टेज पर प्रदर्शित करने को तैयार हूँ। स्टेज पर स्वागत है, मैं लक्ष्मी महाजन हूँ। जैसे विज्ञान ने मन को पूरी तरह नहीं समझा, वैसे ही प्राण को भी नहीं समझा। प्राण क्या है? प्राण फ्रैगमेंटेशन क्या है? इस विषय पर चर्चा के लिए हमने महान आध्यात्मिक वैज्ञानिक योगी हरिओम दास जी को हमारे सेंस स्पेशलिटी प्रोग्राम में आमंत्रित किया है।

आपके दर्शकों ने पिछले पॉडकास्ट की बहुत सराहना की और पसंद किया, इसलिए दर्शकों की मांग पर आज हम उन्हें फिर से स्वागत करते हैं। स्वागत है योगी जी! प्राण फ्रैगमेंटेशन क्या है और इसके क्या लाभ हैं? यह बहुत अच्छा प्रश्न है। प्राण फ्रैगमेंटेशन क्या है? हमारे शरीर में विभिन्न अंगों में विभिन्न ऊर्जाएँ और कोशिकाएँ हैं।

उन कोशिकाओं में प्राण ऊर्जा निहित है। हमारी वैदिक ग्रंथों के अनुसार दस प्राण हैं: पाँच मुख्य प्राण और पाँच सहायक प्राण। पाँच मुख्य प्राण हैं – प्राण, अपान, समान, उदान और व्यान। पाँच सहायक प्राण हैं – नाग, कूर्म, कृकल, देवदत्त और धनंजय। ये दस प्राण शरीर के दस द्वारों – मुँह, नाभि और निचले छिद्रों – से कार्य करते हैं। ये प्राण हमारे शरीर को चलाते हैं, लेकिन इन दिव्य प्राणों से प्रबुद्ध योगी, ऋषि, तपस्वी और देवता भी इन्हें जागृत करके ब्रह्मांड के सबसे बड़े कार्य सिद्ध करते हैं, असंभव को संभव बनाते हैं। उन्होंने ब्रह्मांडीय विस्फोट, ग्रहों के बिग बैंग, दिव्य लोकों, पाताल लोक और समुद्री अध्ययन जैसी उपलब्धियाँ हासिल कीं, सब अपने भीतर। अब हम अपने विचारों और ऊर्जा पर ध्यान दें। अब तक मैंने तीन-चार प्राणों को ठीक से देखा और शोध किया। जब हम भीतर यात्रा करते हैं तो शरीर की कोशिकाओं, नर्वस सिस्टम और अंगों में पूरा ब्रह्मांड दिखता है। इस शरीर में देवी-देवताओं के दर्शन भी होते हैं, और यह बहुत सरल है। लेकिन

क्या हमें उन्हें देखने की इच्छा करनी पड़ती है या वे स्वतः प्रकट होते हैं? कुछ भी स्वतः प्रकट नहीं होता। थोड़ी देर बाद हम प्रयास करते हैं। प्रयास और क्रिया से परिणाम मिलता है। जब बाहरी विचार हमारी चेतना और अवचेतन मन में प्रवेश करता है तो नर्वस सिस्टम, कोशिकाओं और अंगों तक पहुँचता है, किसी विशेष कार्य को सक्रिय करने के लिए आवश्यक ऊर्जा की खोज करता है।

ये दस प्राण अपने कार्य के अनुसार ऊर्जा एकत्रित करते हैं और उसी स्तर पर कार्य करते हैं। उनकी शक्तियाँ अनंत और असीम हैं। हम कितना जागृत करते हैं और उनसे जुड़ते हैं, उसी से उनकी प्रभावशीलता निर्भर करती है। इच्छा के साथ हमें आंतरिक क्रिया भी करनी होगी।

केवल आंतरिक प्रयास से ही यह संभव है; अन्यथा नहीं हो सकता। आस क्रिया योग से, मेरे पूज्य गुरु के मार्गदर्शन में, जिन्होंने मुझे हजारों वर्ष पुराना यह ज्ञान दिया, मैंने इसे इस शरीर में व्यावहारिक रूप से लागू किया। तब मुझे प्राणों के नाम भी नहीं पता थे। जब मैं अपने शरीर में यात्रा करता था – मन, चेतना, बुद्धि, नर्वस सिस्टम और मांसपेशियों से – तो नाभि के पास, गर्भ क्षेत्र में एक प्राण मिला। मेरी ऑनलाइन कक्षाओं में मैं लोगों को इसके लिए मार्गदर्शन करने की कोशिश करता हूँ। नाभि के पास ऊर्जा सक्रिय होती है और घूमती है। कल्पना करें एक छोटी सी कोशिका, सरसों के दाने जितनी, और उसे अपनी स्मृति और इंद्रियों जितना छोटा बनाएँ। मैं और भी छोटा जाता हूँ, तरंग स्तर तक, बाल की नोक से अरबों गुना छोटा, परत दर परत छीलता हुआ। माइक्रोस्कोप भी हजार परतें देख ले, लेकिन मैं लाखों परतों से आगे जाता हूँ। जब मैंने उस कोशिका को छुआ तो मेरे मन की चेतन ऊर्जा और मानसिक दृष्टि सक्रिय हो गई। कौन सोचता है? कौन कार्य करता है? ये विचार कौन लाता है? हमारे माथे की नसें, रेटिना और आँखों की तरंगें जुड़कर मन को संकेत भेजती हैं। मन के पास बुद्धि है। अंग्रेजी में मन और बुद्धि एक शब्द हैं, लेकिन हिंदी में उनके बीच सूक्ष्म परत है, जैसे लेजर, जो स्मृति न्यूरॉन्स को सक्रिय करती है और अवचेतन तथा पराचेतन मन तक पहुँचती है, पुरानी स्मृतियों को देखती है।

जब आप भीतर देखते हैं तो हर मांसपेशी, रक्त कोशिका, नर्वस सिस्टम और ऊर्जा तरंगें – लाल, पीली, नीली – न्यूट्रॉन और प्रोटॉन की तरह चलती दिखती हैं। यह स्तर आपको पूरा ब्रहमांड भीतर देखने की क्षमता देता है। हमारे शास्त्र कहते हैं पूरा ब्रहमांड हमारे भीतर है।

यदि ऐसा है तो कहाँ है? शरीर सीमित है, लेकिन यदि हम सब कुछ देख सकते हैं तो इसका मतलब हमारे पास सूक्ष्म आँखें और आवाज है जो ऊर्जा को ग्रहण और कैद कर सकती है। यह प्राण ऊर्जा नाभि से चार-पाँच अंगुल आगे स्थित है। आठ-दस वर्ष की आंतरिक यात्रा के बाद मैं इसे ठीक से छू सका। मैंने अपने शरीर में अनगिनत प्रकाश, नर्वस सिस्टम और अंग देखे, अपार आनंद अनुभव किया। एक बार भगवान की कृपा से मेरे शरीर में दस-पंद्रह सूर्यों से अधिक तेज प्रकाश महसूस हुआ।

जब मेरी आत्मा ऊर्जा उस प्रकाश से यात्रा कर रही थी, तो गर्भ के पास एक छोटा सा सफेद प्रकाश दिखा, रंग अलग, अपना ऑरा चमकाता। मैं सोचने लगा यह क्या है। जब छूने की कोशिश की तो प्रवेश नहीं कर सका। मेरा प्रकाश रिफ्लेक्ट हो गया और मैं उसमें विलीन हो गया, गायब। पाँच-छह महीने की आंतरिक यात्रा के बाद आखिरकार उस प्राण ऊर्जा को छू सका। एक दिन मैं इसमें प्रवेश कर गया और शरीर में किसी भी चीज से अलग असाधारण प्रकाश और ऊर्जा अनुभव की। यह पारदर्शी गुब्बारे में प्रवेश करने जैसा था, बाहर न निकल सका, उसके भीतर भटकता रहा। मैं आत्मा ऊर्जा के हृदय तक पहुँचा, मुँह से बाहर निकला और सौर मंडल से यात्रा की, जबरदस्त ऊर्जा और हल्की घुटन महसूस की। मैंने पूरा ब्रह्मांड देखा – आकाशगंगाएँ, ग्रह – उस ऊर्जा में विलीन होते और बाहर बिखरते। मैं उसी मार्ग से वापस लौटा। आंतरिक यात्रा के लिए सबसे सरल सुरक्षा विधि है वही मार्ग अपनाना जिससे गए थे, जैसा मेरे पूज्य गुरु ने सिखाया। इस तकनीक से मैं उस प्रकाश गुब्बारे से सफलतापूर्वक बाहर निकला, अपनी आत्मा और चेतना को सही जगह स्थापित की और सामान्य हो गया।

कुछ दिनों बाद समझ आया कि वह ऊर्जा अनोखी थी। मेरा पारदर्शी सूक्ष्म शरीर, कारण शरीर और स्थूल शरीर परतें बना। जब मैं उस प्राण ऊर्जा से बाहर निकला तो दिव्य लोकों से यात्रा की, बहुविध फ्रैगमेंटेड रूप बनाए। रामायण और महाभारत में योद्धाओं और देवताओं जैसे भगवान कृष्ण ने प्राण फ्रैगमेंटेशन से बहुरूप बनाए। कृष्ण ने प्रत्येक गोपी के लिए रूप धारण किया, और योद्धाओं ने पचास या हजार रूप बनाए, जिसे योगमाया कहा। ये प्राण कोशिकाओं से ही संभव हुआ। कलियुग में भी साधक प्राण फ्रैगमेंटेशन कर सकते हैं। मैं भी इसी युग में हूँ और युवावस्था में अनुभव किया, भगवा वस्त्रों वाले संत के रूप में नहीं। यह प्राण ऊर्जा, पाँच मुख्य प्राणों में से एक, अविस्मरणीय, असाधारण और

दिव्य है। मैं आज भी इसके माध्यम से ब्रह्मांड और अपने शरीर की यात्रा करता हूँ। कुंडलिनी जागरण की ऊर्जा एक प्राण कोशिका की ऊर्जा के सामने फीकी है, जैसे पचास क्विंटल सोने के पास एक बच्चा या कोहिनूर हीरा। मैंने गले के पास एक और प्राण पाया। गहरी साँस से इसे जागृत करने पर खुली आँखों से या ध्यान में गले में भगवान ब्रह्मा दिखते हैं। यह नकारात्मक ऊर्जा को छानता है, शरीर की रक्षा करता है, कोविड काल में भी। मैंने मस्तिष्क, हृदय और अन्य स्थानों पर प्राण पाए, जो दस इंद्रियों से जुड़े हैं, जैसे कान में नाद योग, जहाँ रीढ़ के पास कोशिकाएँ कान का कार्य नियंत्रित करती हैं। प्रकृति ने इन कोशिकाओं से थोड़ा दूर सुरक्षात्मक तंत्र रखा है ताकि क्षति न हो। प्राण ऊर्जा जागृत करने से कैंसर जैसी बीमारियाँ ठीक हो सकती हैं, हानिकारक कोशिकाओं को रेडियोथेरेपी या कीमोथेरेपी की तरह जलाती हैं, लेकिन अच्छी कोशिकाओं को नुकसान नहीं पहुँचाती। विज्ञान सभी कोशिकाएँ मारता है, आशा करता है अच्छी ठीक हो जाएँ, लेकिन प्राण ऊर्जा अच्छी कोशिकाओं को मजबूत बनाती है।

नाभि के पास यह प्राण दस पारदर्शी रूप बना सकता है, जिसका प्राचीन ऋषियों ने एक साथ कई स्थानों पर ध्यान करने के लिए उपयोग किया, थोड़े समय में हजारों वर्षों की ऊर्जा एकत्रित की। आस क्रिया योग से आज ऐसे दिव्य अभ्यास सिखाए जाते हैं, जैसा मेरे गुरु ने सिखाया, जिनकी आत्मा 50,000 वर्ष यात्रा कर चुकी।

यह प्राण फ्रैगमेंटेशन हमारे शरीर, अंगों और स्वास्थ्य के लिए अत्यंत लाभकारी है, विभिन्न रूप बनाने की क्षमता देता है। ये सूक्ष्म रूप, पारदर्शी प्रकाश जैसे, देखे जा सकते हैं लेकिन छुए नहीं जा सकते, केवल ऊर्जा के रूप में महसूस होते हैं। जैसे बल्ब का फिलामेंट प्रकाश बनाता है, वैसे हमारा सूक्ष्म शरीर चमकदार रूप बनाता है, जिसे जागृत चेतना वाले देख सकते हैं। मृत्यु पर प्राण व्यक्ति की अवस्था के अनुसार निकलते हैं – कितनी कोशिकाएँ सक्रिय हैं, कितनी ऊर्जा जागृत है। मुख्य प्राण धागे की तरह निकलता है, शरीर से ऊर्जा एकत्रित करता है, जिससे कष्ट या संघर्ष होता है। सही अभ्यास से योगी सहस्रार से निकलते हैं, कष्ट से बचते हैं। जो अस्वाभाविक मृत्यु मरते हैं, जैसे आत्महत्या, वे निचले द्वारों से निकलते हैं, हजारों वर्ष भटकते हैं। देवता भी मानव शरीर की लालसा करते हैं ताकि प्राण जागृत कर दिव्य ऊर्जा से एकाकार हो सकें। सूर्य योगी प्राणों को ब्रह्मांड में विस्फोट नहीं करते; उनकी ऊर्जा टूटे काँच पर सूर्यप्रकाश की तरह रिफ्लेक्ट

होती है, बहुरूप का भ्रम पैदा करती है। सच्चा प्राण फ्रैगमेंटेशन तब होता है जब मुख्य प्राण सक्रिय होकर आत्मा ऊर्जा के साथ विभाजित होता है, अकेला नहीं।

यह उच्च स्तर का अवधारणा है, समझना या अभ्यास करना कठिन। एक प्राण को समझने में हजारों जन्म लगते हैं। मेरे अनुभव मशीनों से परे हैं, अनंत फ्रीक्वेंसी तक पहुँचते हैं। भीतरी विज्ञान विशाल है, और शरीर में अनंत ब्रह्मांड समाहित है। जो इसे कल्पना कहते हैं, उनके पास समझने की फ्रीक्वेंसी नहीं है।

स्वस्तिक चक्र

हम जानते हैं कि हमारे इष्ट देवता और देवताओं के पास अपने-अपने दिव्य शस्त्र या चिह्न होते हैं – जैसे सुदर्शन चक्र, स्वस्तिक चक्र, सूर्य चक्र, शक्ति चक्र, गदा, ब्रह्मास्त्र, नागपाश, त्रिशूल आदि। ये दिव्य शक्तियाँ देवताओं ने हमारी रक्षा के लिए ही प्रयोग की हैं। इसी तरह भगवान गणेशजी के पास भी स्वस्तिक चक्र है, जो मंगल-सूचक चिह्न है। जब हम कोई शुभ कार्य करते हैं तो स्वस्तिक चिह्न बनाते हैं या पूजा में शामिल करते हैं। जैसे नई साइकिल या गाड़ी घर लाते हैं तो पुजारी पूजा में स्वस्तिक चक्र बनाते हैं ताकि हमारा स्वास्थ्य और कल्याण बना रहे, इस चिह्न से जीवन आनंदमय रहे।

हमारे शास्त्र कहते हैं और योग शास्त्र और भी विस्तार से बताते हैं कि हमारे शरीर में पूरा ब्रह्मांड समाया हुआ है। इस शरीर में हर देवता का अपना स्थान है, भगवान गणेशजी भी। जब हम अपने भीतर गणेशजी को जागृत करते हैं तो स्वस्तिक चक्र का भी अनुभव होता है।

स्वस्तिक चक्र के लाभ के बारे में कहें तो यदि कोई व्यक्ति अपने भीतर इसे जागृत कर ले तो जीवन भर रोगमुक्त रह सकता है। उसे कोई रोग छू भी नहीं सकता। साथ ही जब स्वस्तिक चक्र जागृत होता है तो व्यक्ति के चारों ओर 10-15 फीट तक एक ऑरा बन जाता है। यदि कोई नकारात्मक ऊर्जा या रोग – चाहे कैंसर, हार्ट अटैक, किडनी की समस्या, अल्सर या लकवा – पास के किसी व्यक्ति में भी हो, तो जागृत स्वस्तिक चक्र की कंपन से उसका भी उपचार हो सकता है।

इस प्रकार स्वस्तिक चक्र हमें रोगमुक्त शरीर और दीर्घायु प्रदान करता है। पंचमहाभूतों से बना हमारा शरीर जब आंतरिक चेतना जागृत करता है तो दिव्य हो जाता है। इसलिए बार-बार अस्पताल न जाना पड़े, स्वास्थ्य और आनंद बना रहे, जीवन सफल हो और सदा आनंद में रहें – इसके लिए हमें स्वस्तिक चक्र जागृत करना चाहिए।

स्वस्तिक चक्र सक्रियण

किसी भी खाने, पदार्थ या गुण का जितना भी वर्णन कर लें, जब तक स्वयं अनुभव न करें तब तक उसका पूरा लाभ नहीं मिलता। अब मैं सरल भाव वाले सामान्य लोगों को बताता हूँ कि स्वस्तिक चक्र का अनुभव कैसे लिया जाए। बहुत संक्षेप में बताता हूँ कि हम अपने भीतर भगवान गणेश और स्वस्तिक चक्र का अनुभव कैसे कर सकते हैं। यह बहुत सरल है, हर व्यक्ति कर सकता है।

इसे कठिन मत समझिए – अत्यंत सरल है। मनुष्य ही एकमात्र प्राणी है जो हर पल दिव्य से जुड़ सकता है और उसमें विलीन हो सकता है। 84 लाख योनियों में मनुष्य सर्वोत्तम है, उसके बाद 33 कोटि देवता आते हैं। जब हम स्वस्तिक चक्र जैसी शक्तियाँ जागृत करते हैं तो हम भी उनकी गिनती में आ जाते हैं। अपने असली स्वरूप को पहचानिए। स्वस्तिक चक्र जागृत करने की विधि बताता हूँ। सबसे पहले सुखासन में बैठें। यदि कोई भारी-भरकम है तो कुर्सी पर भी बैठ सकते हैं, बस रीढ़ और मेरुदंड सीधा रखें ताकि पिंगला और सुषुम्ना नाड़ी के साथ रक्त संचार और भीतरी विद्युत ऊर्जा का प्रवाह सुगम रहे। मन की तरंगों को जबरदस्ती रोकने की कोशिश मत कीजिए, वे तो स्वभाव से चलती रहती हैं, जैसे समुद्र की लहरें कोई रोक नहीं सकता। जैसे कुछ लोग समुद्र से लाभ लेते हैं, वैसे ही हम बैठें और मन को स्वतंत्र छोड़ दें। मन को मुक्त करने के बाद तीन बार “ॐ” का उच्चारण करें।

तीन बार ॐ बोलिए प्रिय दर्शको। सबसे बड़ा कुंजी है उच्चारण की विधि और प्राण (जीवन शक्ति) की भूमिका जो भीतरी ऊर्जा जागृत करती है। जब हम ॐ बोलते हैं और मुँह से ऑक्सीजन अंदर खींचते हैं, पेट अंदर करते हैं तो वायु दबाव हृदय चक्र पर पड़ता है। पेट और छाती दोनों से हवा अंदर जाते ही हृदय चक्र पर दबाव बनता है, प्राण चेतना के पास।

हृदय चक्र के पास कुछ चीजें ऐसी हैं जिन्हें शब्दों में नहीं कहा जा सकता, मन कल्पना करने लगता है।

अभ्यास से आप स्वयं अनुभव करेंगे। जब यह वायु दबाव बनता है तो भीतरी विद्युत तरंगें जागृत होती हैं, भीतरी चेतना सक्रिय होती है। हृदय चक्र पर दबाव से लाल-नीली प्रकाश तरंग स्वस्तिक के रूप में संवेदना होती है। धीरे-धीरे आप इसे फैलता या कभी सिकुड़ता हुआ देखेंगे, अनुभव अलग-अलग होते हैं। ध्यान ऐसा मार्ग है जिसका पूरा वर्णन नहीं किया जा सकता, हर किसी का अनुभव अलग होता है, परंतु प्रभाव हमेशा सकारात्मक होता है।

जब इस तरह ध्यान करते हैं तो आपको हृदय चक्र पर स्वस्तिक चक्र भीतर से बाहर की ओर घूमता हुआ दिखेगा। उसका प्रकाश धीरे-धीरे छाती पर फैलेगा फिर पूरे शरीर में। यदि अत्यधिक तेजस्वी हो जाए तो शरीर से बाहर भी जा सकता है, ब्रह्मांड में यात्रा कर सकारात्मक ऊर्जा खींचकर भीतर स्थापित हो जाता है। इससे जीवन ऊर्जावान, सकारात्मक और स्वस्थ हो जाता है, चेहरे पर तेज आ जाता है। इसी तरह आप स्वस्तिक चक्र का अनुभव कर सदा आनंद में रह सकते हैं।

श्री गणेश साधना

योग अभ्यास से देव दर्शन संभव हैं। योग अभ्यास ही एकमात्र माध्यम है जो ऐसे दर्शन सहज कर देता है। नवधा भक्ति में जब हम भाव पर ध्यान देते हैं तो एक अनुभूति होती है, और ध्यान-योग अभ्यास में जब हम ध्यान करते हैं तो हमारे भीतर की चेतना उस देवता का रूप ले लेती है जिसकी हम कल्पना करते हैं, और हमें अपने भीतर उस देवता की उपस्थिति का अनुभव होता है। रोज कम से कम पाँच मिनट अपने भीतरी चेतना का अनुभव करने के लिए अवश्य बैठें। भीतर की ऊर्जाएँ जागृत करें, तीन बार ॐ बोलें, दो बार “श्री गणेशाय नमः” बोलें। फिर कल्पना करें कि हमारे शरीर में भगवान गणेशजी कहाँ निवास करते हैं। जैसे पूरा ब्रह्मांड हमारे शरीर में है, वैसे ही गणेश लोक कहाँ है? भगवान गणेश का अनुभव आपके भीतर हृदय चक्र के पास स्वस्तिक के रूप में प्रकट होगा, जिससे आपको भगवान गणेश का साक्षात् अनुभव होगा। इसी तरह आप गणेश दर्शन कर सकते हैं और अपना जीवन सफल बना सकते हैं।

गणेश लोक की यात्रा – १

हर मनुष्य इस धरती पर इसलिए जन्म लेता है ताकि वह अपने शरीर की अनुपमता को समझे। जैसा मैंने पहले भी कहा है – हमारा शरीर तीन अवस्थाओं में रहता है : सूक्ष्म शरीर, कारण शरीर और स्थूल शरीर। जब तक इस शरीर में प्राण शक्ति रहती है...

लोग अक्सर स्थूल शरीर के पीछे भागते हैं, लेकिन उन्हें पता नहीं कि हमारे भीतर की ऊर्जा – आत्म चेतना – ही असल में इस शरीर को जीवंत करती है। इसके बिना शरीर कुछ नहीं कर सकता। यह अचल चेतना, आत्मा की ऊर्जा, प्राण, सूक्ष्म बुद्धि और भीतरी शक्तियाँ ही हैं जो हमारे भीतर कंपन पैदा करती हैं। तभी यह शरीर चलता है। हमारा असली सत्य और अनुपमता यही है। चाहे कोई धनी हो, गरीब हो, पढ़ा-लिखा हो, अनपढ़ हो या विद्वान – सारी बाहरी उपलब्धियाँ हमारी भीतरी ऊर्जा से ही प्राप्त होती हैं। भीतरी शक्ति से ही हम अपनी पहचान बनाते हैं। यदि शिक्षा से अच्छी नौकरी मिली तो वह तुम्हारी भीतरी लगन से मिली, बाहरी परिश्रम से नहीं। शरीर तो केवल एक साधन है, लेकिन लोग इसे ही सब कुछ समझ लेते हैं। यह हमारे जीवन का सबसे बड़ा भ्रम है। हमारा जीवन भीतरी ऊर्जा पर निर्भर है। हर मनुष्य में वह ऊर्जा है जिससे हम इस शरीर में रहते हुए भी सूक्ष्म यात्राएँ, काल-यात्रा, एस्ट्रल यात्रा और देवलोकों की यात्रा कर सकते हैं। मेरा मानना है कि भले कोई देवलोक न जाए, चाहे किसी भी धर्म का हो, किसी भी गुण का हो – यदि उसमें आत्म चेतना और भीतरी ऊर्जा है तो वह ऐसी यात्राएँ कर सकता है। जब हम अपने भीतर की प्राण चेतना को जागृत करते हैं तो वह कारण रूप में प्रकट होती है। जब यह कारण रूप जागृत हो जाता है तो बाहरी यात्राएँ सहज हो जाती हैं। हर मनुष्य के तीन रूप होते हैं, लेकिन अधिकांश अपने असली सत्य और रूप से अनजान हैं। आप सब जो यहाँ बैठे हैं, अभी अपने स्थूल शरीर में हैं। जब यह शरीर नष्ट होता है या भीतर से ऊर्जा शरीर बाहर निकलता है तो उसे कारण शरीर कहते हैं। जब यह ऊर्जा, तेजोमय और प्रकाशमान होकर एक बिंदु में सिमट जाती है तो सूक्ष्म शरीर बनता है, जिसे हम दिव्य प्रकाश कह सकते हैं। यह सूक्ष्म ऊर्जा ही हमें बाहरी यात्राएँ कराती है। सरल शब्दों में कहें – जब आप सोते हैं तो स्वप्न देखते हैं। स्वप्न कहाँ से आते हैं? आप बिस्तर पर लेटे हैं, स्वप्न देखते हैं और सुबह याद करते हैं, “मैं स्वप्न में यहाँ गया था।”

ऐसा लगता है जैसे आपने प्रत्यक्ष देखा, प्रत्यक्ष अनुभव किया, प्रत्यक्ष महसूस किया। क्यों? क्योंकि आपकी दिनचर्या की गतिविधियाँ आपकी चेतना में संग्रहित हैं। जब चेतन, अवचेतन और अचेतन मन में संग्रहित होकर आप आँखें बंद करते हैं तो भीतर की ऊर्जा चलने लगती है। जब आँखें खोलते हैं तो यही भीतरी ऊर्जा आँखों से बाहरी संसार देखती है, हमारे वातावरण, संस्कार और संगति के अनुसार अच्छा-बुरा ढूँढती है। फिर शरीर उन इच्छाओं की ओर चल पड़ता है। सोचिए, हमारे शरीर में कौन-सी ऊर्जा 70-80 किलो का शरीर हमारी मंजिलों की ओर खींचती है। हम चलते रहते हैं और इसी से जन्म-मृत्यु का चक्र चलता रहता है, बार-बार मरते-जन्मते हैं, इसी चक्र में फँसे रहते हैं।

यह जीवन चक्र चलता रहता है और हम इसे पूरा मान लेते हैं। लेकिन भाइयो, यह पूरा नहीं है। तुम्हारा असली पूर्णत्व तुम्हारी भीतरी चेतना में, तुम्हारी भीतरी ऊर्जा में है। यदि तुम अपनी अनुपमता को नहीं पहचानोगे तो सांसारिक सफलता भी कभी नहीं पा सकोगे। तुम्हारा असली रूप, तुम्हारा सत्य तुम्हारी भीतरी ऊर्जा है। वही तुम्हारी भीतरी शक्ति है। जब तक तुम इस पारदर्शी शरीर को जागृत नहीं करोगे, सूक्ष्म जगत की यात्रा नहीं कर सकते। सूक्ष्म जगत की यात्रा का पहला चरण है ध्यान। ध्यान के बाद अपनी भीतरी शक्ति को जागृत करो। मैं इस भीतरी ऊर्जा, इस प्रकाश को तुम जो भी नाम देना चाहो दे सकते हो। जब तुम यह भीतरी शक्ति जागृत करोगे तो अपना असली रूप अलग देखोगे, समझोगे – "मैं केवल यह शरीर नहीं हूँ।" हर मनुष्य जीवन में दो-तीन बार इस सत्य को अनुभव करता है। कल्पना करो कोई दुर्घटना हो जाए और एक पल के लिए तुम्हें लगे कि तुम शरीर से अलग हो गए। या कोई डूब रहा हो तो अलगाव का अनुभव होता है। कभी चलते-चलते यह बोध हो जाता है क्योंकि जब शरीर की ऊर्जा विस्फोट करती है तो बाहर बिखर जाती है, लगता है हम निकल गए और फिर शरीर में लौट आए, क्योंकि वह शरीर के ऑरा से बंधी होती है। जब हम इसे समझ जाते हैं तो शरीर छोड़कर देवलोकों की यात्रा कर सकते हैं।

हम सिद्धाश्रम, पाताल लोक, अन्य ग्रहों और पिछले जन्म के अनुभवों तक की यात्रा कर सकते हैं। उदाहरण के लिए, जब आप किसी स्थान पर जाते हैं तो लगता है "मैं इस चट्टान पर पहले भी आया हूँ", "यह पहाड़ मैंने देखा है", "इस व्यक्ति से मैं मिल चुका हूँ"। पहली बार जा रहे हो फिर भी ऐसा क्यों लगता है? तुम्हारी चेतना वहाँ खिंच जाती है।

कभी किसी अनजान व्यक्ति की ओर आकर्षण होता है। क्यों? क्योंकि शरीर नष्ट होता है, आत्मा नहीं। हमारे सनातन धर्म के ग्रंथ इसी ज्ञान से भरे हैं, जिन्हें हम पढ़ते-चिंतन करते हैं लेकिन भीतर नहीं उतारते। बुद्धि में रखते हैं।

श्लोक याद करके, सकारात्मक ऊर्जा महसूस करके हम स्थूल शरीर से सफल होने की कोशिश करते हैं। थोड़ी सफलता मिलती है फिर अंधकार में खिसक जाते हैं। क्यों? जैसे बहती नाली में इत्र डालो तो थोड़ी देर सुगंध रहती है फिर गंदगी में मिल जाती है। इस नश्वर संसार में 80-90% ऊर्जा नकारात्मक है, केवल 15% सकारात्मक। यदि हम बाहर सकारात्मक ऊर्जा ढूँढेंगे तो थोड़ी देर मिलेगी – किसी संत या सिद्ध के पास – लेकिन जैसे ही अपने संसार में लौटेंगे नकारात्मक ऊर्जा स्वाभाविक रूप से घुस आएगी।

क्यों? क्योंकि हम सुख और सुगंध बाहर ढूँढते हैं, जबकि असली सुगंध भीतर है। जैसे फूल तोड़ने पर उसकी सुगंध चली जाती है, वैसे ही आत्मा और भीतरी ऊर्जा से अलग होने पर शरीर की सकारात्मकता चली जाती है। सकारात्मकता में बने रहने के लिए भीतरी ऊर्जा से जुड़े रहना जरूरी है। इसीलिए हम आस क्रिया योग से सिखाते हैं – आत्मा से जुड़ने का सरल तरीका। आस क्रिया योग से जो अपने कर्म और इच्छा जागृत कर लेता है, वह आकाश की ऊँचाइयों को छू लेता है। अब सूक्ष्म यात्रा की बात करते हैं। सबसे पहले रोज "ॐ" का जप करते हुए ध्यान करो। जैसे दो मिनट बिना साँस के नहीं जी सकते, खाना खाना स्वाभाविक लगता है, वैसे ही इस ऊर्जा को जागृत करना बोझ नहीं होना चाहिए। रोज सुबह-शाम 10, 15 या 20 मिनट ध्यान करो जब तक ध्यान की अवस्था महसूस न हो। कुछ समय बाद हृदय में सुई की नोक जितना छोटा सा चिंगारी महसूस होगा, प्रकाश फैलाता हुआ। धीरे-धीरे यह प्रकाश बढ़ेगा, हृदय तक आएगा फिर मन तक, उसकी तरंगों को छुएगा। जब मन की तरंगें और आत्म चेतना मिलेंगी, जैसे गंगा-यमुना का संगम जिसे सबसे पवित्र स्थान माना जाता है, तब तुम्हारे जीवन का असली आरंभ होगा। इसके बिना तुम अंधकार में जी रहे हो, केवल 70-80 किलो का शरीर ढो रहे हो और जीवन व्यर्थ है। यही हमारा असली सत्य है, यही हमारा असली रूप है। जब मन की तरंगें और आत्म चेतना मिलती हैं तो शरीर में एक नई ऊर्जा बहने लगती है – एक अवर्णनीय प्रकाश और ऊर्जा। यह कहने की चीज नहीं, अनुभव करने की है, परम आनंद की अवस्था जो सबके लिए है। इसके बाद मैं व्यावहारिक विधि बताऊँगा। साँस के पीछे सूक्ष्म नाड़ियों – पिंगला

और सुषुम्ना – से जब तुम इन पतली झिल्लियों को पार करके ऊपर जाते हो तो ब्रह्म तत्त्व जागृत होता है। कंठ में जहाँ सरस्वती निवास करती हैं, वहाँ ब्रह्म का अनुभव होता है – सृष्टिकर्ता ब्रह्म नहीं, प्राण चेतना का ब्रह्म। कभी-कभी ब्रह्म का रूप भी दिख जाता है। फिर तुम मुँह से बाहर निकल सकते हो, शरीर अचेतन अवस्था में छोड़कर, उसके सामने खड़े होकर। तुम्हें अपार शांति, भारहीनता और अनंत ऊर्जा का अनुभव होगा। वहाँ से अपनी यात्रा शुरू करो। यदि तुमने दसों प्राण जागृत कर लिए या एक भी, तो तुम विश्व के महान सम्राट बन जाते हो। इस सूक्ष्म पारदर्शी शरीर में तुम्हारा मन और चेतना चलेगा, आकाश की परतों को पार करेगा, ग्रहों पर जाएगा, अन्य आत्माओं से मिलेगा।

ब्रह्मांड की अंतिम परत पर एक मोटी चट्टान जैसी रुकावट मिलेगी। उसे पार करने पर तुम उस दिव्य जगत में पहुँचोगे जहाँ से आत्माएँ आती हैं। वहाँ कई रास्ते और चट्टानें होंगी। गणेश लोक के बारे में आपने पूछा था, मैं अपना अनुभव बताता हूँ। गणेशजी शिवलोक में पार्वती, शिव या कार्तिकेय के साथ परिवार में नहीं रहते। उनका असली रूप दिव्य जगत में दुर्गा लोक के ऊपर, सप्तऋषियों के निवास के पास है।

किसी दिन ब्लैकबोर्ड पर दिव्य लोकों का नक्शा बनाकर समझाऊँगा। पहली बात – गणेशजी का सूँड़ नहीं होता। वे अनादि हैं, दुर्गा से भी पहले के। उनका लोक सप्तऋषियों के पास है जहाँ काल बहता है और स्वस्तिक चक्र अनोखा प्रकाश बिखेरता है। उनका लोक सृष्टि का रहस्य लिए हुए है, प्रकाश से भरा हुआ, फोटो वाला गणेश नहीं बल्कि नीले-लाल प्रकाश का रूप। कभी उन्हें चलते देखोगे, कभी बैठे, कभी दिखते ही नहीं क्योंकि दिव्य जगत गतिशील है। यदि रोज ध्यान में एक ही चीज दिखे तो वह कल्पना है, सच्ची सूक्ष्म यात्रा नहीं। जैसे एक दिन कोई गाड़ी आपके सामने से गुजरे, अगले दिन उसी समय नहीं गुजरेगी, वैसे ही सूक्ष्म यात्रा में रोज नया अनुभव होता है। गणेश लोक में कभी तुम उनमें विलीन हो जाओगे या वे तुममें। कभी योगमाया के दर्शन होंगे, फिर विभिन्न लोकों से होते हुए लौटोगे। एक महीन चेतना का धागा जोड़ता-तोड़ता है, वापस लाता है। जब सांसारिक चेतना में आँखें खोलोगे तो दिव्य यात्रा याद रहेगी, ऐसा आनंद मिलेगा जो इस सौर मंडल में किसी को नहीं मिलता।

जो लोग सुख का दावा करते हैं, वे अक्सर दिखावा करते हैं। सच्चा आनंद कहा नहीं जाता, अनुभव किया जाता है। यही कारण है कि 84 लाख योनियाँ पार करके हमें मनुष्य शरीर

मिलता है। हर मनुष्य एक घूमता-फिरता देवता है। जब तुम अपनी भीतरी शक्तियों को जागृत करोगे तो सारे देवता भीतर ही दिखेंगे। यह शरीर अनमोल है।

गणेश लोक की यात्रा – २

सबसे पहले स्पष्ट कर दूँ – भगवान गणेशजी का सूँड़ नहीं होता, जैसा आम धारणा है। लोग अक्सर स्थूल शरीर के पीछे भागते हैं, पर उन्हें यह समझ नहीं आता कि हमारे भीतर की ऊर्जा – आंतरिक ऊर्जा, आत्म चेतना – ही इस शरीर को चलाती है। शरीर अपने आप नहीं चलता; आत्म चेतना, प्राण शक्ति, उच्च बुद्धि और भीतरी शक्तियाँ ही हमारे भीतर कंपन पैदा करती हैं, जिससे शरीर कार्य करता है। यही हमारा असली सत्य और अनुपमता है। चाहे कोई धनी हो या निर्धन, विद्वान हो या अनपढ़ – ये सब बाहरी गुण हैं। लेकिन सारी बाहरी उपलब्धियाँ हमारी भीतरी ऊर्जा से ही मिलती हैं। हमारी पहचान इन भीतरी शक्तियों से बनती है।

यदि शिक्षा से अच्छी नौकरी मिली तो वह तुम्हारी भीतरी लगन से मिली, बाहरी प्रयास से नहीं। बाहरी शरीर केवल एक यंत्र है, पर लोग इसे ही सब कुछ मान बैठते हैं। यही हमारे जीवन का सबसे बड़ा भ्रम है। हमारा जीवन भीतरी ऊर्जा पर निर्भर है। इसी तरह हर जीव में वह ऊर्जा है जो इस शरीर में रहते हुए भी हमें सूक्ष्म यात्राएँ, काल-यात्रा (एस्ट्रल ट्रैवल) और देवलोकों की यात्रा करने की क्षमता देती है।

मेरा मानना है कि भले कोई देवलोक न जाए, चाहे किसी भी धर्म या गुण का हो – उससे कोई फर्क नहीं पड़ता। यदि उसमें आत्म चेतना और भीतरी ऊर्जा है तो वह ऐसी यात्राएँ कर सकता है। हमारे भीतर की वह ऊर्जा जिसे हम प्राण चेतना कहते हैं, जब जागृत होती है तो कारण रूप में प्रकट होती है। जब हम इस कारण रूप को जागृत कर लेते हैं तो बाहरी यात्राएँ सहज हो जाती हैं। हर मनुष्य के तीन रूप होते हैं, पर अधिकांश अपने असली सत्य और रूप से अनभिज्ञ हैं। जैसे आप सब यहाँ बैठे हैं, अभी अपने स्थूल शरीर में हैं। जब यह शरीर नष्ट होता है या भीतर की ऊर्जा का रूप बाहर निकलता है तो उसे कारण शरीर कहते हैं। जब यह ऊर्जा रूप तेजोमय और प्रकाशमान होकर छोटे रूप में सिमट जाता है तो सूक्ष्म शरीर बनता है, जिसे हम दिव्य प्रकाश कह सकते हैं। यही सूक्ष्म ऊर्जा हमें बाहरी यात्राएँ कराती है। सरल शब्दों में कहें – जब आप सोते हैं तो स्वप्न देखते हैं। स्वप्न क्या हैं? कहाँ

से आते हैं? आप बिस्तर पर लेटे हैं, स्वप्न देखते हैं और सुबह याद करते हैं, "मैं स्वप्न में वहाँ गया था।" ऐसा लगता है जैसे प्रत्यक्ष अनुभव किया। क्यों? क्योंकि दिन की गतिविधियाँ और दिनचर्या तुम्हारी चेतन, अवचेतन और अचेतन मन में समा जाती हैं। जब आँखें बंद करते हो तो शरीर के भीतर की ऊर्जा भीतर ही चलने लगती है।

जब आँखें खोलते हो तो यही भीतरी ऊर्जा आँखों से बाहरी संसार देखती है। वातावरण, संस्कार और संगति के अनुसार अच्छा-बुरा चुनती है और इच्छाओं की ओर शरीर को ले जाती है। सोचो, हमारे शरीर में कौन-सी ऊर्जा 70-80 किलो के ढांचे को खींचकर आगे ले जाती है। हम चलते रहते हैं और इसी तरह जन्म-मृत्यु के चक्र में फँसे रहते हैं। बार-बार मरते हैं, बार-बार जन्म लेते हैं, बार-बार मृत्यु अनुभव करते हैं और नया जन्म लेते हैं। यह जीवन चक्र चलता रहता है और हम इसे पूरा मान लेते हैं।

भाइयो, यह पूरा नहीं है। तुम्हारा असली पूर्णत्व तुम्हारी भीतरी चेतना में, तुम्हारी भीतरी ऊर्जा में है। यदि तुम अपनी अनुपमता को नहीं पहचानोगे तो सांसारिक सफलता भी कभी नहीं पा सकोगे। तुम्हारा असली सार, तुम्हारा सत्य तुम्हारी भीतरी ऊर्जा है, तुम्हारी भीतरी शक्ति है।

गणेश लोक की यात्रा – ३

जब तक तुम शरीर की पारदर्शिता को जागृत नहीं करोगे, सूक्ष्म जगत की यात्रा नहीं कर सकते। इसलिए सूक्ष्म जगत की यात्रा का पहला मार्ग है ध्यान पर केंद्रित होना। ध्यान की विधियाँ करने के बाद अपनी भीतरी शक्ति को जागृत करो। मैं इस ऊर्जा को जागृत करने की शक्ति की बात कर रहा हूँ, इसे भीतरी ऊर्जा, प्रकाश या चेतना कह लो।

जब तुम भीतरी शक्ति जागृत करोगे तो अपना असली सत्य अलग रूप में देखोगे, समझोगे – "मैं शरीर हूँ, लेकिन मेरे भीतर का शरीर अलग है।" हर मनुष्य जीवन में दो-तीन बार इस बोध को अनुभव करता है। कल्पना करो किसी का एक्सीडेंट हो जाए; एक पल को लगता है जैसे शरीर से अलग हो गए।

डूबते समय अलगाव महसूस होता है, या कभी चलते-चलते अचानक यह बोध हो जाता है। कभी शरीर की ऊर्जा विस्फोट करती है तो बाहर बिखर जाती है, लगता है हम बाहर निकल गए और फिर भीतर समा गए, क्योंकि वह शरीर के ऑरा से बंधी होती है। जब हम इसे समझ जाते हैं तो शरीर को पार करके देवलोक, सिद्धाश्रम, पाताल लोक या अन्य ग्रहों की यात्रा कर सकते हैं। पिछले जन्मों की स्मृतियाँ भी जागृत कर सकते हैं। जैसे किसी स्थान पर जाते हो तो लगता है "इस चट्टान पर मैं पहले भी आया हूँ", "यह पहाड़ मैंने देखा है या इस व्यक्ति से मिला हूँ"। पहली बार जा रहे हो फिर भी ऐसा क्यों लगता है?

तुम्हारी चेतना वहाँ खिंच जाती है। कभी किसी अनजान व्यक्ति की ओर आकर्षण होता है। क्यों? शरीर नष्ट होता है, आत्मा नहीं। हमारे प्राचीन शास्त्र इसी ज्ञान से भरे हैं, जिन्हें हम पढ़ते-चिंतन करते हैं लेकिन चेतना में नहीं उतारते, केवल बुद्धि में रखते हैं। श्लोक रटकर, सकारात्मक ऊर्जा महसूस करके हम अपने सांसारिक शरीर को सफल बनाने की कोशिश करते हैं, थोड़ी सफलता मिलती है फिर अंधकार में खिसक जाते हैं। क्यों? जैसे बहती नाली में इत्र डालो तो थोड़ी देर सुगंध रहती है फिर गंदगी में विलीन हो जाती है। इस नश्वर संसार में 80-90% ऊर्जा नकारात्मक है, केवल 15% सकारात्मक। बाहर सकारात्मक ऊर्जा ढूँढने से सीमित दायरे में ही मिलती है – किसी संत के सत्संग में या सिद्ध पुरुष के पास जहाँ उनकी दिव्य कृपा से छोटा सा क्षेत्र सकारात्मक हो जाता है। जैसे ही अपने संसार में लौटते हैं नकारात्मक ऊर्जा स्वाभाविक रूप से घुस आती है क्योंकि हम

सुख और सुगंध बाहर ढूँढते हैं, जबकि असली सुगंध भीतर है। जैसे पौधे से फूल तोड़ने पर सुगंध चली जाती है, जड़, चेतना और प्रकृति से जुड़ा फूल सुगंधित रहता है। वैसे ही शरीर को आत्मा और भीतरी ऊर्जा से जुड़ा रहना चाहिए ताकि सकारात्मक सुगंध बनी रहे। इसलिए हमें सदा अपनी भीतरी ऊर्जा और शक्तियों से जुड़े रहना चाहिए। इसे सरल बनाने के लिए हम आस क्रिया योग से लोगों को सिखाते हैं। आस क्रिया योग से आत्मा से जुड़कर, आकाश की ऊँचाइयों को छूकर, महान आध्यात्मिक ऊँचाइयाँ प्राप्त की जा सकती हैं।

सूक्ष्म यात्रा के लिए रोज "ॐ" पर ध्यान करते हुए शुरू करो। जैसे दो मिनट साँस रोककर नहीं जी सकते, शरीर से अलग होते ही मृत्यु हो जाती है। साँस लेना-खाना बोझ नहीं लगता तो इस ऊर्जा को जागृत करने के लिए समय क्यों नहीं निकाल सकते? रोज 10, 15 या 20 मिनट ध्यान करो जब तक इसका प्रभाव अनुभव न हो और भीतरी शक्तियाँ जागृत न हों। कुछ समय बाद हृदय में सुई की नोक जितनी छोटी चिंगारी महसूस होगी, प्रकाश फैलाती हुई।

धीरे-धीरे यह प्रकाश बढ़ेगा, हृदय के केंद्र तक आएगा फिर मन तक, उसकी तरंगों को छुएगा। जब मन की तरंगें और आत्म चेतना मिलेंगी तो जैसे गंगा-यमुना का संगम सबसे पवित्र स्थान माना जाता है, वैसे ही हमारे असली जीवन का आरंभ होगा।

गणेश लोक की यात्रा – ४

जब तक यह बोध नहीं होता तब तक तुम अंधकार में जी रहे हो। तुम्हारा जीवन व्यर्थ है। केवल साँस ले रहे हो, 70-80 किलो का शरीर ढो रहे हो और कुछ नहीं। यही हमारे अस्तित्व का सत्य है, यही हमारा असली सार है। जब मन की तरंगें और आत्म चेतना मिलती हैं तो बोध होता है।

शरीर में एक नई ऊर्जा बहेगी, एक तरंग, एक ऊर्जा, एक अनोखा प्रकाश जिसका मैं वर्णन नहीं कर सकता। यह कहने की चीज नहीं, अनुभव करने की है। आप सबके लिए सम्राट का पद इंतजार कर रहा है, आप प्राप्त कर सकते हो। बाद में मैं व्यावहारिक विधि बताऊँगा इस यात्रा पर जाने की। जब तुम साँस की नाड़ियों में सूक्ष्म झिल्लियों के पीछे –

गिंगला, सुषुम्ना और आधार से – ऊपर की ओर जाते हो तो ब्रह्म तत्त्व जागृत होता है। कंठ में जहाँ माँ सरस्वती निवास करती हैं, वहाँ ब्रह्म का अनुभव होता है – सृष्टिकर्ता ब्रह्म नहीं, चेतना का ब्रह्म। कभी-कभी ब्रह्म जैसे रूप भी दिख जाते हैं। फिर तुम मुँह से बाहर निकल सकते हो, शरीर अचेतन अवस्था में चला जाता है। तुम अपने ही शरीर के सामने खड़े होकर अलग महसूस करते हो। अपार शांति, भारहीनता और अनंत ऊर्जा का अनुभव होता है। वहाँ से तुम्हारी यात्रा शुरू होती है। यदि तुमने बहुत-सी ऊर्जाएँ, खासकर दस प्राण ठीक से जागृत कर लिए हों, तो एक प्राण भी जागृत करने से तुम विश्व के महान सम्राट बन जाते हो। सूक्ष्म यात्रा का अनुभव होता है, जैसे कोई पक्षी थोड़ी दूरी उड़ता है। इस सूक्ष्म रूप में तुम्हारी मन तरंगें और चेतना चलती हैं, आकाश की परतों को पार करती हैं। तुम अनेक ग्रहों से गुजरोगे, विभिन्न आत्माओं से मिलोगे। और ऊपर जाते हुए ब्रह्मांड की अंतिम परत पर एक विशाल चट्टान मिलेगी। उसमें प्रवेश करने पर तुम देवलोक पहुँचोगे, जहाँ से आत्माएँ आती हैं।

वहाँ कई रास्ते और चट्टानें होंगी। गणेश लोक के बारे में पूछा था तो मैं अपना अनुभव बताता हूँ। अनंत लोक हैं, मैं अपनी सिद्धि से कह रहा हूँ। गणेश लोक में तुम उन्हें परिवार के साथ मंगल रूप में नहीं पाओगे – शिवजी, माता पार्वती और कार्तिकेय के साथ। भगवान गणेश का असली रूप दिव्य जगत में दुर्गा लोक से भी ऊपर, सप्तऋषियों के निवास के पास है।

किसी दिन ब्लैकबोर्ड पर दिव्य लोकों का नक्शा बनाकर समझाऊँगा ताकि सरलता से समझ आए और भीतर गहराई से अनुभव हो। पहले जान लो कि उस लोक में गणेशजी का सूँड़ नहीं होता। वे अनादि हैं, माँ दुर्गा से भी पहले के। उनका लोक सप्तऋषियों के पास है जहाँ काल का प्रवाह है। वहाँ स्वस्तिक चक्र का अनोखा प्रकाश दिखेगा जो सृष्टि का गहन रहस्य छिपाए हुए है। वह प्रकाश से भरा लोक है, फोटो वाला गणेश नहीं बल्कि नीले-लाल प्रकाश का दर्शन। कभी उन्हें चलते देखोगे, कभी बैठे, कभी दिखते ही नहीं क्योंकि दिव्य जगत स्थिर नहीं होता। यदि ध्यान में रोज एक ही चीज दिखे तो वह कल्पना है, सच्चा ध्यान या वास्तविक यात्रा नहीं। जैसे रोज एक ही समय पर एक ही गाड़ी नहीं गुजरती, वैसे ही सूक्ष्म यात्रा में हर दिन अलग दर्शन और बोध होते हैं।

कभी भगवान गणेश तुममें विलीन हो जाएँगे या तुम उनमें। कभी योगमाया का दर्शन होगा। धीरे-धीरे विभिन्न लोकों से होते हुए लौटोगे, मन दृष्टि का सूक्ष्म धागा टूटता-जुड़ता रहेगा। दिव्य शक्ति या पैदल चलकर फिर शरीर में प्रवेश करोगे। जब सांसारिक चेतना में आँखें खोलोगे तो पूरा दिव्य लोक यात्रा का स्मरण रहेगा और ऐसा आनंद मिलेगा कि शायद इस सौर मंडल में तुम अकेले ही ऐसे आनंद में हो।

जो आनंद का दावा करते हैं, वे सिर्फ डींग हाँकते हैं। सच्चा आनंद न कहा जाता है न दावा किया जाता है; अनुभव किया जाता है। जीवन में इससे बड़ा सुख कोई नहीं। इसी अनुभव के लिए हम 84 लाख योनियाँ पार करके यह मनुष्य शरीर पाते हैं।

योगीजी का निर्देशित ध्यान और कृष्ण लोक

भगवान श्रीकृष्ण – १

भगवान श्रीकृष्ण का अनुभव हम कैसे करें? हर मनुष्य के भीतर पूरा ब्रह्मांडीय ऊर्जा समाई हुई है। 84 लाख योनियों में मनुष्य योनि सबसे ऊँची मानी गई है, यह शरीर हमने प्राप्त किया है। इस ब्रह्मांड में कोई ऐसी ऊर्जा, शक्ति या बल नहीं जिसे हम प्राप्त न कर सकें। मनुष्य होने के नाते गुरु कृपा और ईश्वर कृपा से हम परमात्मा को भी प्राप्त और अनुभव कर सकते हैं।

आप सब जानते हैं, हम लगातार पिछले समय से सीखते आ रहे हैं – हम शरीर नहीं हैं, हम आत्मा हैं और इस शरीर को धारण किया है। ध्यान साधना और ऊर्जा में सदा आत्म ऊर्जा पर चिंतन-मनन करें। आत्मा के माध्यम से परमात्मा को कैसे प्राप्त करें? परमात्मा को ढूँढना नहीं है, अनुभव करना है। जब आप ध्यान और साधना करते हैं तो आपके भीतर आत्मा के साथ-साथ विराजमान परमात्मा का साक्षात्कार होता है। हमारा जीवन क्या है? हम जन्म क्यों लेते हैं? थोड़े समय बाद मृत्यु आ जाती है। बीच में क्या प्रयोजन है? हमारे जीवन का प्रयोजन क्या है? क्या परमात्मा ने हमें किसी विशेष ऊर्जा के लिए जन्म दिया है या बस इस संसार में रहें, खाएँ-पिएँ, कमाएँ, सोएँ, चलें और एक दिन मृत्यु को गले लगा लें? बीच का यह जीवन चक्र…

इसे हमें जानना है, समझना है, अनुभव करना है। मैं शरीर नहीं हूँ, मैं आत्मा हूँ। मैंने यह शरीर धारण किया है और हमें सदा अपने को शरीर से थोड़ा अलग ही देखना चाहिए। हमें परमात्मा की प्राप्ति, उस दिव्य प्रकाश, उस ऊर्जा का अनुभव करना चाहिए। दर्शन के लिए कठिन तप-तपस्या करने की बजाय सही तरीके से साधना का मार्ग ढूँढना चाहिए। ध्यान साधना से आप उनका अनुभव और दर्शन कर सकते हैं, अपना वर्तमान जीवन सफल बना सकते हैं। आपका आज ही आपका भविष्य है। भविष्य के लिए जो सोचते-, योजना बनाते हैं, वह समय के साथ बीत जाता है। इसलिए हमें वर्तमान पर ध्यान देना है और इसे सुंदर बनाना है, आपका जीवन अद्भुत हो जाएगा। आत्मा का प्रकाश हम कैसे अनुभव करें? कैसे देखें कि हम शरीर नहीं, आत्मा हैं? यह आत्मा-समान ऊर्जा, यह आत्मा-समान प्रकाश हमारे शरीर में कहाँ है और कैसे अनुभव करें? अनुभव करने के लिए हमने ध्यान से साधना की। उससे पहले हमने बताया कि इस मनुष्य शरीर को प्राप्त करने पर हमारे तीन अवस्थाएँ हैं – सूक्ष्म शरीर, कारण शरीर और स्थूल शरीर। हमारी वर्तमान साधना के पहले भाग में हमने मन और बुद्धि की ऊर्जा को हृदय के पास लाकर उस बिंदु-समान प्रकाश का अनुभव करने की कोशिश की। अब जैसे-जैसे हम उस प्रकाश का अनुभव करते हैं, हमारे शरीर में 72,720,720 मांसपेशियाँ, न्यूरॉन्स, अंग, कोशिकाएँ और उन सबमें छोटी-छोटी कोशिकाएँ और ऊर्जाएँ हैं। जब हम गहरे ध्यान में जाते हैं तो उन सभी कोशिकाओं में सूक्ष्म कणों के रूप में ऊर्जा उत्पन्न होती है। जितना गहरा और एकाग्र ध्यान करेंगे, उतना ही अधिक अनुभव होगा। ध्यान कोई शॉर्टकट नहीं है। यह सकारात्मक ऊर्जा का घटित होना है। जितना सही अभ्यास करेंगे, उतना ही अधिक प्राप्त करेंगे। अभ्यास से, ध्यान से हम सकारात्मक ऊर्जा, आशीर्वाद, प्रार्थना, दिव्य ऊर्जा प्राप्त कर सकते हैं। हम आपके लिए प्रार्थना कर सकते हैं कि आप इसे प्राप्त करें और अनुभव करें, मार्गदर्शन से आपको कुछ ऊर्जा का अनुभव कराने की कोशिश कर सकते हैं। लेकिन आपको स्वयं ही ठीक से करना होगा। यदि समझ न आए तो चलिए आगे बढ़ते हैं। जैसे-जैसे आप अभ्यास और मार्गदर्शन का पालन करेंगे, आपकी साधना आगे बढ़ेगी। पीठ सीधी रखकर, रीढ़ सीधी रखकर बैठिए, मानसिक रूप से पूरी तरह तैयार रहिए। ध्यान की ऊर्जा हमारे स्मृति में ब्रहमांड के समान हमारे मन में निवास करती है। हमारे मन में ब्रहमांड की सारी सकारात्मक ऊर्जा मौजूद है। संकल्प लाएँ कि मन, चेतना, बुद्धि, संस्कार, दस इंद्रियाँ, दस प्राण और सारी ऊर्जाएँ जागृत हों और सक्रिय हों।

जैसे ही हम यह संकल्प लाते हैं, मन सक्रिय होता है, विचारों और चेतना की ऊर्जा सक्रिय हो जाती है। पीठ सीधी रखें, कंधे थोड़े ढीले, भीतरी शक्ति से सतर्क रहें और दो बार ॐ बोलें। तीसरे ॐ पर हम ध्यान की गहराई में प्रवेश करेंगे।

तीसरे ॐ पर हम ध्यान में प्रवेश करेंगे।

मन पूरी तरह शांत है। मन में आने-जाने वाले विभिन्न विचार शांत हो रहे हैं। जिनके इंद्रिय-जनित विचार बहुत हैं और एकाग्रता कम है, वे अपने विचारों को दो भागों में बाँट दें – बाहरी और भीतरी। बाहरी विचार जो सांसारिक कार्यों, दिनचर्या और इंद्रियों के संदेशों से संबंधित हैं...

उन विचारों को छोड़ दें और उनकी कुछ तरंगों को पकड़कर मन में प्रवेश करें। मन में प्रकाश-समान ऊर्जा, तरंग-समान प्रकाश एकत्रित हो रहा है। मन के केंद्र में प्रकाश ऊर्जा का प्रवाह अनुभव करें। इसे भारी संवेदना, बिंदु-समान, तरंग या तेजोमय प्रकाश की गति के रूप में महसूस करने की कोशिश करें। मन के केंद्र में ही इसे अनुभव करें।

भगवान श्रीकृष्ण – २

केवल एक ही लक्ष्य है – शांति। दिन-रात शांत और मौन रहो। उससे धनी, उससे शक्तिशाली, उससे ऊर्जावान कोई नहीं। दुनिया की सारी दौलत भी उस आनंद को खरीद नहीं सकती, कहीं से प्राप्त नहीं कर सकती। यह धन, यह ऊर्जा अनुशासित साधना से, गुरुओं और प्राचीन ऋषियों के मार्ग पर चलकर आती है। परमात्मा द्वारा दिए गए ज्ञान मार्ग पर चलकर इसे वर्तमान में ही अनुभव और प्राप्त किया जा सकता है। आइए 15-20 मिनट का ध्यान करें। हम सब जानते हैं कि मन हमारे मस्तिष्क में रहता है।

मेरे अपने शोध के अनुसार, दाहिने कान के ऊपर नर्वस सिस्टम में कुछ विशेष कोशिकाएँ हैं जो सोचने-समझने की ऊर्जा प्रदान करती हैं। पीछे अवचेतन मन है, और जब चेतन मन उसे पढ़ता है तो उसे ट्रांसफर करता है। जब हम चेतन से पराचेतन की ओर जाते हैं तो हर मनुष्य अपने पिछले जन्म देख सकता है, स्मृतियाँ याद कर सकता है। पिछले जन्मों में हम कैसे थे? क्या थे? कहाँ थे? इस आत्मा की यात्रा कहाँ से शुरू हुई और कैसे चली? हर

मनुष्य स्वयं इसे देख सकता है, किसी पर निर्भर नहीं रहना पड़ता। जो हमारे सुबह-शाम के ऑनलाइन क्लास में जुड़ते हैं या आश्रम में ऑफलाइन आते हैं, वे अच्छी तरह जानते हैं कि हमारे भीतर कौन-सी कोशिकाएँ और कण हमें इस ऊर्जा का अनुभव कराते हैं। बहुत सूक्ष्म नर्वस सिस्टम और इंद्रियाँ हैं। विज्ञान भी इलेक्ट्रॉन, प्रोटॉन, क्वांटम थ्योरी जैसी चीजों को मानता है जो दिखती नहीं लेकिन हैं। जितना गहराई में जाते हैं, मन और बुद्धि में कोई अंतर नहीं रहता। हर कण में भी नैनो पार्टिकल्स हैं। इन्हें शब्दों में नहीं कहा जा सकता, और उन नैनो पार्टिकल्स में ईश्वर की ऊर्जा, ब्रह्म का दिव्य प्रकाश समाया है जिसका आप अनुभव और दर्शन कर सकते हैं। आश्चर्य की बात यह है कि यह अनंत ऊर्जा का कोई अंत नहीं – जितना आगे जाओ, कम ही पड़ता है। सांसारिक उदाहरण के लिए, जिसने सायनाइड को छुआ उसने कभी उसका स्वाद नहीं बता सका। जिसने टरबाइन के पास जाकर देखा, वह उसमें समा गया। वैसे ही जिसने ब्रह्म का दिव्य प्रकाश अनुभव किया, वह उसमें विलीन हो गया और फिर बता नहीं सका। प्राण फ्रैगमेंटेशन से, प्राचीन ऋषि-संत-गुरुओं द्वारा दिए गए दिव्य ज्ञान से हम इसे सरल भाषा में अनुभव और बता सकते हैं। यह किताब से पढ़ी हुई बात नहीं है। यह अनुभव है, साक्षात्कार है। हमारे जीवन का निन्यानबे प्रतिशत अनुभव पर ही चलता है। खाना खाने का उदाहरण लो – स्वाद दिखता नहीं, महसूस होता है। दुख आए तो पीड़ा महसूस होती है, चोट लगे तो दर्द होता है। ठीक हो तो सुख महसूस होता है। जीवन का आनंद महसूस होता है। कर्म और प्रतिक्रिया महसूस होती है। साँस, जीवनदायिनी शक्ति, हमें जीवित रखने वाली जीवन ऊर्जा – यही प्रत्यक्ष प्रमाण है: "मैं जीवित हूँ, मैं साँस ले रहा हूँ।" साँस दिखाने की चीज नहीं, अनुभव करने की है। इसी तरह आत्मा का प्रकाश, मन-बुद्धि-संस्कार की ऊर्जा और परमात्मा की दिव्य ऊर्जा अनुभव की बातें हैं। उस अनुभव में जो आनंद और सुख मिलता है, उसे शब्दों में नहीं कहा जा सकता। कोई बता नहीं सकता। कभी-कभी भक्ति मार्ग में करुणा के आँसू बहते हैं, रोना आता है, पीड़ा होती है, बाधाएँ आती हैं।

क्या कहें? ईश्वर भीतर ही है। भीतर से जो प्रेरणा उठती है, जो ऊर्जा और इंद्रियाँ जागृत होती हैं, वही सारे भाव दिखाती हैं। जिस मार्ग से भी चलो, अंतिम गंतव्य एक ही है – परम तत्त्व। उसके नीचे धागे हैं, भेद हैं, तरंगें हैं, संतों के चरण-चिह्न हैं, सप्तऋषियों का मार्ग है। मार्ग कोई भी हो, परमात्मा के अनुभव का अंतिम विश्राम स्थल एक था, एक है और एक ही रहेगा। लोग कितने भी ढांचे या विचार बनाएँ, अंतिम सत्य एक ही है। गंगोत्री में

गंगा का उद्गम एक ही स्थान है, फिर वह बाहर फैलती है। अलग-अलग रूपों, दिशाओं, ढांचों और विचारों में व्यक्त होती है। हम अपनी पिछली चेतना का अनुसरण करते हैं।

हमारी पिछली ऊर्जा, मन की स्मृति हमारे लिए जो अच्छा लगता है, उसके साथ जुड़ जाती है। फिर लगता है यही सब कुछ है, और कुछ है ही नहीं क्योंकि हमारी चेतना पिछले या बचपन से बंधी होती है। कुछ शब्द, कुछ ज्ञान या शास्त्रों के वचन मन और मस्तिष्क में संग्रहित हो जाते हैं। फिर चेतन और अवचेतन मिलकर काम करते हैं, हमारे न्यूरॉन्स, अंगों और नर्वस सिस्टम में जगह बनाते हैं। वह स्मृति हमारी कोशिकाओं में रहती है, हमें कुछ ऊर्जा देती है और उस ऊर्जा से हमें आनंद, साक्षात्कार और सुख का अनुभव होता है। लगता है यही मार्ग है। वास्तव में यदि कोई किसी संप्रदाय में नहीं है, किसी गुरु का अनुसरण नहीं करता, कहीं जाता भी नहीं, तब भी प्राप्त कर सकता है। क्योंकि हर मनुष्य में ब्रह्म की ऊर्जा स्थापित है। उसे जागृत और अनुभव करना है। संचित आनंद की ऊर्जा हमारे भीतर ही है। जितना सत्संग, ध्यान और ज्ञान में लगेंगे, उतना ही प्राप्त करेंगे। यह भी सत्य है कि हम कई जन्मों से साधना कर रहे हैं, फिर भी प्राप्त नहीं हुआ। उचित साक्षात्कार नहीं हुआ। यदि होता तो आज हम मुक्त होते। यह उदाहरण नहीं, कड़वा सत्य है। कब और कैसे प्राप्त होगा? पता नहीं। मेरे परम पूज्य दादा गुरुदेव सदा कहते हैं, "बेटा, मनुष्य चाहे तो इसी क्षण, दो क्षण में आत्म-साक्षात्कार कर सकता है।" ब्रह्म साक्षात्कार का कोई निश्चित समय नहीं। यह एक घटना है। वह ऊर्जा किसी भी समय विस्फोट कर सकती है, किसी भी समय जागृत हो सकती है और हम दो पल में प्राप्त कर सकते हैं। आपने राजा जनक का नाम सुना होगा। अनेक राजाओं में एक जनक नाम के राजा थे।

राजा जनक को विदेह कहा जाता था, अर्थात जिन्हें शरीर का भान नहीं, इस भौतिक रूप का कोई बोध नहीं। उन्हें राजा विदेह कहा जाता था। राजा-महाराजा सदा तपस्वी अवतार होते हैं। संत सदा तपस्वी होते हैं। संतों का पद राजाओं से ऊपर होता है। राजा जनक रोज सत्संग करते थे। उनके दरबार में बड़े-बड़े पंडित और बुद्धिजीवी बैठते थे, सत्संग होता था। छोटा सा उदाहरण देता हूँ। रोज बड़े-बड़े विद्वान उनके दरबार में शास्त्रार्थ करने आते थे। जो ज्ञान में जीतता, उसे आभूषण, सोना और अन्य जरूरत की चीजें दी जाती थीं। एक महान पंडित था बंदी, जिसे कोई हरा नहीं सका। अष्टावक्र आठ या बारह साल का बालक

था, आठ अंग टेढ़े होने से जन्म से ऐसा था। जब वह माँ के गर्भ में था, तब उसके पिता महान पंडित थे, आर्थिक स्थिति ठीक नहीं थी, इसलिए बंदी से शास्त्रार्थ करने गए।

गए तो हार गए और जल-समाधि की सजा मिली। अष्टावक्र मामा के घर बड़ा हुआ और गोद में बैठे-बैठे पिता के बारे में जाना। संक्षेप में बता रहा हूँ क्योंकि यह कथा नहीं, साधना की बात है। जब अष्टावक्र बड़ा हुआ तो बोला कि वह शास्त्रार्थ करेगा और इस पंडित को हराएगा। बचपन से ही उसे आत्म-साक्षात्कार का ज्ञान था, गर्भ में ही उसने पिता के मंत्र उच्चारण को गलत कहकर सुधारा था।

जब अष्टावक्र जनक के दरबार में पहुँचा तो द्वारपालों ने उसके टेढ़े अंगों के कारण रोक लिया। तेजस्वी ललाट वाला वह बोला कि वह शास्त्रार्थ करना चाहता है। बीस-पच्चीस राजा, पंडित और लोग मौजूद थे, सब जोर से हँसे कि यह बालक कैसे शास्त्रार्थ करेगा। जब सब शांत हुए तो अष्टावक्र भी हँसा। शांत जनक ने पूछा, "ब्राह्मण बालक, इन पंडितों ने हँसा, मुझे समझ आया क्यों। लेकिन तुमने क्यों हँसा? तुम्हारा प्रयोजन क्या था?" अष्टावक्र ने कहा, "महाराज, मैं आठ अंगों वाला टेढ़ा बालक आगे आया। यदि ये पंडित मेरे टेढ़े अंगों और फटे वस्त्रों पर हँस रहे हैं तो ये पंडित कैसे हैं? जो चमड़ी देखकर निर्णय करते हैं, वे कौन हैं?

उसने कहा, "यह मूर्खों का समूह है।" सब क्रोधित हो गए, तलवारें निकालीं, अहंकार से खड़े हो गए कि यह करेंगे-वह करेंगे। अष्टावक्र ने कहा, "मेरे टेढ़े अंग देखो।

मेरे भीतर छिपा अनंत ज्ञान, ब्रह्म ज्ञान ये पंडित नहीं देख सके। चमड़ी से निर्णय करने वाला मूर्ख और अज्ञानी होता है। ज्ञान किसी में भी हो सकता है। आत्म-साक्षात्कार की ऊर्जा किसी में भी हो सकती है, सबमें है और किसी में भी जागृत हो सकती है।" उसे शास्त्रार्थ की अनुमति मिली। पंडित बंदी हार गया और नियम अनुसार उसे जल-समाधि दी गई। वे आत्माएँ पूर्व निर्धारित थीं और मुक्त हो गईं। इतने बड़े साम्राज्य और ज्ञान वाले राजा जनक ने टेढ़े अंगों वाले बालक से दीक्षा ली और उसे अपना गुरु बनाया।

पूछा, "गुरु दक्षिणा में क्या दोगे?" जनक ने कहा, "यह किला, यह महल, यह भूमि ले लो।" अष्टावक्र ने कहा, "यह तुम्हारा है ही नहीं। क्या दे रहे हो? मुझे अपना दो।" जनक ने

पूछा, "मेरा क्या है?" बोले, "तुम्हारा शरीर। मुझे अपना शरीर दे दो।" जनक ने कहा, "मैं अपना शरीर आपको समर्पित करता हूँ।" दोनों संन्यास की ओर चल पड़े, घोड़ों पर जंगल की ओर, शास्त्रार्थ करते हुए। सैनिक कुछ दूर तक साथ गए फिर लौटा दिए गए। केवल जनक का शरीर और अष्टावक्र का ज्ञान रह गया। जब अष्टावक्र ने गुरु दक्षिणा में जनक का शरीर माँगा तो उसे घोड़े से उतरने को कहा। जनक उतर रहे थे, एक पैर एक तरफ कोड़े सहित और दूसरा लगाम पर, ठीक उन दो सेकंड में अष्टावक्र ने पुकारा, "राजन जनक, रुक जाओ! यह शरीर तुम्हारा नहीं, मेरा है। तुमने मुझे दे दिया, अब तुम्हारा नहीं रहा।"

उस एक सेकंड में – सेकंड बड़ी चीज होते हैं – शरीर का भान चला गया और जनक मूर्ति की तरह खड़े रह गए और उन्हें आत्म-साक्षात्कार हो गया, समझ आया, "यह मेरा नहीं है। मैंने यह शरीर धारण किया है। मैं यह नहीं हूँ।"

यही तुम्हारी भी अवस्था है, सबकी अवस्था है। समर्पण, ज्ञान, अनुभव और गुरु भाव से बहुत कम समय में हम आत्म-साक्षात्कार कर सकते हैं। गुरु कहलाने वाली ऊर्जा तुम्हारे समर्पण और भाव पर निर्भर करती है। यह आत्म-साक्षात्कार का कार्यक्रम घटित हुआ।

फिर उन्हें राजा विदेह कहा गया, जिन्हें शरीर का भान नहीं। यह राजा का उदाहरण मन में आया। इससे समझ आता है कि हम शरीर नहीं हैं, हम आत्मा हैं। हमने यह शरीर धारण किया है। हम बाहरी विचारों और दिखावे से इस शरीर को सजाते, संवारते और पोषते हैं, लेकिन हमें यह नोट करना चाहिए। इस पंचमहाभूतों के शरीर का सम्मान करें, इसे स्वच्छ रखें, ठीक से देखभाल करें और आभूषण-वस्त्रों से सुंदर सजाएँ क्योंकि इसी से हम परमात्मा को प्राप्त कर सकते हैं। लेकिन इतना इसमें डूब न जाएँ कि इसमें ही अटके रहें, अपना असली सार, अपनी वास्तविक ऊर्जा भूल जाएँ, एक शब्द में कहें तो इसमें ही लीन हो जाएँ। यह शरीर एक साधन है, सहायक है जो 70-80 साल तक साथ देगा। जहाँ हमें लाखों-करोड़ों वर्ष रहना है, उस लोक के लिए इस जन्म, इसी क्षण में कुछ कर लो। इसी शरीर से कम समय में परमात्मा और आत्मलोक प्राप्त कर सकते हैं। जैसा मुझे प्राप्त हुआ, 16 वर्ष की अल्पायु में मुझे आत्म-साक्षात्कार हुआ। पहली बार मेरे गुरुदेव ने मुझे शरीर से बाहर निकाला, दिव्य लोक दिखाए, भगवान शिव और माँ दुर्गा के दर्शन कराए। उसके बाद अनेक ग्रह, ब्रह्मांड से परे, निराकार।

इसी भाव से हमने जो शब्द कहे, उसका उद्देश्य आपको मानसिक और शारीरिक रूप से तैयार करना है कि अब हम भगवान श्रीकृष्ण का अनुभव करने के लिए ध्यान साधना करेंगे। इस अनुभव के बाद हम विश्राम करेंगे और आप अपने अनुभव साझा करेंगे। मन, बुद्धि और संस्कारों में पूर्ण शांत, हृदय में आनंदित, तेज के प्रकाश का अनुभव करते हुए, उसी भाव से हम ध्यान में प्रवेश करेंगे। पूर्ण शांत रहो। रीढ़ सीधी रखो। यदि पीठ में समस्या है तो सहारा ले सकते हो। मधुर स्वर में हम दो बार ॐ बोलेंगे और तीसरे ॐ पर ध्यान में प्रवेश करेंगे। हमारे मन की ऊर्जा, आत्म-समान प्रकाश, तेजोमय ऊर्जा हृदय में एकत्रित है। पंडितों और शास्त्रों के अनुसार हमारे शरीर में पूरा ब्रह्मांड समाया है, परमात्मा और ईश्वर भी।

वह ऊर्जा किसी न किसी रूप में हमारे भीतर है और हम आज उसका अनुभव और दर्शन करने की कोशिश करेंगे – भगवान श्रीकृष्ण का। यदि आप साधना, निर्देश और क्रम का पालन करेंगे, अपनी रेसिपी नहीं बनाएँगे, अपनी तरंगों में नहीं भटकेंगे तो निश्चित रूप से किसी न किसी रूप में अनुभव अवश्य करेंगे। ऐसा किया तो हम कुछ नहीं कर सकते।

निर्देश का ठीक से पालन करो। शायद उनकी कृपा और तुम्हारे प्रयास से सफलता मिल जाए। दोनों हथेलियाँ नाभि के पास नीचे की ओर रखो, बाएँ-दाएँ। यदि बैठना कठिन हो तो कुर्सी पर सहारा ले सकते हो लेकिन सतर्क और जागरूक रहो।

जागरूकता के साथ बैठो और हम सब साधना करेंगे। मधुर स्वर में हम ॐ बीज मंत्र का जप करेंगे।

साँस बाहर निकालो। जब हम ॐ बोलेंगे तो मुँह से हवा अंदर आएगी और हम नाभि को हल्का सिकोड़ेंगे ताकि हवा हृदय के पास एकत्र हो। श्वास नली से हृदय पर दबाव पड़ता है।

तीसरे ॐ पर हम ध्यान में प्रवेश करेंगे।

पूर्ण शांत रहो। हमारे मन और बुद्धि की ऊर्जा शांत हो रही है। शांत हो रही है। हमारे मन की ऊर्जा हृदय के पास आ रही है। इस सकारात्मक ऊर्जा को हृदय के पास लाओ। पूर्ण शांत, मन की सारी सकारात्मक ऊर्जा, सारी सकारात्मक ऊर्जा हृदय के पास। हम ध्यान में इतने गहरे जा रहे हैं कि हमारी आंतरिक चेतना में तेजोमय अंधकार, अंधकार का अंधकार

प्रकट हो रहा है। हम भीतर की ओर बढ़ते जा रहे हैं, और गहरे भीतर। स्थूल शरीर की स्मृति पूरी तरह लुप्त हो रही है। हम ध्यान की अनंत गहराई में प्रवेश कर रहे हैं।

ऐसे गहरे ध्यान में प्रवेश करो कि स्थूल शरीर की कोई स्मृति न रहे। स्थूल शरीर का स्मरण पूरी तरह विलीन हो जाए। हमें यह भी महसूस न हो कि हम शरीर में हैं। आंतरिक चेतना में और गहरे, ध्यान के आनंद में और गहरे, और आनंद की गहराई में प्रवेश करते रहो।

भगवान श्री कृष्ण -३

भगवान श्री कृष्ण का स्पष्ट दर्शन और अनुभव हो रहा है। इस प्रकाशमय संरचना में इसे अनुभव कीजिए। और आप सभी, यह प्रकाश-सी ऊर्जा हृदय की अनंत गहराई की ओर बढ़ रही है।

अब हम ध्यान की अनंत गहराई से बाहर आते हैं। हमारी चेतन और अवचेतन ऊर्जा अपने स्थान पर लौट आती है, आत्मा-सी ऊर्जा अपने स्थान पर लौट आती है, मन, बुद्धि, चित्त और संस्कारों की ऊर्जा अपने स्थान पर लौट आती है। अब हम अपने भौतिक शरीर को स्मरण करें। अपने भौतिक शरीर की स्मृति को मन में लाएँ, उसे याद करें और दिव्य लीला का अवलोकन करें, विश्राम करें और हाथ जोड़कर परमात्मा को नमस्कार करें।

ओमmmmm... आदि गुरु दादा गुरुदेव जी को नमन्। सभी एक बार बोलें, "श्री कृष्ण नमः" और भगवान श्री कृष्ण के चरणों में कोटि-कोटि प्रणाम अर्पित करें। नमस्कार करें। और ओऽम का जप करते हुए दोनों हाथ रगड़ें और प्रार्थना मुद्रा में चेहरे पर स्पर्श करें, नमस्कार करें और धीरे-धीरे सिर नीचे करें।

इस प्रकार आज हम सभी साधकों ने आस क्रिय योग के माध्यम से सतयुग, त्रेता और द्वापर की खोई हुई विद्या एवं तकनीकों का अभ्यास करने की कोशिश की है। हम जानते हैं कि यहाँ बहुत से साधक शुरुआती हैं। वे बेसिक लेवल पर हैं और अभी मूल बातें भी पूरी तरह समझ नहीं पाए हैं। अभ्यास में उन्होंने थोड़ा-बहुत क्रम जाना, थोड़ी प्रैक्टिस जानी, प्राण-सी ऊर्जा को कैसे चैनलाइज करना है, प्रकाश को कैसे बनाए रखना है, दैनिक रूटीन

क्या है, टाइम मैनेजमेंट क्या है, ध्यान कैसे करना है, ध्यान क्या है, ध्यान से हम क्या प्राप्त कर सकते हैं, समाज में कैसे रहना है, परिवार में कैसे रहना है, बिजनेस में कैसे बैलेंस बनाना है और अकाल मृत्यु से कैसे बचना है। हम अपनी रक्षा कैसे करें? हमने आपको तीन दिन में बहुत सारे क्रम सिखाए हैं। अगर आप स्टेप्स देखें तो पाँच साल का कोर्स हमने तीन दिन में संक्षिप्त रूप में समेट दिया है और उम्मीद है कि आपने कुछ हद तक समझ भी लिया होगा क्योंकि हमने ठीक से पूछा भी है और रिव्यू भी लिया है।

आत्मा कहाँ है? मन, बुद्धि, चित्त और संस्कार कहाँ हैं? परमात्मा को हम स्वयं कैसे अनुभव करें, साकार और निराकार दोनों अवस्था में? निर्गुण ब्रह्म और सगुण ब्रह्म क्या है? इसे स्वाभाविक रूप से कैसे समझें? एक बिल्कुल शुरुआती छात्र आध्यात्मिकता के द्वारा परमात्मा और कॉस्मिक एनर्जी को कैसे महसूस कर सकता है? हम आत्म-संनादित जीवन कैसे जी सकते हैं? हमने इसी अनुसार करने की कोशिश की है और अब आपके अनुभव लेंगे।

शास्त्रों में जो वर्णित है उसका अनुभव कौन शेयर करेगा? जो अनुभव हुआ वह बताइए। अगर कुछ अनुभव नहीं हुआ तो कोई दबाव नहीं, कोई बाध्यता नहीं। हमेशा सत्य के साथ रहो और सच्चा अनुभव ही सामने लाओ। अगर कोई गलती हुई है तो हम बताएँगे कि सुधार कैसे करना है, त्रुटि कहाँ है और क्या है। आप सभी ने दो ध्यान सत्र किए, प्रत्येक लगभग एक-एक घंटे के।

आपको पता भी नहीं चलता कि 15-20 मिनट कैसे बीत गए। यह ध्यान आपके जीवन के लिए अत्यंत उपयोगी है। इसे ठीक से अभ्यास कीजिए। घर बैठिए, एकांत में रहिए और अनुभव कीजिए। आप जो भी मार्ग पर चल रहे हैं, इसी क्रम में रहिए। अनुभव भीतर से आता है इसलिए भीतर ही अनुभव करते रहिए। कौन अपना अनुभव शेयर करेगा?

क्या बात है? आप सब बहुत शांत हो गए। सुबह तक तो सब शेरों की तरह दहाड़ रहे थे। स्कूल में हम पीछे बैठते थे ताकि कोई पूछे नहीं, लेकिन यहाँ हम आपको कहाँ भागने देंगे? हम छुपने वालों को बुलाएँगे ही। जिनका अनुभव नहीं हुआ उनके भी डिटेल चाहिए ताकि पता चले कि गलती कहाँ हुई, त्रुटि कहाँ है और दोष कहाँ है। उसका सुधार करना है।

दुनिया में जो कुछ भी बनता है वह पहले कल्पना से बनता है फिर उचित रूप लेता है। चेतना कल्पना करती है और चेतन को देती है। एक उदाहरण देता हूँ। कल्पना देखिए। एक वास्तविक जीवन आधारित ग्रुप उदाहरण लीजिए। हम जीवन की बात कर रहे हैं और यहाँ टहल रहे हैं। मन में कल्पना करते हैं कि दो दोस्त साथ में टहलने जा रहे हैं। वे कहते हैं, "मैं अमेरिका दो बार गया। बहुत अच्छा लगा। गार्डन बहुत पसंद आए। इतने बड़े-बड़े गुलाब देखे, एक-एक किलो के" और उन्होंने समझा दिया। आपमें और मुझमें वह भावना जागृत होती है कि काश हम भी जा पाते, लेकिन पैसे नहीं हैं। कैसे जाएँ?

हम गए नहीं और न जा पाने योग्य हैं। हम गहराई से सोचते रहते हैं, विचार बना रहता है। घर जाते हैं, सो जाते हैं और वह अवचेतन में दब जाता है। जाने का विषय खत्म। एक-दो साल बाद कोई मित्र कहता है, "मेरी कंपनी ने मुझे अमेरिका, कनाडा या ऑस्ट्रेलिया का टूर ऑफर किया।"

अपने शब्दों से आप भूल गए। वह स्मृति लुप्त हो गई। अचानक ऊपर आती है? "नहीं-नहीं, अगर अमेरिका जाना है तो मुझे ले चलो।" वह कहता है, "फैमिली ले चलो।" आप कहते हैं, "ठीक है, मैं आऊँगा।" तुरंत मेमोरी क्लिक हो जाती है। वह मन के अग्रभाग में आ जाती है और आप कहते हैं, "मुझे अमेरिका जाना है, वह गार्डन देखना है, वे बड़े-बड़े गुलाब देखने हैं।" कुछ दिन बाद तैयार—80-90 किलो का शरीर, टिकट बुक, एयरपोर्ट के लिए गाड़ी में बैठे, पहुँचे, गार्डन पहुँचे और कुछ वैसा ही देख लिया। यह सब किससे हुआ? कल्पना से। हमारी कल्पना और विचारों में इतनी गतिशील ऊर्जा है कि सारे वैज्ञानिक आविष्कार—चाहे निकोला टेस्ला, अल्बर्ट आइंस्टीन, लुई पाश्चर, थॉमस एडिसन हों या हमारे महान ऋषि-मुनि—सब ऋषियों ने ही पेटेंट करवाए थे और उनका नाम हो गया। हम तो आज भी ग्लोबल पेटेंट के चक्कर में बहुत सारे रिसर्च के लिए फँसे हुए हैं।

पहले एक पूर्व-नियोजित संरचना बनती है। संरचना में क्या बनता है? स्मृति में कल्पना। फिर हम बाहर की चीज को पेन से प्रैक्टिस या डिजाइन में लाते हैं। फिर वह प्रैक्टिस और थ्योरी में चली जाती है। लेकिन यह सब होता कैसे है? हम जितना भीतर की ओर गहरे जाते हैं, उतना ही बाहर सफल होते हैं। ध्यान की यह अवस्था यह नहीं कि आँखें बंद करके बैठ गए और भगवान मिल गए। भगवान ही एकमात्र महत्वपूर्ण नहीं हैं। आपका वर्तमान

जीवन भी महत्वपूर्ण है। शिक्षा में सफलता, बिजनेस में, धन-सम्पत्ति में, नौकरी में प्रमोशन, घर की नेगेटिव वाइब्रेशन्स को पॉजिटिव करना।

खुशी और आनंद छाया रहेगा। अगर पहाड़ गिर जाए या संकट आ जाए तो धैर्य, शांति, स्थिरता, गरिमा, मुस्कान और भगवान का सही मार्ग। शरीर हमारा मंदिर है, आत्मा हमारा भगवान। हम उसी रूप में देखेंगे, चलेंगे और कार्य करेंगे। कल्पना का अलग क्रम है ना?

अगर कोई अपराधी अपराध करता है तो उसके मन में गलत इच्छा उत्पन्न होती है। गलत विचार से बड़ा परिणाम होता है, बहुत नुकसान पहुँचता है। एक पल में सब कुछ नष्ट हो सकता है—परिवार, बिजनेस, समाज या राष्ट्र। हिरोशिमा-नागासाकी पर जब बम गिरा तो करने का विचार उठा। उन्हें पता भी नहीं चला, सिर्फ ऑर्डर मानकर गिरा दिया। न्यूक्लियर अटैक से क्या हुआ? जेनेटिक सेल्स नष्ट हो गए। एक विचार से सृजन भी हो सकता है और विनाश भी। दोनों को बैलेंस करने के लिए क्या चाहिए? शुद्ध ज्ञान से पॉजिटिव वाइब्रेशन्स बनाओ। अच्छे मार्गदर्शन का पालन करो, पवित्र शास्त्र पढ़ो, संत-महात्माओं और गुरुओं के मार्ग पर चलो और अपनी सनातन धर्म की दिव्य ऊर्जा का ठीक प्रकार से पालन करो। यह सब उचित जागरूकता से ही संभव है।

काल का निवास-स्थान – दिन और रात

काल, मनुष्य, दिन-रात कैसे कार्य करते हैं? ऐसा एक समय था। जब आत्मा वहाँ से प्रस्थान करती है और स्वर्ग से पुनः मनुष्य बनने के लिए लौटती है, तो अपने समस्त कर्मों का पूर्ण समीक्षा होने के बाद एक प्रक्रिया से गुजरती है। वहाँ एक द्वार से होकर गुजरती है जहाँ कुछ लोग खड़े रहते हैं, कुछ प्रवेश में सहायता करते हैं। इसी तरह इसका वर्णन किया गया था।

जब आप दिव्य लोकों की यात्रा करते हैं, तो वहाँ काल-लोक का वर्णन कैसे किया जाता है और क्या वास्तव में कोई काल-लोक होता है? यदि होता है, तो वहाँ दिन और रात कैसे कार्य करते हैं? ये बातें विज्ञान हमारे शब्दों में समझाता है, परन्तु ऊपर भी ग्रह घूम रहे हैं, उच्च लोकों में भी। जहाँ गुरुत्वाकर्षण नहीं है, वहाँ भी ग्रह घूम रहे हैं, आकाशगंगा घूम रही

है, नक्षत्र घूम रहे हैं, गैलेक्सी, कैमरे और न जाने क्या-क्या है। दिव्य लोकों का ब्रह्माण्ड अत्यंत सुंदर है। वहाँ काल-लोक मौजूद है। दुर्गा लोक, गणेश लोक—यह गणेश लोक के पास ही है। ब्रह्मऋषियों का लोक और सप्तऋषियों का लोक उसी दिशा में है। उस स्तर पर नरक नहीं होता, केवल स्वर्ग होता है। उसके आगे वेद लोक है। इस तरह समझिए—गणेश लोक एक कला है। गणेश लोक से ऊपर की ओर बढ़ते हैं तो पास ही में है। यह सप्तऋषियों का लोक है। जैसे गणेश लोक है, उसी तरह जब आप उसकी ओर बढ़ते हैं तो आपके सामने भगवान गणेश की सूँड़ नहीं दिखती।

भगवान गणेश के सामने सप्तऋषि, ब्रह्मऋषि आश्रम जैसे वातावरण में बैठे दिखते हैं। भक्तिमार्ग में ध्यान की अवस्था महत्वपूर्ण है न? अब आपको समझ आएगा। ध्यानावस्था में आप उन्हें सभी को बैठा हुआ पाएँगे। सप्तऋषियों के दर्शन करने के बाद वहाँ से आगे बढ़ते हैं तो हर लोक अलग-अलग है, पर समय के विपरीत है।

वहाँ हमने समय देव (समय देव) को देखा। गणेश लोक से लहर जैसी गति में आगे बढ़ते हैं तो समय देव का साक्षात्कार होता है। समय देव के साथ जो आपने महाभारत में देखा—मैं काल हूँ, सृष्टि का संहारक—उसका 90% मिलता-जुलता है। बहुत बड़ी बात है। उस रूप में 90% से भी अधिक, पर सरल भाषा में कहें तो 90%।

अगर आप 60-70% ऊर्जा हटा दें तो वहाँ कोई रूप बैठा नहीं है। काल-लोक में प्रवेश करने के लिए समय देव के शरीर से होकर गुजरना पड़ता है। जैसे सिद्धाश्रम में महान ऋषि पारदर्शी शरीर में बैठे रहते हैं, आप अंदर प्रवेश करते हैं और छनकर निकलते हैं। मतलब आपके सारे दोष, ग्रह-दोष, सब कुछ शुद्ध हो जाता है। काल-लोक में प्रवेश करते ही आप ऊपर की ओर उठते हैं। फिर काल-लोक पहुँचते हैं जहाँ समय देव विराजमान हैं। ऊपर की ओर बढ़ते हैं तो वहाँ सूर्य नहीं है। वहाँ एक शक्तिशाली चक्र जैसा रूप है, जैसे अनेक तारे, उड़नतश्तरी या UFO जैसा। हम आकाश में बहुत से देखते हैं, सुदर्शन चक्र जैसे रूप। बहुत से ऐसे चक्र घूमते रहते हैं। कोई एक दिशा में, कोई दूसरी दिशा में। सूक्ष्म शरीर भी उनके बीच से नहीं निकल सकता। यह बहुत दुर्लभ है और इसके लिए एक विशेष तकनीक है। जब हम दिव्य लोकों में जाते हैं और वे चक्र घूम रहे होते हैं, तो कभी-कभी माँ (देवी) की दिव्य शक्तियाँ साथ चलती हैं। शुरू में अकेले जाना संभव नहीं था। हर जगह जाने की सभी को अनुमति नहीं होती।

तो जब आप समय देव के शरीर से होकर काल-लोक में प्रवेश करते हैं, तो वहाँ पहुँचते हैं। वहाँ आपको देवदूत या कोई और शायद ही मिले। फिर ऊपर की ओर, आकाश की परतों में बढ़ते हैं तो चक्र बहुत तेज गति से घूमते रहते हैं।

उनका प्रारंभिक स्थान, अंतिम स्थान, सब कुछ ज्ञात है। उनके घूमने से उत्पन्न गुरुत्वाकर्षण ही दिन-रात और समय की अवस्था बनाता है। वहाँ से आगे बढ़ते हैं, पार करते हैं तो एक और लोक में पहुँचते हैं। वहाँ से कुछ एक दिशा में जाते हैं और सीधे एक और लोक है। आगे बढ़ते हैं तो विराट सत्ता लोक पहुँचते हैं। इस लोक में आपको राम, कृष्ण, विष्णु—हमारे भगवान—मिलते हैं, जिन्हें अपनी दिव्य लीला के लिए भूमिका दी गई थी और उन्होंने अपने रूप और लोक बनाए। हमारा मृत्यु लोक तो एक छोटा सा ग्रह है। दिव्य लोकों में उनकी बहुत सी जिम्मेदारियाँ हैं। विराट सत्ता लोक में आपको तीन छोटे-छोटे बच्चे मिलेंगे—अत्यंत सुंदर, असाधारण नीली ज्योति से प्रकाशमान, हम जिन्हें बिंदु प्रकाश कहते हैं, ऐसे छोटे-छोटे प्रकाश बिंदु। उन्हें अंदर से देखते हैं जैसे पारदर्शी क्रिस्टल, मानो काँच के आर-पार देख रहे हों। फिर आगे का मार्ग काले पत्थर का है, जहाँ कोई ऊर्जा काम नहीं करती। ये तीन बच्चे सनकादि कहलाते हैं। ऋषि इनके नीचे हैं।

सप्तऋषि अलग हैं। जब मैंने देखा और पूछा तो ये विराट सत्ता लोक में बच्चों के रूप में अदृश्य शक्तियाँ हैं। इनका रूप दिखाई नहीं देता। साधारण दृष्टि से तो सब नीचे ही दिखता है। मैं 12-15 परत ऊपर की बात कर रहा हूँ, सात प्रकाशमय परतों के पार।

बच्चों के रूप में जब आप विराट सत्ता को देखते हैं, मैंने अपने दस्तावेजों में इसका चित्र भी बनाया है। फिर आगे बढ़ते हैं तो पूरी तरह काला टनल है, पथरीला, अत्यंत कठिन मार्ग। इस मार्ग पर बहुत कम लोग जाते हैं। गंगा मार्ग से अगर जाएँ, वेद लोक के पीछे से, तो और ऊपर आकाश में पहुँचते हैं। वहाँ गायत्री लोक मिलता है। माँ गायत्री की दस रूपों को मान्यता है, दिव्य ज्योति से प्रकाशमान। उसके ऊपर एक और परत है जहाँ से ब्रहमा, विष्णु और महेश की उत्पत्ति होती है। उसका नाम मैं प्रकट करना नहीं चाहता। उसके आगे एक प्रकाशमान ज्योति है। वहाँ से छलाँग लगाओ तो आप ब्रहमाण्ड के परे चले जाते हैं, जहाँ अरबों ग्रह, ब्रहमाण्ड, ब्लैक होल और आकाशगंगाएँ हैं। 20-25 वर्ष की इस यात्रा में ये मुख्य अनुभव हैं।

ब्रह्मांड और बिग बैंग सिद्धांत के बारे में अनकही सच्चाई और तथ्य - १

जब ऊर्जा उत्पन्न होती है तो विज्ञान कहता है—मैंने सुना है—बिग बैंग के समय छोटे-छोटे कण फटे, टक्कर हुई और ग्रह बन गए। उससे पहले बिग बैंग थ्योरी में कोई प्रकाश नहीं था, कोई मिलियन लाइट्स नहीं थीं। विज्ञान कहता है कि विस्फोट में प्रकाश और ध्वनि थी। ब्रह्मांड को कितनी परतें थामे हुए हैं? दूसरा ब्रह्मांड कैसा है? वहाँ कैसा संसार है? कैसी ऊर्जाएँ हैं? मानव जीवन है या नहीं? देवताओं की कोई अवधारणा है या दिव्य व्यवस्था है? ब्रह्म जैसी ऊर्जा है या शब्दों से परे कुछ?

ब्रह्मांड क्या है? उसके बाहर का संसार क्या है? इसे हम सरलता से समझ सकते हैं। ब्रह्मांड एक सौरमंडल है जिसमें पृथ्वी सहित सभी ग्रह हैं, जहाँ मनुष्य रहते हैं। मंगल जैसे अन्य ग्रहों पर भी वैसी ही सत्ताएँ हो सकती हैं। पहले के वीडियो में मैंने सूर्य के पीछे एक संसार के बारे में शोध बताया था—औद्योगिक गैसीय अवस्था वाला, मानव जैसे प्राणी वाला। ऐसे हजारों ग्रह हैं जहाँ मानव जैसे जीवन फल-फूल रहे हैं और वे भी एक-दूसरे से जुड़े हुए हैं। जैसे हम शोध करते हैं, वैसे ही वे भी शोध करते हैं, खोजते हैं, पता लगाते हैं।

एक ब्रह्मांड में विभिन्न प्रकार के ग्रह होते हैं—आत्माएँ, लावा, गैस, पत्थर आदि वाले। हजारों ग्रहों के बीच आकाशगंगा होती है। उदाहरण के लिए आकाशगंगा को ही लीजिए। उसके केंद्र में ब्लैक होल की तरह घूमती है। हजारों ब्लैक होल और गैलेक्सियाँ हैं, अनंत हैं। आज मैंने सूक्ष्म शरीर से दिव्य लोक की यात्रा की और आकाशगंगा के किसी नक्षत्र में एक ब्लैक होल के अंदर प्रवेश किया। वहाँ जो देखा, वह आश्चर्यजनक था। मंगल से चंद्रमा और उसके आगे निकलकर एक नक्षत्र में पहुँचा।

वह नक्षत्र तेजी से घूम रहा था, एक काला धब्बा सा चलता हुआ, परत दर परत। ब्लैक होल के पास के ग्रह और खगोलीय पिंड खींचे चले जाते हैं, बिना निशान के गायब हो जाते हैं, अंदर निरंतर घूमते रहते हैं। छोटे-छोटे ग्रह भी अंदर चक्कर लगा रहे होते हैं, ठीक वैसे ही जैसे हम पूरे ब्रह्मांड में ग्रहों को देखते हैं। ब्लैक होल के पास घर्षण से गतिज ऊर्जा उत्पन्न होती है, जहाँ लाखों ग्रह आपस में टकराते हैं, फटते हैं, टूटते हैं या नए बनते हैं। यह विशाल संसार वर्णनातीत है।

बिग बैंग थ्योरी इसी घटना का सिर्फ़ एक नाम है। मैं अपने सूक्ष्म शरीर की यात्राओं से जो अनुभव किया, वही बता रहा हूँ। विज्ञान जिसे ब्रह्मांड कहता है, वह वास्तव में एक विशाल नक्षत्र या गैलेक्सी है। ब्रह्मांड की अंतिम परत किसी बहुत बड़ी गैलेक्सी का हिस्सा है, जैसे धूमकेतु या तारा-समूह। अरबों वर्ष बाद दिखने वाले तारे—पहला, दूसरा, तीसरा, चौथा, पाँचवाँ—जब आप अपनी चेतना, ऊर्जा और बुद्धि को अंतिम सीमा तक ले जाते हैं, तब भी आपको नक्षत्र ही मिलते हैं।

इसी विशालता को ब्रह्मांड कहते हैं और उसकी अंतिम खोज को बिग बैंग थ्योरी नाम दे दिया गया। उत्पन्न ऊर्जा इससे कहीं अधिक है। विज्ञान कहता है कि विस्फोटों से कण बने, पर शुरू में न प्रकाश था न ध्वनि। असली बिग बैंग थ्योरी इस संसार तक सीमित नहीं है। मैंने अपनी सूक्ष्म यात्राओं में इतनी दूर तक खोज की है, जहाँ वह वास्तविक ब्रह्मांड है जिसे हम ब्रह्म कहते हैं। हमने इसकी मोटाई, सहारा देने वाली परतें, दूरियाँ—15-18 साल पहले और आज फिर—शोध कीं। गैलेक्सियों में घुसा, सब अनुभव किया और लेकर आया। विज्ञान का कोड किया हुआ ब्रह्मांड वास्तव में एक विशाल तारा या ग्रह-समूह है जो किसी ब्लैक होल का हिस्सा है। इसे बिग बैंग नाम दे दिया गया क्योंकि किसी ने शारीरिक रूप से वहाँ जाकर नहीं देखा। विज्ञान प्रयोगों से निरंतर मिलने वाले परिणामों को प्रमाण मानकर आगे बढ़ता है।

पर यह संसार सूक्ष्म आत्मा और ऊर्जा की यात्रा है, जिसे अनुभव से ही बाँटा जा सकता है। यह भी एक विज्ञान है, जो वैज्ञानिक निष्कर्षों का पूरक है, पर उनकी गति और शोध में बहुत अंतर है। वैज्ञानिक पहले मानसिक संरचना बनाते हैं फिर बाहर खोजते हैं, लेकिन आत्म-साक्षात्कार और दिव्य लोकों या ब्रह्मांड के परे की यात्रा से आप अनंत को जान सकते हैं—जहाँ विज्ञान अभी केवल 2% तक पहुँचा है। बाकी 98% अनसुलझा रहस्य है जिसे आप खोल सकते हैं।

मुख्य बात यह है कि बिग बैंग थ्योरी में वर्णित ब्रह्मांड आकाशगंगा का ही एक हिस्सा है। आश्चर्य की बात यह है कि पृथ्वी किसी ब्लैक होल के किनारे पर स्थित है। मैंने 12 से 15 ब्लैक होल, उनकी गैलेक्सियाँ और ग्रह देखे हैं। आज एक विशाल गैलेक्सी देखी जिसमें अनेक परतें और ब्लैक होल थे—अनंत रहस्य, फिर भी पूरी तरह सजीव और सत्य। इस

तरह आप ब्रह्मांड को समझ सकते हैं—उसकी परतें, मोटाई और स्वरूप, जो बाहर से देखा जाता है।

ब्रह्मांड और बिग बैंग सिद्धांत के बारे में अनकही सच्चाई और तथ्य - २

हम अक्सर ब्रह्मांड की विशालता, उसकी मोटाई और स्वरूप को देखकर आश्चर्यचकित हो जाते हैं, जिसे हम बाहर से देखते आए हैं। अब बच्चों ने जो दूसरा प्रश्न उठाया—क्या हमारे ब्रह्मांड के बाहर भी कोई ब्रह्मांड है?—उसका जवाब देते हैं। हमारे शास्त्रों में इन सब बातों का स्पष्ट वर्णन है। हमारे प्राचीन ऋषियों ने सब कुछ देख लिया था और समाज को बता दिया था।

लेकिन आज के लोग न पढ़ते हैं, न समझते हैं, इसलिए वहाँ तक पहुँच नहीं पाते। हमारी चेतना अनंत है। हर मनुष्य की चेतना असीम है। जितने भी वैज्ञानिकों ने समाज को दिया, उन्होंने अपनी चेतना को जागृत करके दिया। जब हम बाहरी ब्रह्मांड को देखते हैं तो अनेक ब्रह्मांड मिलते हैं—एक जैसे रूप, आकार, गुण वाले। जैसे एक टब में 50 एक ही रंग, डिज़ाइन, ऊँचाई, वज़न की गेंदें डाल दी जाएँ, तो एक-दूसरे से अलग नहीं कर पाओगे। ठीक वही हाल है—हमारे ब्रह्मांड के बाहर भी गैलेक्सियाँ और संरचनाएँ हैं, जिन्हें बिग बैंग जैसी थ्योरी से समझाया जाता है। मेरे वास्तविक अनुभव से मैंने ब्रह्मांड के बाहर क्या है—उसकी मोटाई, परतें, सहारा देने वाली संरचनाएँ—देखी हैं। दूसरा ब्रह्मांड कैसा है? वहाँ कैसा संसार है? कैसी ऊर्जाएँ हैं? मानव जीवन है या नहीं? देवताओं की कोई अवधारणा या दिव्य प्राणी हैं? देवताओं की व्यवस्था है, ब्रह्म जैसी ऊर्जा है या वर्णनातीत कुछ? मैंने चार-पाँच ब्रह्मांडों में जाकर ऊर्जाएँ लौटकर लाया हूँ, पर कुछ दिव्य साधनाएँ हैं जिन्हें यहाँ नहीं बताऊँगा। यह वास्तव में अद्भुत है। आप इस संसार को जान सकते हैं और अपने शरीर-मन के अंदर ही ब्रह्मांड देख सकते हैं। आध्यात्मिक विज्ञान, आस क्रिया योग और एक कोशिका की ऊर्जा को जागृत करके आप गहराई में यात्रा कर सकते हैं। एक कोशिका के अंदर ही हजारों ब्रह्मांड समा सकते हैं। इस विज्ञान की महत्ता देखिए—हमारा शरीर एक अपार ऊर्जा है, जिसमें अनंत यात्राएँ, ग्रह, ब्लैक होल, देवता—सब समाए हुए हैं। छोटा सा मस्तिष्क या बीज कैसे काम करता है, यह आश्चर्यजनक है। माइक्रोस्कोप में खून की एक बूंद में अनगिनत कोशिकाएँ दिखती हैं। हमारे शरीर में अरबों विविध

कोशिकाएँ हैं। एक कोशिका की ऊर्जा जागृत करने मात्र से आपका जीवन बदल सकता है। आप लाखों वर्ष पुराने रहस्य खोल सकते हैं, मानव कल्याण के लिए योगदान दे सकते हैं, अपना जीवन बदल सकते हैं।

विज्ञान को, समाज को, पृथ्वी पर मानव जीवन के उत्थान को आप योगदान दे सकते हैं। आज की तेज़ रफ्तार दुनिया में संकल्प और चेतना से किए गए कार्य शरीर से दौड़ने से कहीं अधिक प्रभावी हैं। शरीर से दौड़ने की बजाय भीतरी ऊर्जा को संकल्प से जागृत कीजिए, भीतरी विज्ञान को अनुभव कीजिए और जीवन बदल दीजिए। ऐसी हजारों स्टडीज़ हैं। इसे समझ लीजिए, आपका जीवन बदल जाएगा। अपनी कोशिकाओं और उनके सार को जान लेंगे तो संसार और ब्रह्मांड को जान जाएँगे।

आपका प्रश्न सुनकर बहुत अच्छा लगा। इसमें शोध करने बैठूँ तो अंत ही नहीं है। मैं कितनी देर बोलता रहूँ? मैं ये चीज़ें पढ़कर नहीं बोलता, जो आत्मा की यात्राओं और शरीर के बाहर के अध्ययन से अनुभव में आया है, वही बता रहा हूँ। आप भी ऐसी यात्रा कर सकते हैं और अनुभव कर सकते हैं।

बिग बैंग थ्योरी से पहले

विज्ञान में हमने देखा है कि ब्रह्मांड की शुरुआत बिग बैंग से हुई। यह सिद्धांत बताता है कि एक सौर परमाणु, जो एक सामान्य परमाणु से भी छोटा था, फट गया और इससे यह विशाल सृष्टि बनी। हम इसे कैसे स्वीकार कर सकते हैं? और यदि यह सचमुच हुआ भी, तो बिग बैंग से पहले क्या था? कोई कॉस्मिक गेटवे?

बिग बैंग थ्योरी, जैसा कि विज्ञान बताता है, कहती है कि ब्रह्मांड विभिन्न तत्वों के विस्फोट से उत्पन्न हुआ। क्वांटम थ्योरी के अनुसार (जिसे विज्ञान अभी पूरी तरह स्वीकार नहीं करता), परमाणुओं का आपस में टकराव हुआ और वे जुड़कर ग्रह और जीवित आत्माओं का निर्माण करने लगे। इससे एक तेज़ प्रकाश निकला। हाल ही में एक वैज्ञानिक और डायरेक्टर ने मुझे फोन किया और डायग्राम के साथ बिग बैंग रिसर्च पर चर्चा की। एक सप्ताह पहले मैंने अपनी व्यक्तिगत सूक्ष्म यात्राओं के अनुभव साझा किए थे, जो विज्ञान के बिग बैंग थ्योरी से अलग दृष्टिकोण रखते हैं।

ब्रह्मांड की अंतिम सृष्टि — मल्टी-यूनिवर्स, गैलेक्सी, नक्षत्र, धूमकेतु आदि — विशाल नक्षत्रों और ग्रहों के आपसी टकराव से हुई, जिससे निचले लोक में प्रकाश उत्पन्न हुआ, जिसे हम ब्रह्मांड कहते हैं।

ब्रह्मांड केवल तारे ही नहीं है। वर्तमान विज्ञान (नासा, इसरो आदि) के अनुसार एक तारे तक पहुँचने में 300 प्रकाश-वर्ष लगते हैं। जब एक नक्षत्र तक पहुँचना इतना कठिन है, तो बिग बैंग से परे शोध कैसे संभव है? भौतिक तर्क से, जैसा आइंस्टीन ने कहा, यह तार्किक नहीं है — यह मेरी सूक्ष्म यात्रा का अनुभव है। ब्लैक होल और नक्षत्रों के टकराव से भयंकर विस्फोट हुआ, गर्जना हुई, धूल के कण बिखरे, जिनसे परमाणु, इलेक्ट्रॉन, प्रोटॉन और यौगिक बने — यही बिग बैंग थ्योरी है।

आध्यात्मिक दृष्टि से बिग बैंग तो ब्रह्मांड की तुलना में एक कण मात्र है, जैसे मिल्की वे गैलेक्सी में बृहस्पति, मंगल या सूर्य सरसों के दाने जैसे लगते हैं। मेरी सूक्ष्म यात्राओं में मैंने पृथ्वी को सरसों का दाना देखा है, उससे कहीं बड़े खगोलीय पिंडों की तुलना में। मैंने ब्रह्मांड का 72 करोड़ वर्षों का इतिहास स्वयं देखकर लिखा है, नकल नहीं की। वैज्ञानिकों की खोज उनकी स्मृति और IQ स्तर तक सीमित होती है। कहा जाता है आइंस्टीन की केवल 6% स्मृति सक्रिय थी, परंतु एक योगी के रूप में मैंने एक कोशिका के 0.0006% स्मृति का भी शोध किया, जिसमें पूरा ब्रह्मांड समाया हुआ है। आंतरिक विज्ञान और सूक्ष्म यात्रा से एक कोशिका की ऊर्जा जागृत कर जीवन बदल सकता है। विज्ञान का बिग बैंग मेरी सूक्ष्म ऊर्जा शोध की तुलना में बहुत छोटा विस्फोट है, क्योंकि विज्ञान अभी आगे नहीं बढ़ पाया। विज्ञान नौ-दस ग्रहों तक अटका हुआ है, पिछले 20-25 वर्षों से कोई बड़ी प्रगति नहीं हुई। भविष्य में और खुलासे होंगे।

विज्ञान कहता है बिग बैंग से ध्वनि और प्रकाश उत्पन्न हुआ, पर वास्तव में शुरू में कोई प्रकाश नहीं था — केवल धूल के कण थे। सूर्य एक निचला ग्रह है, उसके पीछे मैंने दस गुना बड़ा सूर्य देखा है (मेरे यूट्यूब वीडियो में साझा किया)। उसके आगे भी पृथ्वी जैसे लोक और मानव जैसे प्राणी हैं। ये विशाल सूर्य ब्लैक होल की 30% ऊर्जा खींचते हैं, उत्तर-दक्षिण ध्रुवों पर टकराते हैं, तब जाकर जीवन के लिए सूर्य का प्रकाश बनता है। यदि सीधा प्रकाश आता तो ग्रह बादल बन जाते।

बिग बैंग से परे जो है, उसका अभी कोई नाम नहीं है। मैं पिछले 15-20 दिनों से शोध कर रहा हूँ — ब्रह्मांड की मोटाई, दूरी, अनगिनत परतें — अरबों ब्रह्मांड अभी अज्ञात हैं। एक नक्षत्र को भी कोई पूरी तरह खोज नहीं पाया, फिर पूरा ब्रह्मांड कैसे?

टकराव से सब बना, लेकिन पहली सामग्री कहाँ से आई? जैसे वायुमंडल में पारदर्शी हवा टकराती है तो घर्षण से बवंडर बनता है, उसी तरह कॉस्मिक टकराव से परमाणु बने, जो आपस में चिपक कर गैस और धातु से ग्रह बने। घर में दिन-दो-दिन में धूल इकट्ठी होकर ढेला बन जाती है। विशाल ब्रह्मांड में पृथ्वी भी कण है। बृहस्पति-सूर्य भी नक्षत्र से देखें तो धूल जैसे। नैनो स्तर पर, माइक्रोस्कोप से भी अदृश्य, हमारा ब्रह्मांड भी किसी बड़े स्केल में एक कण है।

कल्पना कीजिए एक गुब्बारे में छोटे-छोटे गोले, हर गोले में और छोटे गोले — हमारा ब्रह्मांड भी ऐसा ही एक गोला है, जो किसी बड़ी परत के अंदर है। जैसे ड्रोन चलती ट्रेन के अंदर शूटिंग करे पर पूरी ट्रेन न दिखा पाए, हम भी उस विशाल ब्रह्मांड के अंदर ड्रोन जैसे हैं, जिसे कोई बाहरी परत पकड़े हुए है। उस परत की मोटाई, स्वरूप क्या है — यह चेतना और IQ पर निर्भर करता है। समझने के लिए पहले पृथ्वी, ग्रह, तारे, मिल्की वे को समझो। ऊपर से पृथ्वी भी कण लगती है, बड़े से बड़े पिंड भी बिंदु। ब्रह्मांड भी विशाल स्केल पर किसी बाहरी परत द्वारा थामा हुआ है। जैसे चींटी कमरे को ही अपना पूरा संसार समझती है, बाहर की दुनिया से अनजान।

कोई भी व्यक्ति आंतरिक यात्रा कर सकता है

साधारण व्यक्ति यह यात्रा कैसे कर सकता है?

आंतरिक यात्रा एक अंदरूनी यात्रा है। जीवन के सभी कर्म, साधना, कार्य — सब इसी प्रक्रिया का हिस्सा हैं। हर व्यक्ति किसी न किसी रूप में आंतरिक यात्रा करता ही है और उसकी ऊर्जा को महसूस करता है। इसी से वह बाहरी दुनिया में कार्य कर पाता है। जो भी आप करते हो — सामाजिक, आध्यात्मिक या आजीविका के लिए — पहले आप आंतरिक यात्रा से आध्यात्मिक संरचना बनाते हो, उस ऊर्जा-चेतना को मन में विकसित करते हो,

फिर बाहरी दुनिया में आगे बढ़ते हो और उसकी ऊर्जा से जुड़ते हो। इसलिए प्रत्यक्ष या परोक्ष रूप से हर व्यक्ति आंतरिक यात्रा करता है।

लेकिन सही अर्थों में आंतरिक यात्रा शुरू करने के लिए आत्म-साक्षात्कार आवश्यक है। आत्म-साक्षात्कार से आप अपने शरीर की कोशिकीय ऊर्जा, सूक्ष्म शरीर और कारण शरीर से जुड़ते हो। सूक्ष्म और कारण शरीर को समझकर, आत्म-साक्षात्कार प्राप्त कर, आप आत्मिक ऊर्जा से आंतरिक यात्रा कर सकते हो। वर्तमान में आपकी यात्रा मन के दृष्टिकोण से, मन-बुद्धि की ऊर्जा से या मानसिक वृत्तियों से संचालित होती है। लेकिन जब आप आत्मिक ऊर्जा से यात्रा शुरू करते हो, तभी सच्ची आंतरिक यात्रा होती है जो जीवन में पूर्ण सफलता देती है। यह आत्मिक ऊर्जा की यात्रा है — यही सच्ची आंतरिक यात्रा है।

मन की दृष्टि, कल्पना और आंतरिक चेतना से आप क्षणिक रूप से इस ऊर्जा को महसूस कर सकते हो, पर वह पूर्णतः सकारात्मक नहीं होती। यदि आप अपनी ऊर्जा को पूर्णतः सकारात्मक और सफल बनाना चाहते हो, तो आत्म-साक्षात्कार्से पहले आत्म-साक्षात्कार करके ही सच्ची आंतरिक यात्रा करनी चाहिए। उसके बाद आप सूक्ष्म यात्रा (astral travel) के लिए योग्य हो जाते हो और सूक्ष्म लोक की खोज की ओर बढ़ सकते हो।

आत्मा कैसे अस्तित्व में आती है? आत्मा कैसे सृजित होती है?

आत्मा के सृजन का प्रश्न वास्तव में उसे "सृजित करना" नहीं है। आत्मा तो अनादि काल से, सृष्टि के आदि-रहित अनंत समय से शाश्वत रूप से विद्यमान है। यह आत्मा के सृजन का प्रश्न नहीं, बल्कि उसके स्वरूप के निर्माण का प्रश्न है। हमने पहले बताया था कि ब्रह्मांड में तीन दिव्य प्रकाशों के संयोग से एक तेजोमय प्रकाश उत्पन्न होता है, जो एक प्रतिबिंब या छवि बनाता है। यह छवि लौ जैसी संरचना ले लेती है, जिसे हम पारदर्शी तेजोमय शरीर या रेडिएंट एनर्जी का सूक्ष्म शरीर कहते हैं। जैसे हमारी गहरी छाया होती है, उसी प्रकार यह तेजोमय ऊर्जा भी एक आकृति बनाती है। यही आत्मा की ऊर्जा है – आत्म-प्रकाश, तेज का प्रतिबिंब या सूक्ष्म ऊर्जा कहलाती है। जब यह ऊर्जा प्रकट होती है, तो यह मानव-सदृश रूप धारण कर लेती है। यही आप आत्मा के स्वरूप का निर्माण

समझ सकते हैं। इसे और स्पष्ट समझने के लिए गहन ध्यान करें। शरीर के भीतर की विज्ञान, कोशिकाओं और प्राण-ऊर्जा को समझें।

इसे अनुभव करके आप स्वयं ही आत्मा के स्वरूप-निर्माण को समझ जाएँगे। यह ध्यान का विषय है, गहन चिंतन का विषय है, अंतःचेतना और अंतःऊर्जा का विषय है। इस पर ध्यान करें, आप स्वयं समझ जाएँगे। इस प्रश्न का उत्तर आपके भीतर ही है, क्योंकि आत्मा आपके भीतर है – उसे सृजित करने की आवश्यकता नहीं, उसे जागृत करने की आवश्यकता है।

जैसे-जैसे आप उसे जागृत करेंगे, वैसे-वैसे उसकी ऊर्जा और संरचना का दर्शन होने लगेगा – एक प्रकाश-शरीर दिखाई देने लगेगा। शायद आपने इसे ही उसका सृजन कहा है। वह युगों से आपके साथ है, अभी है और सदा रहेगा। आप शरीर नहीं हैं, आप आत्मा हैं। हम शरीर नहीं हैं, हम आत्मा हैं। हमने यह शरीर धारण किया है और हृदय में यह ऊर्जा निवास करती है।

आत्मा के द्वारा ही यह शरीर बनता है। जब आत्मा इस शरीर में निवास करती है, तब यह शैशव से युवावस्था और वृद्धावस्था तक बढ़ता है। जैसे एक बीज अंकुरित होकर वृक्ष बनता है, फल लगाता है और सृष्टि की रचना में योगदान देता है, ठीक वैसे ही आत्मा से जुड़ा यह शरीर सृष्टि-कार्य करता है – आत्मा का सृजन नहीं।

संक्षेप में समझिए: आत्मा की ऊर्जा को जान लो, जीवन के सारे रहस्य खुल जाएँगे।

आत्मा की यात्रा कब समाप्त होती है -१

आत्मा की यात्रा कब समाप्त होती है? यह बहुत सुंदर प्रश्न है। हम मनुष्य केवल शरीर नहीं हैं, हम आत्मा हैं। हमने यह स्थूल शरीर धारण किया है, जो पंचमहाभूतों – पृथ्वी, जल, अग्नि, वायु और आकाश – से बना है। इन पंचमहाभूतों में अपार ऊर्जा है।

इन पंचमहाभूतों की ऊर्जा ने ही सारा समाज, संसार और ब्रह्मांड रचा है। जल तत्त्व ही लें – सब जानते हैं उसकी दिव्य ऊर्जा, और जब वह क्रोधित होता है तो प्रलयंकारी बाढ़ ला देता है। वायु तत्त्व – हर मनुष्य, हर प्राणी, हर आत्मा इसी प्राणवायु (ऑक्सीजन) पर निर्भर है। यह प्राण ही जीवन है। हमारे सौरमंडल में वायु न हो तो ग्रह खंडहर जैसे हो जाते हैं, जैसा हमने कुछ ग्रहों पर देखा है। हम रोज इसे लेते हैं, पर इसकी महिमा भूल जाते हैं। सारी हरियाली, वृक्ष-वनस्पति इसी वायु की कृपा से हैं। प्रकृति यदि कुपित हो जाए और वायु तूफान या सुनामी बन जाए, तो कोई रोक नहीं सकता। पृथ्वी की महिमा आकाश के ऊपर होने से है। अग्नि तत्त्व – शरीर में यदि अग्नि-ऊर्जा न हो तो हम जीवित नहीं रह सकते, और यदि बाहर अग्नि क्रोधित हो तो क्या कर सकते हैं? ठंड में गर्मी भी इसी से मिलती है। पृथ्वी तत्त्व तो हमारा बोझ सहती है, जीविका देती है, वास्तविक शक्ति से जोड़ती है। इन पंचमहाभूतों से बना यह शरीर अद्‌भुत है, पर हर तत्त्व को विस्तार से बताने लगें तो बहुत लंबा हो जाएगा। हम इन पंचमहाभूतों को बाहर से तो जानते हैं, पर इनकी वास्तविक महिमा नहीं समझते। सोचिए, इन पंचमहाभूतों की दिव्य ऊर्जा से बना आप-हमारा शरीर कितना शक्तिशाली है। इतनी चमत्कारिक रचना होने पर भी हम भटकते रहते हैं। जन्म-जन्मांतर से इस संसार में भटक रहे हैं, शरीर को ही सबकुछ समझकर। पर इसी शरीर के भीतर पंचमहाभूतों की ऊर्जा है। इन पंचमहाभूतों को जागृत कर लो, तो परमात्मा का साक्षात्कार हो जाएगा। आत्म-साक्षात्कार हो जाएगा, आत्म-ऊर्जा का गहरा बोध हो जाएगा। फिर भी हम न तो इन पंचमहाभूतों को जागृत करते हैं, न अपने शरीर की संरचना को समझते हैं। परमात्मा ने इस शरीर में जो रहस्य छिपाए हैं, उन्हें नहीं जानते। यदि शरीर की बाहरी परत ही समझ लें, तो जीवन बदल जाए।

शरीर आँखों और इंद्रियों से बार-बार दिखाता है – यह मेरा हाथ, पैर, शरीर, सुंदर मुखड़ा, तेज है। हम इसे सजाने-संवारने, सुंदर दिखाने में लगे रहते हैं। पर इसके भीतर और

आसपास की ऊर्जा को नहीं समझते। शरीर के रोम-रोम से निकलने वाली तरंगों को, बाहरी पंचमहाभूतों (वायु, अग्नि, आकाश, जल, पृथ्वी) से उसके जुड़ाव को नहीं समझते। इन्हें समझ लिया तो इनकी ऊर्जा को अपने जीवन में उतार सकते हैं – यह जीवन का सबसे अनमोल, सबसे दिव्य क्षण है।

हम बाहरी को महत्व देते हैं, भीतरी को नहीं। बाहरी को नहीं समझोगे तो कुछ भी हासिल नहीं कर सकते। जीवन के मूल सिद्धांत से कुछ करना ही पड़ेगा। जीविका, नौकरी, शिक्षा – ये सब सहायक हैं। पंचमहाभूतों की बाहरी संरचना का विज्ञान समझ लिया तो कितना कुछ प्राप्त और सीख सकते हैं। हमें यह करना ही चाहिए। बार-बार प्रकृति की दिव्य ऊर्जा हमें इस ऊर्जा से जोड़ती है, प्रेरणा देती है कि इसे प्राप्त करो, समझो। अब न किया तो कभी नहीं। यह बाहरी विज्ञान है, बाहरी परत का विज्ञान है, जिसे सरलता से समझा जा सकता है।

जब यह बाहरी ऊर्जा समझ में आ जाए, तब भीतरी क्षेत्र में प्रवेश कर सकते हैं। वहाँ सबसे बड़ी ऊर्जा प्रकट होती है – आत्मा, जिसे हम "आत्मा" कहते हैं। इस आत्म-ऊर्जा को समझने के लिए पहले इस शरीर के विज्ञान को समझना जरूरी है। दूसरा चरण – भीतरी संरचना को समझने से पहले – आत्म-ऊर्जा को अनुभव करना और महसूस करना जरूरी है।

पूछा गया प्रश्न – आत्मा की यात्रा कब समाप्त होती है? – अत्यंत गंभीर है। इसके उत्तर को समझ लिया तो हर व्यक्ति शरीर और बाहरी संसार के सारे रहस्य जान सकता है, पूर्ण ज्ञान प्राप्त कर सकता है। बिग बैंग थ्योरी के अनुसार आत्मा ब्रहमांडीय ऊर्जा से उत्पन्न हुई। हमारे शास्त्रों, spiritualता, सनातन धर्म और ऋषियों के शोध के अनुसार एक अनंत दिव्य प्रकाश-ऊर्जा से एक प्रतिबिंब, एक चिंगारी उत्पन्न हुई। उस चिंगारी से तीन संरचनाएँ बनीं – ब्रहमा, विष्णु और महेश। उनके दिव्य प्रकाश से एक संयुक्त संरचना बनी, जिससे शक्ति प्रकट हुई – आदि शक्ति, माँ दुर्गा। जब शिव और शक्ति का मिलन हुआ तो ऊर्जा का विस्फोट हुआ और असंख्य सूक्ष्म आत्म-ऊर्जा के कण, तेजोमय चिंगारियाँ उत्पन्न हुईं। वहीं से आत्म-ऊर्जा बिंदु रूप में सृजित हुई, धीरे-धीरे संरचना बनी। वह संरचना पारदर्शी शरीर बनी – जैसे लेजर प्रकाश से छाया-सदृश तेजोमय संरचना बनती है। अरबों वर्षों तक ये पारदर्शी शरीर दिव्य लोकों में रहे। कुछ नियमों और

परिस्थितियों के कारण इस तेजोमय ऊर्जा का कुछ भाग इस ग्रह पर आया और पंचमहाभूतों के संपर्क से ठोस संरचना बना, जिससे मानव रूप की रचना हुई।

इसी मानव संरचना से भीतरी ऊर्जा-प्रक्रियाओं के द्वारा जन्म-मृत्यु का चक्र प्रारंभ हुआ और आज हम जो संसार देख रहे हैं, वह संरचना बनी।

आत्मा की यात्रा कब समाप्त होती है -२

जैसे पानी ऊपर से आता है और धरती पर जमा होता है, फिर वाष्प बनकर अदृश्य हो जाता है। अगर हम उस पानी को जमा दें या ठंडी जगह पर रखें तो वह बर्फ बन जाता है। बर्फ बनते ही हम उसे पानी नहीं कहते, और गर्म करने पर वह फिर बदल जाता है। अगर वह बर्फ बहुत लंबे समय तक बनी रहे तो हिमनद (ग्लेशियर) बन जाती है, जिसे हम चट्टान कहते हैं। वो चट्टानें, वो ठंडक जब जमकर ठोस हो जाती हैं तो क्रिस्टल जैसा पदार्थ बन जाता है। लेकिन जब उस क्रिस्टल से हम घर्षण करते हैं तो उसमें से चिंगारियाँ, तरंगें और अग्नि जैसी ऊर्जा निकलती है।

ठीक इसी तरह हमारे भौतिक शरीर में लगभग बीस प्रतिशत पानी होता है। मस्तिष्क में भी खोपड़ी, त्वचा और स्कल के बीच पानी की एक परत होती है जो झटकों से रक्षा करती है। हमारी नस-नाड़ियों, नसों, न्यूरॉन्स और अणुओं में असंख्य कोशिकाएँ हैं जिनमें पानी और रक्त है, साथ ही एक सूक्ष्म स्रावी द्रव की परत भी। रक्त की अपनी अलग परत है, पानी की अलग। अगर शरीर में पानी की मात्रा थोड़ी भी कम हो जाए तो शरीर कमजोर पड़ जाता है, प्राण प्रभावित होते हैं।

मुख्य बात यह है कि आत्मा-ऊर्जा भी ऊपर से ही शरीर में प्रवेश करती है – ठीक वैसे ही जैसे क्रिस्टल के अंदर चिंगारी बनती है – एक अदृश्य ऊर्जा। यह आत्मा-ऊर्जा हमारी दिनचर्या में दिखाई नहीं देती, फिर भी है, और हर व्यक्ति इसे महसूस करता है। आध्यात्मिक लोग इसे आत्मा कहते हैं, जो आध्यात्म में विश्वास नहीं रखते वे इसे ऊर्जा कहते हैं, या कम से कम मानते हैं कि कुछ तो है – कोशिकाएँ या लक्षण – जो शरीर को चलाते हैं।

जब हम इस ऊर्जा को ठीक प्रकार से जागृत करते हैं तो उसमें से एक तेजोमय चिंगारी-सी ऊर्जा निकलती है। जैसे-जैसे यह तेजोमय ऊर्जा बढ़ती है, वैसे-वैसे उसका एक ढांचा बनता है – जैसा हमने भाग-२ में बताया था कि आत्मा का उद्‌गम परमधाम में होता है, वहाँ वह सूक्ष्म प्रकाश के कणों को इकट्‌ठा करके बिंदु से विमान जैसी संरचना वाली आत्म-ऊर्जा बन जाती है।

जैसे दीपक की लौ, मोमबत्ती की ज्योति या सूर्य की किरणें महीन रेत के बीच से निकलकर चारों ओर फैलती हैं, उसी तरह ऊर्जा बाहर की ओर विकिरण करती है। इसी को हम आत्मा का शरीर समझते हैं। शास्त्रों में कहा गया है – 84 लाख योनियाँ हैं और मनुष्य शरीर सबसे ऊँची योनि है। मनुष्य अपने भाग्य का खुद स्वामी है। मनुष्य योनि तक पहुँचने से पहले आत्मा इन 84 लाख योनियों से गुजरती है – पाँच तत्त्वों से बने भौतिक शरीर, कीट-पतंगों से शुरू करके। एक शरीर छूटते ही आत्मा तुरंत दूसरे में प्रवेश कर जाती है और अरबों-खरबों वर्षों तक यह यात्रा चलती रहती है, जब तक गौ-योनि तक नहीं पहुँच जाती।

गौ-योनि का इसलिए जिक्र जरूरी है क्योंकि मनुष्य योनि प्राप्त करने के बाद आत्मा पीछे नहीं लौटती, बल्कि मनुष्य योनि में ही आगे बढ़ती रहती है, कर्म से बंधी हुई। कर्म के संसार में हम खुद को इतना निखार लेते हैं कि देव योनि या देवता का स्वरूप प्राप्त कर सकते हैं या फिर मोक्ष का मार्ग पा सकते हैं। अगर कर्म अधर्मपूर्ण हों तो नीचे गिरना भी संभव है, पर यह बहुत दुर्लभ है – लाखों में कोई एक ही नीचे गिरता है। अधिकांश मनुष्य योनि में ही बार-बार जन्म लेते रहते हैं।

कर्म का संसार हमें बाँधे रखता है। इसी संसार में रहते हुए हम बार-बार जन्म-मृत्यु के चक्कर में पड़ते हैं। अरबों वर्ष पहले परमधाम में जिस आत्म-यात्रा की शुरुआत हुई थी, वह आत्माओं के लोक में पहुँचकर भी जारी रहती है। वह लोक धरती से जुड़ा हुआ है, जिसे हम स्वर्ग कहते हैं। आप जितनी ऊर्जा पैदा करते और जागृत करते हैं, उतना ही आपको स्वर्ग मिलता है – अर्थात शांति-सुख, और गलत कर्मों या साधना के अभाव से ऊर्जा-प्रकाश न होने पर नरक। अमीर हो या गरीब, बड़े हों या छोटे – शरीर जिसका भी हो, महत्व नहीं रखता।

इस शरीर में रहते हुए ध्यान, जप, भक्ति या कोई भी साधना करो। ये सब घर्षण पैदा करते हैं, ऊर्जा उत्पन्न करते हैं। सबसे महत्वपूर्ण है ध्यान, विशेषकर अंतर्मुखी ध्यान, क्योंकि यह भीतरी ऊर्जा को जागृत करता है – वह बिंदु-सद्दश संरचना, वो छोटी-छोटी ज्वाला जैसे टुकड़े जिनका हमने जिक्र किया था। वे इकट्ठे होकर एक तेजोमय ढांचा बनाते हैं। इस शरीर में जितना अधिक प्रकाश और ऊर्जा आप जागृत करेंगे, उतना ही आपका आत्म-शरीर बलवान और समृद्ध बनेगा। यहाँ समृद्धि से मतलब सम्मान, शक्ति और बड़ी आभा – पॉजिटिव ऊर्जा-क्षेत्र, सुरक्षा चक्र, तरंग-आवृत्ति। यह प्रकाश-शरीर की ऊर्जा जब जागृत होती है तो वह दिखाई देने वाला प्रकाश बन जाती है।

यह प्रकाश इस शरीर में भी आपका भला करता है और मृत्यु के बाद भी। जितना अधिक प्रकाश होगा, उतना ही आप स्वर्ग के योग्य; उससे भी अधिक प्रकाश तो आप देवलोक के योग्य, और सर्वाधिक प्रकाश होने पर मोक्ष। प्रकाश के बिना तो दुख और नरक जैसे हालात ही मिलते हैं। चेतना और मन आत्म-ऊर्जा पर निर्भर हैं। शरीर में रहते हुए मन का प्रभुत्व रहता है, वह बाहर की सुरक्षा द्वार जैसा है। वह चालाक है, सीसीटीवी कैमरे की तरह डेटा इकट्ठा करता है – अच्छे-बुरे विचार, तनावमुक्त संदेश सब कुछ। मन यह सब इकट्ठा करके आत्म-ऊर्जा की ओर भेजता है, जो हृदय के पास शांत बैठी रहती है और स्मृति, न्यूरॉन्स व कोशिकाओं से जुड़ी होती है। आत्म-ऊर्जा के कुछ कण हृदय के बाईं ओर होते हैं, जो दाहिनी ओर के मन-बुद्धि कोशिकाओं से जुड़े होते हैं। मन बाहर काम करता है, लगातार डेटा अंदर फेंकता रहता है, नकारात्मकता भी – जैसे बाहर का कचरा इकट्ठा करना। तब बुद्धि काम में आती है जो अच्छे-बुरे की पहचान करती है। संकल्प की दिशा के अनुसार शरीर की संरचना आगे बढ़ती है। न्यूरॉन्स और तंत्रिका तंत्र इन संकेतों को तेजी से कोशिकाओं तक पहुँचाते हैं, फिर कोशिकाएँ कर्म में लग जाती हैं और हमारे सांसारिक कार्य बनते हैं। इसलिए सही ध्यान करना जरूरी है ताकि यह आध्यात्मिक विज्ञान समझ आए।

प्रश्न है – आत्मा की यात्रा कब समाप्त होती है? यह एक जटिल प्रक्रिया है, जिसे क्रमबद्ध समझना पड़ता है। हमने चार-पाँच बिंदुओं में संक्षेप में समझा दिया। आत्मा का उद्गम परमधाम में हुआ, वहाँ दिव्य संरचना बनी और लंबे समय तक घूमती रही, फिर मृत्यु लोक में आई। मृत्यु लोक में कीट से लेकर ऊँची योनियों तक की यात्रा की। आदिम मनुष्य

से आधुनिक मनुष्य तक की यात्रा – जैसा पहले बताया, 90% मेरे अपने सूक्ष्म अनुभवों पर और बाकी शास्त्रों पर आधारित है।

सही ध्यान से आत्म-ऊर्जा जागृत करके, आत्म-साक्षात्कार प्राप्त करके हम इस विषय का सार समझते हैं – मोक्ष। आत्मा की यात्रा मोक्ष में समाप्त होती है, जहाँ सारे कर्म और पुण्य समाप्त हो जाते हैं, हम एक तेजोमय्र दिव्य ऊर्जा, बिंदु-सदृश तत्त्व बन जाते हैं जिसे ब्रह्म-तत्त्व कहते हैं। उस दिव्य प्रकाश में न रूप रहता है, न संरचना, न कर्म। हर आत्मा की यात्रा अंततः मोक्ष में ही समाप्त होती है, और अनंत जन्मों तक हम इसी की ओर बढ़ते रहते हैं। गलत कर्मों के कारण हम जन्म-मृत्यु के चक्कर में फँसे रहते हैं।

उस अवस्था का आनंद और पूर्णता अलौकिक है। इसलिए धर्मपूर्ण कर्म करो, किसी को कष्ट मत दो, अधर्म से बचो। इस शरीर में रहते हुए सांसारिक कार्य करते हुए भी सदा आत्म-संरचना, आत्म-शरीर और तेजोमय आत्म-प्रकाश का चिंतन करो। मैं इस शरीर में एक आत्मा हूँ – इस भाव को, इस अंतर्ज्ञान को समझो। समझ न आए तो हमसे संपर्क करो – ध्यान और साधना से मार्गदर्शन करेंगे। आप निश्चित ही इसे प्राप्त कर लोगे। मनुष्य शरीर ही एकमात्र ऐसा शरीर है जिसमें यह संभव है। देवता भी मनुष्य शरीर की कामना करते हैं क्योंकि यहाँ कम समय में मोक्ष संभव है।

Contact Address:

Brahmarshi Ambala Sansthan

Lakhakhera, P.O.Badwara, Dist: Katni

Pin code-483773, Madhya Pradesh, India

https://www.aaskriyayog.in/brahmarshiambala@gmail.com

aaskriyayog@gmail.com,

Mobile Number: 6265550111/7354400029

लेखक:

कलम नाम: राम ऋषि सारण

लेखक ओडिशा राज्य (भारत) के निवासी हैं; प्राचीन साधनाओं एवं आत्म-साक्षात्कार के ज्ञान के उत्साही खोजी हैं। ऋषियों, महर्षियों, अवतारों तथा उनके उपदेशों, अन्वेषणों, जीवन और यात्राओं के अनुयायी हैं।

प्रत्येक मानव शरीर आज या कल अंततः आत्म-साक्षात्कार, आत्म-ज्ञान, ईश्वर-साक्षात्कार, दिव्यता की प्राप्ति की खोज करेगा—हम इसे जिस किसी भी नाम से पुकारें। इसके अलावा मानव मन की जिज्ञासा उसे स्वयं के अध्ययन, ब्रह्मांड के अध्ययन तथा ब्रह्मांड के भीतर विभिन्न तत्त्वों के अध्ययन की ओर ले जाती है।

संपर्क:

ई-मेल: man670009@gmail.com

whatsapp (केवल संदेश, कॉल नहीं): 8763636295 / 7978661101

www.ingramcontent.com/pod-product-compliance
Lightning Source LLC
LaVergne TN
LVHW040435051026
849517LV00002B/622